PRIORITĂȚI ÎN NEGOCIEREA ADERĂRII ROMÂNIEI LA UNIUNEA EUROPEANĂ

Genoveva-Elena Perju

Iaşi, 2005

CUPRINS

CUVÂNT ÎNAINTE

Negocierile României de aderare la Uniunea Europeană sunt un eveniment de actualitate și de maxim interes pentru economia dar mai ales, pentru societatea românească.

Negocierile de aderare s-au încheiat, însă angajamentele asumate prin acestea încă mai creează dificultăți de aplicare. Ele sunt așa de multe și creează atât de multe dificultăți pentru economia românească încât rezultatele procesului de negociere vor avea implicații pe orizonturi foarte largi de timp. Implicațiile însă nu sunt de o singură natură și în ciuda dificultăților și progreselor lente ale României către aderare, efectele benefice și legături sinergice pe care acestea le vor crea sunt prea importante pentru a ne lăsa descurajați.

Efectele benefice ale aplicării rezultatelor negocierii nu sunt însă scopul acestei lucrări. În negocieri, ceea ce este mai evident și totodată prioritar pentru finalizarea lor și aplicarea rezultatelor sunt dificultățile și modul lor de gestionare în condițiile existente în economia românească.

Lucrarea de față pleacă, în identificarea priorităților și analiza lor, de la un cadru general al negocierilor de aderare, prin punctarea și analiza câtorva din determinanții lor: criteriile de integrare, cadrul intern și internațional de negociere și calitățile celor implicați în negocieri.

Cadrul intern și internațional, evenimentele care au loc în economiile și societățile țărilor candidate, ale Uniunii Europene și pe plan mondial influențează uneori în mod hotărâtor începerea negocierilor de aderare, continuarea și viteza cu care se desfășoară și în final încheierea și aderarea. O ierarhizare exhaustivă a evenimentelor în ordinea influențelor exercitate pare să indice că evenimentele care au loc pe plan mondial influențează în mod deosebi, începerea negocierilor. Căderea regimurilor militare din Grecia, Spania și Portugalia a determinat începerea negocierilor de aderare cu aceste țări, iar căderea regimurilor comuniste a determinat începerea negocierilor cu Țările Central Est Europene.

Criteriile de aderare, mai precis modul în care sunt îndeplinite de țările candidate, determină progresul și ritmul negocierilor de aderare. Pe acest palier apar dificultățile negocierilor de aderare generate de dificultățile de îndeplinire a criteriilor impuse.

Și, în final, încheierea negocierilor care, experiența ne-a arătat, că se realizează în condițiile unei îndepliniri parțiale a criteriilor de integrare. În aceste condiții, în prezentarea situației interne și a poziției de negociere contează calitatea și experiența negociatorului care poate aduce o lumină pozitivă asupra negocierilor de aderare și favoriza încheierea acestora.

Finalizarea negocierilor este de multe favorizată, chiar și în condițiile unei pregătiri insuficiente, de presiunile politice interne.

Așadar, criteriile de integrare sunt cele care determină prioritățile în negociere, iar stabilirea și crearea cadrului de aplicare, cu precădere a priorităților, poate grăbi încheierea negocierilor și în final integrarea.

Dificultățile negocierilor generate de necesitatea aplicării criteriilor de integrare au fost de naturi diferite de-a lungul succesivelor lărgiri ale Uniunii Europene. În primul rând, la primele lărgiri, criteriile de integrare nu erau clar definite, integrarea a fost în special de natură comercială fapt ce s-a și reflectat în negocierile de aderare.

Până la negocierile de aderare cu Țările Central Est Europene, din grupul cărora face parte și România, obiectivele Uniunii Europene au evoluat și o dată cu acestea și criteriile de integrare și dificultățile de negociere.

Modul în care criteriile de integrare au evoluat este surprins în succesivele Tratate de constituire a Uniunii Europene și le prezentăm în secțiunea a doua a prezentei lucrări.

Dificultățile și, implicit prioritățile negocierilor de aderare ale României, reies din urmărirea structurii și componentelor de negociere.

Obiectivul unei ierarhizări în negocierile de aderare a României este o sarcină grea, în cadrul complex al negocierilor de aderare. Componentele de negociere acoperă toate aspectele societății unei țări candidate: economice, sociale și politice.

În capitolul al 3-lea, considerăm ca având o importanță specială pentru negocierile de aderare ale României îndeplinirea criteriului economic de existență a unei economii de piață funcționale, iar analiza componentelor de negociere care acoperă acest criteriu ne conduce la identificarea principalelor dificultăți de negociere a României.

Identificarea dificultăților este rezultatul unui proces de confruntare a neîndeplinirilor și succeselor realizate de România, în lungul drum parcurs spre integrare și confirmat prin Rapoartele de evaluare ale Comisiei Europene.

În capitolul al 4-lea, avem in prim plan, ceea ce considerăm a fi prioritățile României în negocierea aderării la Uniunea Europeană și urmărim drumul sinuos al necesității îndeplinirii obiectivelor economice ce rezultă din prioritățile stabilite, împreună cu interdependențele pe care le implică.

În final, propunem un model economic în care se interpătrund cel puțin o parte din elementele specificate, care fac obiectul negocierii uneia din prioritățile economice ale României – negocierea cotelor comerciale, în speță a celor din sectorul vinului. Este un model de echilibru parțial care permite calcularea optimului cotelor comerciale care se pot obține în negocierile comerciale între România și UE. El a fost realizat cu sprijinul finanțării Comisiei Europene, în cadrul unei burse de cercetare în Germania și s-a constituit în punctul de plecare și subiectul întregii cercetări.

Professor Universitar Doctor Vasile C. Nechita

Îmi fac o datorie, să le mulțumesc, și pe acestă cale, coordonatorilor, Prof. Jürgen von Hagen și Prof. Vasile C. Nechita ca și Dr. Jeniffer Wu Pedussel și celorlați participanți la seminariile Centrului de Studii Europene din Bonn și îmi exprim speranța că lucrarea va reprezenta un suport util pentru toți cei interesanți de ceea ce au fost negocierile de aderare și consecințele rezultatelor lor pentru economiile țărilor candidate și ale României în special.

CAP. 1
NEGOCIERILE ȘI FACTORII DE FUNDAMENTARE ȘI EVALUARE A REZULTATELOR

Negocierile de aderare a țărilor candidate la UE nu se înscriu în natura clasică a oricăror negocieri, în care participanții încep prin a avea poziții bine definite dar contradictorii și sfârșesc prin a obține un rezultat de compromis, o mixtură a intereselor celor două părți.

Negocierile de aderare la UE se diferențiază de cele clasice prin două aspecte majore:
- condiționarea admiterii în negocieri;
- cadrul fix al negocierilor.

În primul rând, Uniunea condiționează începerea negocierilor de aderare de îndeplinirea unor criterii de admitere ca membru. Și în al doilea rând, cadrul negocierilor este fix, nu se negociază și este reprezentat de *acquis-ul communitar*. Ce se negociază de fapt este metodologia de aplicare a *acquis-ului* (obiectul negocierilor). Prin metodologia de aplicare înțelegem:

- aspectele *acquis-ului* asupra cărora se acordă perioade tranzitorii și derogări la aplicare;
- durata în timp pentru care se acordă perioade tranzitorii și derogări;
- necesitatea îmbunătățirii *acquis-ului* pentru a lua în considerare și alte aspecte specifice țărilor candidate.

Începerea negocierilor de aderare cu Țările Central Est Europene(TCEE) s-a făcut în condițiile neîndeplinirii de către o parte din țările candidate a condiționalităților de admitere în negocieri reprezentate de criteriile de aderare. În aceste condiții putem considera că determinanții începerii negocierilor sunt alții. Din analiza lărgirilor anterioare remarcăm influența exercitată de: conjunctura internă și internațională și calitatea și experiența negociatorilor.

1. 1 Criteriile de aderare

Negocierile de aderare au început în 1961 prin primirea primei cereri de aderare din partea Marii Britanii și au continuat în perioada următoare prin deschiderea de negocieri cu Danemarca, Irlanda și Norvegia și din nou Marea Britanie (ca urmare a respingerii primei cereri) în 1967, urmate de deschiderea de negocieri de aderare cu Grecia în 1976, Portugalia în 1978 și Spania în 1979. Este o primă perioadă de solicitări succesive de aderare și deschideri de negocieri, urmată de o a doua, care a început în 1993, prin deschiderea de negocieri de aderare cu Țările EFTA (Austria, Suedia, Finlanda, Norvegia și Elveția) și Țările Central Est - Europene în 1997 (Ungaria, Polonia, România, Slovacia, Estonia, Latvia , Lituania, Republica Cehă și Slovacia) și respectiv 1999 (România și Bulgaria).

La începutul negocierilor, criteriile de aderare nu au fost aplicate în forma în care sunt cerute a fi respectate în lărgirile actuale. Pentru primul grup care a solicitat aderarea, lipsa acestor criterii este ușor de justificat. Danemarca, Norvegia și Marea Britanie erau țări cu un nivel de dezvoltare ridicat, comparabil cu cel al țărilor care au format Comunitatea Europeană.

În plus, integrarea Marii Britanii era un obiectiv strategic al Comunității în condițiile în care ea era o țară cu o poziție istorică, economică și politică internațională de o importanță deosebită. Prin poziția sa financiară, Marea Britanie a fost un susținător important al bugetului Comunității, motiv pentru care i-a atras și nemulțumirea și re-negocierea contribuției sale în 1974-1975.

Cererile de aderare ale Irlandei și Danemarcei au fost strâns legate de cea a UK ca urmare a legăturilor lor economice, astfel încât nivelul de dezvoltare mai scăzut al Irlandei nu a contat atât de mult în negocierile de aderare prin contrapondere cu importanța integrării UK și a legăturii dintre aceste două cereri de aderare.

Rolul central al UK s-a dovedit și în cererile de aderare și negocierile Spaniei și Portugaliei. Deși aceste țări erau sub regimuri militare, Comunitatea a dezvoltat cu ele foarte mult legăturile de cooperare. Ca urmare a dezvoltării legăturilor economice și politice avute cu Anglia s-a decis și s-a realizat deschiderea negocierilor de aderare odată cu cea a UK. Negocierile cu Grecia, Spania și Portugalia au reprezentat prima experiență de negociere a Comunității cu un grup de țări cu un nivel de dezvoltare mai scăzut. În aceste condiții și sub presiunea necesității implicării în asigurarea stabilității în zona Mediteraneană, Comunitatea nu a avut timpul și experiența necesară stabilirii unor criterii de aderare pentru aceste țări.

Totodată, dominația economică și politică mondială a SUA și URSS și relațiile încordate între acestea necesitau o reacție din partea țărilor europene. Rolul țărilor europene se diminuase mult pe plan internațional în urma celor două războaie mondiale, iar dificultăților de reconstrucție economică și socială li se adăugau cele cauzate de puternica instabilitate politică din Europa.

Decizia de cooperare între principalii piloni ai Europei (Franța și Germania) era așadar o reacție la situația politică mondială și totodată cea internă. Formarea Comunității europene de către Germania și Franța era de așteptat să elimine disputele teritoriale sau materiale între cele două țări (cum este cazul bazinului Rin-Ruhr) și totodată se dorea să reprezinte o contrapondere de dezvoltare economică a celor două super-puteri mondiale, SUA și URSS. Prin deschiderea negocierilor de aderare cu țări precum cele Mediteraneene, Comunitatea a fost pusă și în situația de a juca un rol de factor de stabilizare politică. Țările Mediteraneene erau țări în care democrația era nou instaurată iar lipsa unui suport din partea Comunității amenința să accentueze instabilitățile în funcționarea lor democratică. În aceste condiții, cerința îndeplinirii unor criterii politice era prematură, greu de îndeplinit de țările candidate și descurajatoare pentru perspectiva aderării.

Succesele obținute de Comunitate în domeniul integrării economice au fost încurajatoare și obiectivele comunitare s-au lărgit cuprinzând și alte aspecte pe lângă cele economice cum sunt cele sociale sau politice.

Negocierile cu primul grup s-au concentrat pe probleme punctuale determinate de dificultățile realizării integrării comerciale și agricole sau acceptarea angajamentelor politice și monetare ale UE. La primirea cererilor de aderare din partea UK și țărilor care au făcut parte din același grup, cadrul intern de creare a Comunității Europene nu era clar definit înscriindu-se în multe deziderate și obiective de îndeplinit cum au fost: crearea propriilor resurse bugetare, realizarea PAC, realizarea UEM, Politica Externă Comună. În aceste condiții criteriile pe care aceste țări le aveau de îndeplinit erau mai puțin riguroase multe din problemele dificile ale negocierilor fiind amânate până după integrare.

Integrarea europeană continua precipitat spre multidimensionalism, prin considerarea și a altor aspecte decât cele economice, cum sunt cele monetare și politice iar integrarea TCEE însemna în primul rând integrarea unor țări foste comuniste, cu niveluri foarte diferite de dezvoltare, total nepregătite pentru funcționarea în cadrul unor structuri de tipul celor europene.

Succesul obținut în stabilizarea politică și integrarea țărilor Mediteraneene a deschis un nou drum al obiectivelor comunitare, prin includerea unor obiective politice, iar căderea regimurilor comuniste din Țările Central Est Europene obliga la solidaritate și reacție promptă.

Însăși Uniunea Europeană se confrunta cu probleme numeroase rezultate din procesul de integrare și nu dorea complicarea acestora prin extindere. De aceea definește și adoptă o strategie de integrare prin criteriile de aderare.

La Maastricht (1992) s-a pus baza criteriilor economice și politice ale integrării prin solicitarea explicită statelor candidate să asigure funcționarea economiei pe principii democratice.

Criteriile de la Copenhaga (1993) au fost stabilite înaintea primirii cererilor de aderare din partea TCEE[1] în scopul anticipări candidaturilor acestor țări și au fost stabilite și adaptate condițiilor din propriile economii.

Criteriile economice și politice sunt în număr de patru și se referă la:

1. existența unei democrații și observarea drepturilor umane și protecția drepturilor minorităților;
2. existența unei economii de piață funcționale;
3. capacitatea de a face față presiunilor concurențiale ale UE;
4. capacitatea de a-și asuma obligațiile de membru (implementarea *aquis-ului comunitar;*

Criteriile politice

Primul criteriu legat de existența unei democrații, observarea drepturilor umane și protecția drepturilor minorităților presupun elemente legate de reforma administrației publice, sistemul judiciar, lupta împotriva corupției, protecția copilului, drepturile omului și protecția minorităților. Apariția sa a fost determinată de îngrijorările pe care le-au stârnit unele state candidate privind tratamentul minorităților. De aceea s-a considerat că o precizare clară în cadrul criteriilor ajuta realizarea reformei în acest domeniu – criteriul 1 de la Copenhaga (Mayhew, 1998).

Uniunea urmărește îndeplinirea criteriului prin evaluarea a două componente:

1. Democrația și statul de drept;
2. Drepturile omului și protecția minorităților.

Acest criteriu politic de la Copenhagen (1993) a fost completat prin deciziile Consiliului European de la Madrid (1995) cu includerea necesității creării condițiilor integrării prin adoptarea structurilor administrative și aplicarea și transpunerea legislației comunitare în legislațiile naționale, în structurile administrative și juridice proprii. Noile dificultățile întâmpinate în aplicare au fost semnalate de Consiliul European de la Luxemburg (1997), prin precizarea necesității întăririi și ameliorării funcționării instituțiilor conform dispozițiilor Tratatului de la Amsterdam.

În prezent, Uniunea evaluează existența democrației și statului de drept prin urmărirea:

- componenței Parlamentului;
- componenței Executivului;
- structurii sistemului judiciar;
- măsurilor anti-corupție.

Democrația și drepturile minorităților se consideră a fi respectate când statele candidate respectă Drepturile civile și politice și Drepturile și protecția minorităților.

Criteriile politice au fost statuate prin Tratatul de la Maastricht (1992) care a stabilit drept principii fundamentale ale Uniunii integrarea unor state ale căror guverne să respecte principiile democrației.

Concluziile Consiliului European de la Copenhaga (1993) au stabilit în mod specific componența cerințelor politice care condiționează aderarea la Uniune: instituții

---

[1] Cererile de aderare din partea TCEE au fost primite în anii 1994 (Ungaria, Polonia), 1995 (România, Slovacia, Estonia, Letonia, Lituania, Bulgaria), 1996 (Cehia și Slovenia).

stabile care sa garanteze democraţia, prioritatea dreptului, drepturile omului, respectarea minorităţilor şi protecţia acestora.

Cerinţele politice au căpătat consistenţă prin summit-urile ulterioare ale Uniunii. Concluziile Consiliului European de la Madrid (1995) au completat cerinţele politice ale integrării cu următoarele aspecte: fiecărui stat candidat i s-a cerut să creeze condiţiile integrării prin adaptarea structurilor sale administrative iar legislaţia comunitară se impunea să fie transpusă în legislaţiile naţionale şi aplicată eficient prin structurile administrative şi juridice proprii.

Din experienţa lărgirilor anterioare dar şi sub influenţa primirii unor cereri de aderare din partea unor state ce avuseseră structuri politice mult diferite şi care întâmpinau probleme în restructurarea propriilor societăţi pentru aplicarea principului democraţiei s-au născut principiile fundamentale ale Uniunii incluse în Tratatul de la Amsterdam (1997) şi care conturează criteriile politice de negociere a aderării la UE: principiul libertăţii, democraţiei, respectarea drepturilor umane şi a libertăţilor fundamentale şi a guvernării legii.

Prin concluziile Consiliului European de la Luxemburg (1997) Uniunea cerea „o întărire şi o ameliorare a funcţionării instituţiilor, conform dispoziţiilor tratatului de la Amsterdam".

Aderarea s-a condiţionat de respectarea tuturor criteriilor stabilite la Copenhaga însă criteriul politic a căpătat o valoare şi mai mare în urma Consiliului European de la Helsinki (1999) prin aceea că s-a stabilit condiţionarea deschiderii negocierilor de aderare de respectarea lui. În cadrul aceluiaşi Consiliu s-a cerut ţărilor candidate la aderare „să-şi partajeze valorile şi obiectivele Uniunii Europene, aşa cum sunt ele menţionate în tratat", să-şi reglementeze eventualele diferende trans-frontaliere şi asigurarea unui nivel înalt de siguranţă nucleară.

Însă aceste criterii au suferit o transformare continuă prin includerea experienţelor rezultate din negocierile de aderare cu primul val de integrare din grupul TCEE în Tratatul stabilind Constituţia Europeană (2004). Au fost adăugate cerinţe legate de respectarea demnităţii umane, egalităţii şi a drepturilor minorităţilor. Se face distincţie clară în atributele unei societăţi care solicită integrarea: pluralismul, nediscriminarea, toleranţa, justiţia, solidaritatea şi egalitatea între bărbaţi şi femei.

Criteriile economice

Criteriile următoare se încadrează în categoria criteriilor economice, sunt ample şi includ şi necesitatea îndeplinirii *acquis-ului comunitar*.

Criteriile au fost stabilite în acelaşi an cu deschiderea negocierilor de aderare cu ţările EFTA însă acestea sunt criterii care condiţionează deschiderea negocierilor iar la momentul stabilirii – Consiliul de la Copenhaga , iunie 1993- ţările EFTA deschiseseră deja negocierile. În plus economiile ţărilor EFTA aveau un grad înalt de dezvoltare astfel încât condiţionări de genul, existenţă unei economii de piaţă funcţionale sau existenţa unei democraţii nu erau potrivite unor asemenea economii.

Înaintea deschiderii negocierilor de aderare cu România şi Bulgaria era clar că aceste ţări nu vor putea îndeplini criteriile economice care condiţionau deschiderea negocierilor. Astfel Uniunea a hotărât în Consiliul de la Helsinki (1999) modificarea criteriilor obligatorii de aderare şi a condiţionat deschiderea negocierilor doar de îndeplinirea criteriului politic, aderarea rămânând totuşi condiţionată de îndeplinirea criteriilor economice dar ele au devenit o parte componentă a negocierilor de aderare.

Criteriile de negociere conțin cerințe legate de elemente specifice economiilor TCEE care în mod clar nu conțineau caracteristicile fundamentale ale unei economii de piață înainte de 1989. După căderea COMECON[2] țările s-au confruntat cu o scădere a PNB/ cap loc ca urmare a reformelor economice, o rată mare a inflației, o scădere a producției agricole și industriale conducând la o deteriorare a situației contului curent și înrăutățirea deficitelor. PNB la prețuri de piață și ratele curente de schimb era estimat în 1995 la 234 bilioane ECU care reprezenta 4 % din PNB–ul Uniunii Europene iar în termeni de PNB/cap loc a două din cele mai mari țări candidate era în jurul medii UE în Polonia și doar 36% din cel al Greciei în România. TCEE se caracterizează și printr-o diferență mare de nivel între cel mai mare și cel mai mic venit între țări. Dacă diferența între țările din Uniune era 1,8, între Uniune și TCEE era de 3,2.[3]

Această puternică discrepanță macroeconomică a determinat decizia Uniunii de reveni asupra criteriilor economice de îndeplinit pentru asigurarea unei economii funcționale de piață în cadrul Consiliului European de la Essen (1994):

- îndeplinirea unui grad înalt de stabilitate a prețurilor prin obținerea unei rate a inflației care se apropie de media a primelor trei state cele mai performante în termen de stabilitate a prețului;
- o poziție financiară a guvernului sustenabilă prin obținerea unui deficit bugetar care nu este excesiv;
- limite normale de fluctuație a ratei de schimb pentru cel puțin doi ani fără a devalua moneda nici unui stat membru;
- o durabilitate a convergenței reflectată de ratelor dobânzii pe termen lung.

Scopul Uniunii este de a se asigura de existența unei economii de piață funcționale în țările candidate ca să aducă economiilor lor schimbările necesare pentru a face față presiunilor competitive și pentru a crea condițiile adoptării acquis-ului comunitar.

Uniunea a decis evaluarea progreselor înregistrate în asigurarea unei economii de piață funcționale în special în două direcții:
- gradul de creștere economică;
- stabilitatea macroeconomică.

Indicatorii folosiți sunt: creșterea reală a PIB, PIB ca procent din cel al UE, deficitul guvernamental general, rata inflației, rata șomajului, deficitul contului curent, nivelul investițiilor străine directe, cadrul legal și instituțional, gradul de privatizare și integrarea financiară.

Mayhew (1998) consideră cel de-al treilea-lea criteriu - capacitatea de a face față forțelor competitive ale pieței - un criteriu straniu prin aceea că dacă piețele sunt flexibile și ajustările rapide, forțele competitive nu ar trebui să fie o problemă. Tot el remarcă că ajustările au fost extrem de încete iar în unele sectoare încă sunt dificultăți în a judeca îndeplinirea criteriului din partea Comisiei. Singurul indicator ar fi urmărirea persistenței problemelor structurale.

În general Uniunea urmărește:

---

[2] Țarile membre COMECON: URSS, GDR, Polonia, Cehoslovacia, Ungaria, România, Bulgaria, Mongolia, Cuba și Vietnam.

[3] Mayhew, Alan, *Recreating Europe: The European Union's policy towards Central and Eastern Europe*, Cambridge University Press, 1998, p. 181-182

- condiţiile de funcţionare a pieţei muncii;
- nivelul formării brute a capitalului fix;
- nivelul investiţiilor străine directe;
- gradul de restructurare;
- structura comerţului exterior.

Cel de-al patrulea criteriu legat de capacitatea implementării acquis-ului este cel mai amplu şi implică multiple aspecte economice, sociale şi politice.

Mayhew (1998) sintetizează strategia de pre-aderare a ţărilor candidare pentru asigurarea condiţiilor de implementare a aquis-ului pe 6 domenii:
- politica concurenţei;
- controlul acordării ajutoarelor de stat;
- adoptarea aquis-ului asociat Pieţei Interne;
- promovarea integrării economice;
- cooperarea în integrarea în cei 3 stâlpi de la Maastricht;
- îmbunătăţirea eficacităţii asistenţei Comunităţii; [4]

1. *Existenţa unei economii de piaţă funcţionale*

Criteriilor economice cărora li s-a acordat cea mai mare importanţă în negocierile de aderare şi au fost reluate în succesivele Tratate de constituire a Comunităţii sunt cele legate de asigurarea stabilităţii macroeconomice.

Criteriile guvernând formarea unora din politicile economice s-au modificat considerabil faţă de modul în care au fost exprimate în Tratatul de constituire a Comunităţii Europene. Art. 4 al Tratatului prin care se institue Comunitatea Europeană arata: „Activităţile statelor membre si ale Comisiei Europene trebuie să includă (...) adoptarea unei politici economice bazate pe o cooperare strânsa a politicilor economice ale statele membre, pe piaţa interna si pe stabilirea unor obiective comune, care trebuie realizate în concordanţă cu principiul unei economii de piaţa deschise şi concurenţiale. (...) aceste masuri vor include fixarea ireversibila a ratelor de schimb urmărind introducerea unei monede unice, ECU, si stabilirea şi desfăşurarea unor politici monetare si de schimb unice, al căror principal scop va fi sprijinirea stabilităţii preturilor(...)."

Obiectivele privind politicile economice, vizate în Tratatul de la Roma ca aparţinând interesului comun al Statelor Membre din perspectiva unor politici conjuncturale, precum balanţa de plăţi şi politica comercială, sunt abordate în Tratatul de la Maastricht dintr-un un unghi de vedere mai mult impus de obiectivul creării Uniunii Economice şi Monetare. Cadrul de coordonare a politicilor economice este clar definit prin cerinţele privind condiţiile de creditare a băncilor naţionale şi evitarea deficitelor bugetare excesive.

Prin Tratatul de la Maastricht (1992), statele membre s-au angajat să atingă convergenţa indispensabilă creării unei Uniuni Economice şi Monetare. Impunerea respectării unor criterii de convergenţă aveau drept scop evitarea introducerii unor obstacole în calea mişcării capitalurilor, interzicerea acordării de către băncile centrale a unor împrumuturi autorităţilor publice, eliminarea accesului preferenţial al autorităţilor publice la instituţiile de credit.

Criteriile economice stabilite prin Tratatul de la Maastricht (1992) se referă la:

---

[4] Mayhew, Alan, *Recreating Europe: The European Union's policy towards Central and Eastern Europe*, Cambridge University Press, 1998

1. Deficitul bugetar;
2. Rata inflației;
3. Rata dobânzii;
4. Datoria publică.

Limitele acceptabile pentru deficitele guvernamentale au fost stabilite prin Tratatul de la Maastricht prin raportarea ratei deficitului guvernamental relativ la PNB la o rată de referință. În cazul apropierii sau depășirii ratei de referință se dispunea începerea urmăririi disciplinei bugetare.[5]. Valorile de referință ale ratei deficitului bugetar au fost stabilite la un nivel concret de îndeplinit și ele au rămas neschimbate și în Tratatul prin care se institue Constituția Europeană (2004):

- o limită de 3% pentru rata deficitului guvernamental relativ la produsul național brut exprimat la preturi de piață;
- 60% pentru rata îndatorării guvernamentale relativ la PIB exprimat le prețuri de piață.[6]

Criteriul referitor la stabilitatea prețurilor se regăsește în Tratatul de la Maastricht (1992) în legătură cu obținerea unei rate a inflației care nu depășește cu mai mult de jumătate de punct pe cea a primelor trei cele mai performante state pe o perioadă de 1 an înaintea examinării. Inflația este măsurată pe baza indexului prețului consumatorului luând în considerare și deficitele naționale.[7] Constituția a modificat media ratei inflației față de care se consideră stabilitatea prețului la 1,5% față de 0.5% cât fusese stabilit prin Tratatul de la Maastricht (Art. 1, Protocols and Annexes I and II annexed to the Treaty establishing a Constitution for Europe).

Criteriile stabilite la Maastricht referitoare la obținerea unor limite normale de fluctuație ale ratei de schimb și o durabilitate a convergenței reflectată de ratele dobânzii pe termen lung sunt legate de participarea la UEM și sunt reluate în Tratatul care stabilește Constituția Europeană prin precizări referitoare la limita ratei dobânzii nominale pe termen lung care nu trebuie să depășească cu mai mult de 2% pe cea a primelor trei celor mai performante țări în termeni de stabilitate a prețurilor.[8]

În cadrul Consiliului European de la Copenhaga din 1993 criteriile economice de la Maastricht au fost stabilite concret în ce privește forma care va trebui să fie respectată și urmărită în negocierile de aderare:

- economie de piață viabilă ca și capacitatea de a face față presiunii concurențiale și forțelor de piață din interiorul Uniunii;
- capacitatea de a-și asuma obligațiile aderării, în special subscrierea la obiectivele uniunii politice, economice și monetare.

2. Capacitatea de a-și asuma obligațiile de membru

Criteriul referitor la asumarea obligațiilor de membru se referă la pregătirea economiilor țărilor candidate pentru adoptarea și implementarea legilor Comunității,

---

[5] ***, *The Maastricht Treaty*, Protocol on the convergence criteria referred to in article 109j of the Treaty establishing the European Community, 1992, p. 28

[6] *** , *Treaty establishing a Constitution for Europe*

[7] ***, *The Maastricht Treaty*, Protocol on the convergence criteria referred to in article 109j of the Treaty establishing the European Community, 1992, p. 29

[8] *** , *Treaty establishing a Constitution for Europe*

reglementărilor și politicilor sale. Obligațiile de membru însă nu au fost aceleași pentru lărgirile succesive ale Comunității ele modificându-se odată cu modificarea obiectivelor și a evoluțiilor interne ale UE.

Primul domeniu de pregătire a aderării este legat de *politica concurenței* și a fost considerat cel mai important în relațiile Uniunii cu TCEE. Este un criteriu legat de asigurarea concurenței corecte în cadrul Pieței Interne și își are originile în situația existentă în economiile TCEE generată de persistența monopolurilor de stat și proporția mică a proprietății private.

Regulile care reglementează competiția în interiorul Comunității au fost stabilite prin Tratatul de la Roma. Ele nu au fost modificate prin următoarele Tratate și au fost cerute spre aplicare statelor candidate la aderare în forma în care se regăsesc în Tratatul de la Roma (1957). Cerințele Comunității s-au orientat spre:
- evitarea fixării prețurilor sau cumpărăturilor în mod direct sau indirect;
- evitarea limitării sau controlului producției, piețelor, dezvoltării tehnice sau investițiilor;
- împărțirea corectă a piețelor sau surselor de aprovizionare;
- evitarea aplicării unor condiții ne-echivalente de tranzacție între parteneri;
- evitarea încheierii unor contracte a căror acceptare este legată de acceptarea altor contracte.[9]

Controlul ajutoarelor de stat este un al doilea element important de asigurare a condițiilor de asumare a obligațiilor de membru. Mayhew (1988) arată că un progres în acest domeniu s-a obținut și în Uniune recent. Prin urmare obiectivele propuse și criteriile de îndeplinit de statele membre în vederea aderării nu s-au modificat foarte mult de la modul în care exprimate la constituirea Comunității prin Tratatul de la Roma (1957). Se face distincție între ajutoarele care nu sunt permise a se acorda în cadrul Comunității și care nu trebuie să fie practicate nici de statele candidate și cele care sunt admise. Ajutoarele găsite compatibile cu crearea unei concurențe corecte în cadrul Pieței Interne în tratatul de la Roma sunt aceleași și în Tratatul de elaborare a Constituției Europene cu o singură modificare: luarea în considerare a dimensiunii culturale a integrării europene:
- sunt permise ajutoarele care promovează cultura și conservarea bogăției culturale atât timp cât aceste ajutoare nu afectează condițiile de comercializare și de concurență din cadrul Uniunii.[10]

Adoptarea aquis-ului pieței interne este cel de-al treilea element de negociere în cadrul acestui criteriu, este cel mai amplu și a fost generat în cadrul unui proces extrem de lung și în cadrul Uniunii. Adoptarea aquis-ului comunitar din perspectiva creării condițiilor de asumare a obligațiilor de membru este considerată în cadrul acestui criteriu în special legată de adoptarea și aplicarea legilor și reglementărilor comunitare. Mayhew (1998) atrage atenția asupra importanței deosebite pe care o are aplicarea cadrului legislativ cu un impact deosebit asupra potențialului de creștere. Sunt incluse în această categorie reglementările privind competiția și reducerea ajutoarelor de stat, contabilitatea, cadrul bancar și al asigurărilor și adoptarea normelor Europene și internaționale ale produselor.

Primele prevederi privind armonizarea și aplicarea legislației comunitare au fost incluse în tratatul de la Roma (1957) cu privire la prevederile fiscale (Cap. 2) și aproximarea legilor (Cap.3). Între acestea cel mai dezbătut în cadrul Comunității și supus diferitelor modificări prin Tratatele ulterioare a fost Art. 100 care stabilește posibilitatea

---

[9] ***, *Treaty of Rome*, 1957, p. 31
[10] *** , *Treaty establishing a Constitution for Europe*, Art. III-167, Par. 3, p. 120

elaborării de directive în vederea aproximării legislației. Articolul a fost completat cu prevederi privind condițiile de acordare a vizei în situații excepționale cerute de condițiile naționale (Art. 100c, Par. 1-2, Tratatul de la Maastricht) și posibilitatea menținerii legislației naționale când salvarea securității interne o impune (Art. 100c, Par. 1-2, Tratatul de la Maastricht). Ulterior, odată cu extinderea obiectivelor Uniunii către crearea unei cetățenii Europene și asigurarea unei libertăți depline de mișcare a persoanelor, Art. 100c din Tratatul de la Maastricht a fost eliminat prin tratatul de la Amsterdam (1997).

Experiențele ultimelor lărgiri ale Uniunii de după Tratatul de la Maastricht (cele cu țările EFTA) au adus modificări în criteriul de aderare privind armonizarea necesară adoptării aquis-ului. În cadrul negocierlor au existat probleme de armonizare legislativă, prin aceea că standardele de mediu ale Comunității erau mai scăzute decât cele ale țărilor candidate. Soluția găsită și reflectată și în modificările Art. 100a din Tratatul de la Maastricht a fost prevederea luării ca bază pentru protecția sănătății, siguranței și mediului ca și pentru protecția consumatorului, nivelul din țara cu cel mai înalt nivel (Art. 100a, Par. 3, Tratatul de la Amsterdam).

Prin Tratatul de la Amsterdam preocupările Uniunii de a extinde colaborarea în domeniul Mediului sunt reflectate și în obiectivele de armonizare a legislației reflectându-se desigur în mod diferit în criteriul de aderare legat de cerințele de creare a condițiilor de aplicare a aquis-ului. Art. 100a., Par. 2 prevede posibilitatea menținerii prevederilor naționale în condițiile în se dovedește a fi necesar pentru propria economie sau în condiții legate de protecția mediului înconjurător sau a condițiilor de lucru.

Cel de-al patru-lea domeniu de promovare a capacității de asumare a obligațiilor de membru este *promovarea integrării economice*. Mayhew (1998) sintetizează domeniile de acțiune așa cum au fost stabilite în cadrul Consiliului European de la Essen (1994): crearea unei regiuni fizice integrate, politica comercială și cumularea regulilor de origine.

Cel de-al doilea criteriu de negociere sub acest aspect al integrării economice a evoluat odată cu evoluția obiectivelor economice ale Comunității. Crearea unei regiuni fizice integrate este un obiectiv nou al UE la care statele candidate trebuie să adere. El a fost integrat în Trattul privind Constituția Europeană și se referă la crearea unor Rețele Trans - Europene în domeniul transporturilor, telecomunicațiilor, și infrastructurilor energetice. Crearea unei Rețele Trans - Europene este un obiectiv mai vechi al Comunității ale cărui progrese spre îndeplinire au fost confirmate în cadrul tuturor Consiliilor Europene. El nu a fost însă inclus în nici unul din Tratatele de constituire până la elaborarea Constituției Europene (2004).

Integrarea comercială și elaborarea unei politici comune în domeniul agriculturii sunt cele mai vechi obiective ale Comunității care au stat la baza tuturor negocierilor de aderare. De aceea ele au și cunoscut cea mai mare evoluție pe parcursul procesului de adâncire a integrării europene până la forma de cooperare cerută în prezent statelor candidate în aceste domeniu.

Prin Tratatul de constituire a Comunității Economice Europene încheiat la Roma, s-au pus bazele unei piețe comune care să elimine barierele comerciale existente între statele membre. Piața comună a reprezentat principalul obiectiv al Tratatului de la Roma și avea ca scop o cât mai mare liberalizare a schimburilor de bunuri și servicii între statele membre printr-o uniune vamală (eliminarea taxelor vamale între statele membre și stabilirea unui tarif vamal comun), eliminarea cotelor restrictive și a măsurilor cu efect echivalent pentru asigurarea unei libere circulații a bunurilor, precum și libera circulație a persoanelor (mai ales a celor angajate), serviciilor și, într-o anumită măsura, a capitalului.

Deşi perioada de tranziţie pentru atingerea acestor obiective era fixata pentru 1 ianuarie 1970, doar o parte a acestora au fost finalizate anterior acestei date (uniunea vamală propriu-zisă – finalizată la 1 iulie 1968; eliminarea cotelor vamale; libera circulaţie a lucrătorilor, în anumite condiţii; armonizarea anumitor taxe prin introducerea generala a TVA-ului în 1970).

Celelalte obiective n-au fost atinse în următorii 15 ani, astfel că la mijlocul anilor '80 încă nu exista nici o reducere substanţiala în ceea ce priveşte măsurile cu efect echivalent restricţiilor cantitative. Aspectele practice ale liberei circulaţii a serviciilor, cu excepţia anumitor profesii, erau încă în conflict cu reglementările naţionale şi variau considerabil de la o ţară la alta. Libertatea comerţului cu bunuri era restricţionată de practici neconcurenţiale impuse de autorităţile publice: drepturi exclusive de producţie sau de servicii, subvenţii. Toate barierele comerciale indicau menţinerea frontierelor care erau fie de natura fizică (controlul bunurilor şi persoanelor la frontierele interne), fie de natură tehnică (o întreagă gamă de reguli naţionale), fie legate de sistemul de taxare.

Dacă la primele lărgiri, cooperarea în domeniul comercial presupunea o reducere a taxelor vamale cu 25% până la 50% în stadii (Art. 14-15, Tratatul de la Roma) prin Art. III-151 din tratatul care institue Constituţia Europei se interzic complet orice fel de taxe vamale între statele membre şi aplicarea uni tarif vamal comun faţa de ţările terţe.

Aşadar prevederile referitoare la eliminarea restricţiilor tarifare sau cantitative şi a perioadelor tranzitorii aferente nu se mai regăsesc în Tratatul privind Constituţia Europeană. Se pare că Uniunea a atins nivelul de integrare dorit în domeniul creării Pieţei Interne. Obiectivele comerciale de la începutul formării Comunităţii sunt înlocuite cu cele stabilite prin Art. III – 315 al Constituţiei Europene. Ele sunt aşezarea Politicii Comerciale Comune pe bazele unor principii uniforme în ce priveşte modificările tarifelor, încheierea unor acorduri comerciale şi asupra tarifelor în comerţul cu bunuri şi servicii, aspectele comerciale ale proprietăţii intelectuale, investiţiile străine directe, atingerea obiectivului privind uniformitatea măsurilor de liberalizare, politica exportului şi măsurile de protejare a comerţului în condiţiile dumping-ului sau utilizării subvenţiilor.[11]

Obiectivele şi elementele pe baza cărora se desfăşoară negocierile de aderare în domeniul instaurării unei politici agricole nu s-au schimbat prea mult de la momentul constituirii Comunităţii Europene. Acesta evidenţiază dificultăţile pe care Statele Membre la întâmpina în crearea unei pieţe comune a produselor agricole. Din acest motiv criteriile de integrare a produselor agricole se regăsesc aproximativ în aceeaşi formă şi în Constituţia Europeană. Art. III-226 încă odată stipulează necesitatea extinderii pieţei comune la comerţul cu produse agricole.

Evoluţii semnificative de la constituirea Comunităţii Europene au cunoscut însă prevederile sociale incluse în Tratatul de la Roma (1957) care s-au transformat într-o politică socială prin Constituţia Europeană (2004). Orientarea către elaborarea unei politici sociale s-a produs prin Tratatul de la Maastricht (1992) care a introdus prevederi privind educaţia, instruirea vocaţională şi tineretul (Art. 126-127, Tratatul de la Maastricht). Însă adevărata modificare preluată în mare măsură şi în Constituţia Europeană se produce în Tratatul de la Amsterdam (1997). Obiectivele promovării angajării, îmbunătăţirii condiţiilor de lucru, protecţie socială corectă, dialog între management şi forţele de muncă, dezvoltarea resurselor umane sunt obiective asumate în scopul nu numai al asigurării funcţionării pieţei comune şi favorizarea sistemelor sociale

---

[11] *** , *Treaty establishing a Constitution for Europe*, Art. III-315, , p. 249

dar şi ca măsuri necesare pentru aproximarea legislaţiei, reglementărilor şi acţiunilor administrative (Art. 117, Tratatul de la Amsterdam).

Criteriile administrative

Este un criteriu care se referă la modificările instituţionale necesar a fi realizate de ţările candidate dar şi de Uniune, prin modificarea şi alocarea numărului de membri în propriile instituţii.

Uniunea şi-a propus stabilirea unui cadru instituţional unic care să asigure „consistenţa şi continuitatea activităţilor în vederea îndeplinirii propriilor obiective cu privire la respectarea şi dezvoltarea *acquis-lui comunitar*".

Prevederi privind organizarea instituţiilor Europene, distribuirea locurilor în Parlament, numărul de voturi şi modul de vot, au fost incluse încă de la început în Tratatul de constituire a Comunţăii Europene. Lărgirile ulterioare ale Comunităţii au adus necesitatea unor numeroase modificări în modul de organizare şi în procedurile Instituţiilor Europene, marea modificare o reprezintă însă prevederile Tratatului de la Nice dedicat în exclusivitate reformei instituţionale. Încă de la început, prin Art. 2 al Tratatului de stabileşte modificarea numărului de membri reprezentativi în Parlamentul European. Art. 3 din Tratatul de la Nisa stabileşte numărul de voturi necesar pentru majoritate calificată în Consiliu.

Numărul membrilor Comisiei a fost modificat de la 17 la 20 de membri prin Tratatul de la Maastricht (Art. 157). De asemeni, ea trebuie să includă cel puţin un reprezentatnt naţional din fiecare stat membru iar Statele Membre trebuie să respecte principiul independenţei şi să nu încerce să influenţeze membrii Comisiei.

Prin Tratatul de la Roma (Art. 193) este instaurat şi Comitetul Economic şi Social iar fiecare stat membru are un anumit număr de reprezentaţi stabilit de comun acord între Statele Membre. Consiliul Economic şi Social este format din reprezentanţii diferitelor categorii de activităţi economice şi sociale în special reprezentanţi ai producătorilor, fermierilor, transportatori, muncitori, dealeri, alte ocupaţii profesionale şi reprezentanţi ai publicului.

Numărul membrilor în Consiliul Eonomic şi Social a fost stabilit în cadrul Art. 194 iar în urma ulterioarelor etape de lărgire a Comunităţii, numărul reprezentanţilor fiecărei ţări nu a fost modificat ci s-au adăugat doar noi reprezentanţi pentru fiecare ţară integrată respectându-se principiile anterioare.

Constituţia Europeană păstrează drept singură referinţă privind numărul membrilor Consiliului Economic şi Social faptul că acesta nu trebuie să depăşească 350 de membri.

Instaurarea cooperării regionale prin Tratatul de la Maastricht aduce modificări în structura instituţională a Comunităţii în Comunitate prin înfiinţarea Comitetului Regiunilor. Numărul membrilor este acelaşi ca şi în cazul Consiliului Economic şi Social.

Alte aspecte criteriilor administrative de negociere sunt legate de necesitatea implementării Politicii Externe de de Securitate Comună şi Justiţie şi Afaceri Interne.

Prin Tratatul de stabilre a Constituţiei Europene (2004) se solicită coordonarea activităţilor statelor membre în interiorul organizaţiilor şi conferinţelor internaţionale (Art. 305). Art. I-41 (3) stabileşte înfiinţarea unei Agenţii Europene de apărare a cărei atribuţii au fost dezvoltate în conformitate cu obiectivele Europene de securitate comună şi apărare.

Prin Art. III-265 Uniunea îşi propune dezvoltarea unor politici de control a frontierelor, a azilului şi imigraţiei care presupune găsirea unor măsuri comune pentru dezvolatearea unei politici comune a vizelor, controalele la care sunt supuse persoanele traversând barierele externe, condiţiile în care naţionalii ţărilor terţe vor fi liberi să circule pe perioade scurte în interiorul Uniunii, orice măsură pentru stabilirea unui sistem de management integrat pentru frontierele externe, absenţa oricărtui control asupra persoanelor care traversează frontierele externe indiferent de naţionalitatea lor.

În domeniul cooperării în probleme de criminalitate Uniunea îşi propune stablirea unor reguli si proceduri care să asigure recunoaşterea tuturor formelor de judecăţii şi decizii juduciare, prevenirea şi rezolvarea conflictelor de jurisdicţie între Statele Membre, susţinerea instruirii personalului juridic şi judiciar, facilitarea cooperării între autorităţile judiciale sau autorităţile echivalente în probleme de criminalitate şi aplicare a deciziilor (Art. III-270).

Privind pe ansamblu criteriile de aderare putem extrage concluzii privind intercondiţionalitatea şi o prioritizare a acestora înainte de a trece la analiza negocierilor de aderare a României. În strategia de pre-aderare a Uniunii Europene remarcăm pilonul central al criteriilor economice reprezentat de existenţa unei economii de piaţă funcţionale. Este un criteriu creat special pentru procesul de aderare a TCEE care la momentul solicitării aderării aveau economii care păstrau în mare măsură elemente ale sistemului unei economii centralizate. Însă prin următoarele criterii Uniunea oferă şi soluţia eliminării acestor elemente şi adoptarea elementelor caracteristice economiei de piaţă. Avem în vedere criteriul referitor la capacitatea asumării obligaţiilor de membru reprezentat de necesitatea adoptării şi implementării *acquis-ului comunitar*.

Acquis-ul comunitar reprezintă nu numai o aliniere la sistemul administrativ, social şi legal al Uniunii dar mai ales o aliniere la sistemul funcţional de piaţă al statelor membre. Criteriul referitor la capacitatea de a face faţă forţelor competitive ale pieţei depinde de existenţa unei economii de piaţă şi a unui cadru macroeconomic stabil care să permită agenţilor să ia decizii intr-un climat de predictabilitate. În plus este necesară restructurarea întreprinderilor şi creşterea nivelului investiţional. [12] Este aşadar clară condiţionalitatea celui de-al treilea criteriu de la Copenhaga de cel referitor la existenţa unei economii de piaţă funcţionale care la rândul său este determinat în bună măsură de măsura în care sunt adoptate şi aplicate anumite părţi ale aquis-ului legat de funcţionarea unei economii de piaţă.

1.2 Conjunctura internă şi internaţională

Deschiderea negocierilor de aderare cu ţări precum cele Mediteraneene care se confruntau cu o puternică instabilitate politică sau ţări precum Bulgaria şi România care mai aveau un drum lung până la îndeplinirea criteriilor economice sugerează importanţa deosebită a conjuncturii interne şi internaţionale în acest proces.

Pe ansamblu conjunctura internă şi internaţională a negocierilor de aderare ale Uniunii Europene este marcată de două tendinţe:
- de atragere a unor ţări cu legături economice speciale în cadrul economiei şi cu un nivel de dezvoltare foarte ridicat (UK şi ţările EFTA);
- de asigurare a unei stabilităţi politice şi economice regionale (integrarea ţărilor Mediteraneene şi a Ţărilor Central Est Europene).

---

[12] ***, *Making a success of enlargement*, p. 10

Pregătirea negocierilor de aderare s-a făcut în cadrul unor conjuncturi economice și politice diferite identificate la nivelul anilor 1950-1960 și cea de a doua la nivelul anilor 1990-2000.

Pe plan internațional perioada anilor 1950-1960 a fost o perioadă de boom economic cu efecte benefice asupra obiectivelor de formare a Comunității Europene. Preston (1997) remarcă concentrarea Comunității pe adâncirea procesului de creare a uniunii vamale, crearea unei Politici Agricole Comune și crearea propriilor resurse bugetare. Totodată cererile de aderare au venit într-un moment propice în care prin Summit-ul de la Haga (1959) Comunitatea și-a stabilit obiectivele adâncirii concomitent cu cele ale lărgirii, determinate de examinarea posibilității creării unei Uniuni Economice și Monetare și a unei Politici Externe Comune.

În acest context de dezvoltare internațională cererea de aderare din partea Marii Britanii ar părea surprinzătoare. Preston (1997) remarcă însă procesul de transformare în care se găsea politica externă a UK în care perioadă:
-   criza Suez din 1956 și procesul de decolonizare care au spulberat încercările UK de a deveni o putere mondială;
-   orientarea ajutorului American în mare măsură către construirea CE care era o oarecare pierdere în relațiile privilegiate pe care UK le avusese cu US;
Acest proces a determinat o teamă de declin economic iar soluția găsită a fost cererea de integrare în Comunitate.

Cererea de aderare britanică a avut ca efect determinarea cererilor de aderare a tuturor țărilor cu care UK avea relații comerciale mai strânse. Prin urmare cerea de aderare irlandeză și a Danemarcei a fost strâns legată de cea britanică ca urmare a legăturilor strânse între aceste două țări. Un exemplu îl reprezintă opinia irlandeză privind modul de realizare a Uniunii Vamale și anume excluderea agriculturii de la crearea uniunii vamale, poziție strâns legată de atitudinea UK în această privință dar și de faptul că agricultura irlandeză depindea de piața UK.

Poziția Danemarcei în cadrul acestui grup era în mare măsură determinată de modelul social – democratic al politicii naționale combinat cu politicile liberale ale comerțului liber motiv pentru care se prefera cooperarea cu țările nordice cu același model politic național dar și cu UK datorită opțiunilor sale de comerț liber. Schimburile comerciale ale Danemarcei se defășurau în proporție de 90% cu Europa sub formă de importuri în timp ce 70% din exporturile sale către Europa erau agricole și subiectul unui protecționism înalt. În aceste condiții obiectivul principal al negocierilor daneze a fost de a urmări prevenirea existenței unor bariere între cele două grupuri. Preston (1997) afirmă că Danemarca a fost în situația de alege între relațiile privilegiate cu Germania pe de o parte și cele cu UK pe de lată parte, pe fondul unor calcule economice de interes național care excludea clar posibilitatea unui angajament politic în cadrul Comunității a ales să participe la formarea EFTA împreună cu UK.[13]

Și cererile de aderare din partea țărilor Mediteraneene au fost primite în același timp cu ale Marii Britanii însă situațiile politice (existență unor regimuri militare) și situația economică (niveluri de dezvoltare) erau extrem diferite de cele ale Comunității și a determinat considerabil întârzierea procesului de aderare.

Relațiile Comunității cu Grecia, Spania și Portugalia în perioada 1950-1960 erau într-un ritm ascendent al colaborării determinat de deschiderea unor negocieri în vederea

---

[13] Preston, Christhofer, *Enlargement and Integration in the European Union*, Routledge London, 1997

aderării determinat de ratele înalte de creştere economică din Comunitate şi a opţiunii politice a cestor ţări pentru modelul de integrare europeană faţă de cel al EFTA. Însă slăbiciunile structurale al economiei greceşti şi regimurile politice militare din Spania şi Portugalia împiedicau avansarea în negocierile de aderare. Preston (1997) remarcă dependenţa comercială şi de opţiune politică a Spaniei şi Portugaliei faţă de Anglia care era prima piaţă de desfacere pentru produsele acestora.

Ritmul de dezvoltare al integrării europene a determinat interesul ţărilor EFTA de dezvoltare a unor relaţii de cooperare mai strânse însă evitând angajamentul politic al unei integrări.

Teama Europei de „Atlanticizare" prin integrarea Angliei care avea relaţii privilegiate cu US şi un număr mare de investiţii americane a determinat respingerea cererii de aderare şi astfel încheierea negocierilor de aderare şi cu celelalte ţări asociate.

Noile cereri de aderare din 1967 şi deschiderea negocierilor în 1970 erau marcate pe plan mondial de o perioadă de recesiune care a mai diminuat din elanul Comunităţii în realizarea Pieţei Interne.

Căderea regimurilor militare din Grecia, Spania şi Portugalia şi reinstaurarea democraţiei a reinscris aceste ţări pe drumul spre integrarea europeană. Preston (1997) prezintă situaţia externă a Greciei de după căderea dictaturii, invazia Turcă a Ciprului şi retragerea militară din NATO ca o perioadă critica de redefinire a relaţiilor sale externe cu US, care era suspectată de susţinere militară astfel încât orientarea Greciei către Comunitatea Europeană era şi un mod de a se distanţa de US. Diferenţa mare de dezvoltare economică între aceste ţări şi CE a făcut ca negocierile să progreseze într-un ritm lent. Grecia a reuşit totuşi încheierea negocierilor de aderare în 1979. Cele cu Spania şi Portugalia s-au încheiat mai târziu, în 1985, ca urmare a instabilităţii politice a Portugaliei şi dificultăţilor economice de integrare a Spaniei iar finalizarea lor a fost determinată în mare parte de dorinţa Uniunii de a oferi stabilite regiunii.

Noul val de cereri de aderare şi de negocieri care a urmat în 1989 din partea ţărilor EFTA iar la nivel internaţional acestea au coincis cu schimbările de regimuri care aveau loc în Ţările Central Est Europene (TCEE).

Anul 1990 a fost marcat de următoarele evenimente importante:
- dezintegrarea URSS;
- dezvoltarea relaţiilor UE cu ţările EFTA;
- dezvoltarea unei politici Mediteraneene a UE;
- criza din Golf şi Orientul Mijlociu.

Ţările EFTA erau ţări care aveau un nivel înalt de dezvoltare a căror integrare economică nu punea probleme deosebite Uniunii dar a căror opţiune pentru neutralitate era în contradicţie cu angajamentele politice ale Uniunii. Însă schimbările geopolitice de destindere a relaţiilor cu USSS şi deschiderea economiilor TCEE de la sfârşitul 1980 a schimbat opţiunile acestor ţări şi a fost facilitată încheierea negocierilor cu ţările EFTA prin acceptarea angajamentelor politice din negocierile de aderare.

Evenimentele politice internaţionale de genul crizei din Golf şi Orientul Mijlociu au avut un impact deosebit asupra obiectivelor comunitare ca urmare a legăturilor economice pe care noile state independente de Estul Europei le aveau în această zonă şi cererilor de aderare care se prefigurau din partea acestora. În Consiliul European de la Roma (1990), Uniunea şi-a reafirmat Rezoluţiile Consiliului de securitate UN şi şi-a oferit sprijinul şi implicarea prin crearea condiţiilor pentru facilitarea şi creşterea volumului comerţului între Teritoriile Ocupate[14] şi Comunitate (Anexa II, Presidency Conclusions, Rome, 1990).

În relaţiile cu Rusia se încerca explorarea posibilităţilor încheierii unui acord care să cuprindă dialogul politic şi să acopere aspecte de cooperare economică şi culturală. Evoluţiile aveau loc pe fondul unui impas în negocierile din cadrul GATT a Rundei Uruguay şi evoluţiilor interne din cadrul Comunităţii:

- preocupările de creare a unei Uniuni politice;
- extinderea graduală a rolului Uniunii în probleme de apărare;
- examinarea conceptului de cetăţenie Europeană;
- extinderea şi întărirea activităţilor Comunităţii în ce priveşte dimensiunea socială, coeziunea economică şi socială între Statele Membre, îmbunătăţirea protecţiei mediului, dezvoltarea unei politici energetice, crearea infrastructurilor pentru pregătirea reţelei Trans-Europene, păstrarea diversităţii europene şi promovarea schimburilor culturale.[15]

Dificultăţile încheierii Rundei Uruguay s-au prelungit astfel încât discuţiile asupra acestui aspect au fost preluate în cadrul Consiliului European de la Lisabona (1992). Consiliul a punctat propriile iniţiative pentru încheierea Rundei (reformarea propriei politici agricole) şi a invitat negociatorii Comunităţii să găsească un dialog pe problemele divergente cu partenerii săi în special cu Statele Unite.

Negocierile cu ţările EFTA şi perspectiva primirii unor noi cereri din partea TCEE a determinat necesitatea pregătirii comunitare pentru realizarea unei reforme instituţionale care să faciliteze procesul de integrare a unor noi membri şi care să se desfăşoare în paralel cu negocierile de aderare totul pe fondul unei preocupări interne permanente pentru coeziunea economică şi socială.

În condiţiile unei recesiuni economice mondiale, Comisia s-a confruntat cu o criză economică însoţită de o rată mare a şomajului, condiţii în care principala prioritate a devenit imbunătăţirea situaţiei economice şi bugetare, o recuperare economică şi promovarea investiţiilor. Totuşi s-a reuşit încheierea negocierilor de aderare cu ţările EFTA şi transmiterea unui mesaj politic explicit către TCEE de susţinere în procesul de aderare prin stabilirea unui set concret de criterii de îndeplinit în acest scop şi propunerea de întărire a relaţiilor de cooperare cu Turcia în vederea stabilirii unei uniuni vamale cu Comunitatea (Par. I.1, Presidency Conclusions, Copenhagen, 1993).

Relaţiile cu Ucraina s-au dovedit a fi extrem de importante astfel încât în 1994 (Consiliul European de la Corfu) Comunitatea şi-a propus să ajungă la un acord cu acestă ţară în domeniul siguranţei nucleare inclusiv prin oferirea susţinerii financiare.

Anul 1997 şi Consiliu European de la Luxemburg (1997) reprezintă poate cel mai important moment în sistematizarea relaţiilor UE si în redefinirea rolului său pe plan mondial. Este momentul deschiderii negocierilor de aderare cu primele TCEE. Realizarea Uniunii Economice şi Monetare era anunţata a intra în cea de a 3-a faza şi în final introducerea Euro, care era un proces financiar de îmbunătăţire a situaţiei economice dar şi un factor de modificare a rolului UE în contextul mondial.

Deschiderea negocierilor de aderare cu primul val al ţărilor candidate a coincis cu un moment de vârf al creşterii economice mondiale de 4,3% în 1997. A fost doar o

---

[14] Se referă la conflictul Arabo-Israelian şi Palestina.

[15] The European Council, *Rome European Council*, Bulletin of the European Communities, No. 12/1990

20

evoluție propice pentru începerea negocierilor de aderare pentru că în 1998 a urmat o scădere spectaculoasă a PIB mondial la 2,8% urmată de o nouă creștere în 2000 și un minim de 2,3% în 2001.[16]

În Consiliul European de la Vienna (1998) se afirmă în mod explicit dorința de a face din Comisia Europeană un jucător activ în cooperarea monetară și economică internațională în cadrul unor grupuri de genul G7 sau Fondul Monetar Internațional. De asemeni, relațiile externe intră într-un cadru mai structurat din care se evidențiază rolul important pe care îl joacă relațiile Transatlantice, relațiile cu Rusia, Ucraina, și organizațiile internaționale (OMC).

Se evidențiază apariția pe plan mondial a unor noi poli de îngrijorare politică și interes economic. Consiliul European (Helsinki, 1999) a decis necesitatea unei Strategii Comune privind Ucraina subliniindu-se interesul „susținerii emergenței unei Ucraine democratice, stabilă, deschisă și de succes din punct de vedere economic" și care să ia în considerare aspirațiile pentru o integrare europeană (Par. 56, Presidency Conclusions, Helsinki, 1999). Situația din Rusia și Cecenia a determinat modificarea atitudinii UE prin aceea că (Anexa II, Par. 7, Presidency Conclusions, Helsinki, 1999):

- s-a cerut revizuirea Strategiei Comune asupra Rusiei;
- unele prevederi ale Acordului de parteneriat și Cooperare au fost suspendate și s-a cerut aplicarea strictă a prevederilor comerciale;
- s-a cerut reconsiderarea programului TACIS de susținere financiară și orientarea ajutorului financiar doar spre anumite domenii prioritare incluzând drepturile umane, aplicarea legii, susținerea societății civile și siguranță nucleară.

Modificările politice din Ucraina au determinat întărirea legăturilor între acesta și Uniune astfel încât cooperării i s-a acordat o importanță specială în cadrul Concluziilor Președinției ale Consiliului de la Göteborg din 2001. În plus se hotărăște întărirea parteneriatelor cu Ucraina și Moldova prin care urmau să fie invitate să se alăture Conferinței Europene (Par. 13, Presidency Conclusions, Göteborg, 2001). Se prefigurează astfel un nou traseu de urmat în viitoarele lărgiri al Uniunii.

Ultimele evenimente pe plan mondial legate de activitatea de terorism au reprezentat o parte importantă a discuțiilor în cadrul Consiliului European de la Laeken (2001). Uniunea și-a reafirmat totala solidaritate cu poporul american și comunitatea internațională în combaterea terorismului (Par. 17, Presidency Conclusions, Laeken, 2001). Evenimentele au marcat activitatea Comunității prin modificarea obiectivelor sale și includerea unor prevederi cu caracter specific combaterii acestor tipuri de evenimente în Proiectul de Constituție Europeană (2004). Perioada este marcată în continuare de incertitudini privind nivelul și ritmul de creștere al PIB mondial și variații ale prețului mondial al petrolului – factor inhibator al creșterii economice.

Într-o lume în era globalizării, Europa avea de înfruntat o concurență tot mai dură din partea SUA și Japonia dar și a economiilor în curs de dezvoltare – China și India. Europa a traversat o perioadă în care s-a concentrat excesiv pe procesul de lărgire și s-a preocupat prea puțin de problemele economice interne. Efecte precum reglementările inflexibile și costurile ridicate care au însoțit niveluri scăzute ale creșterii economice, productivității și creării de locuri de muncă nu au întârziat să apară.

---

[16] Guvernul României, *Programul Economic de Pre-aderare*, București, 2003, p.15

Perioada 1990-2000 a fost o perioadă marcată de evoluții ciclice a economiei mondiale. Evoluțiile au fost marcate, în cea mai mare măsură, de mutațiile din economia SUA. În anul 2000, PIB-ul mondial a crescut cu 4,7% și a fost determinat în cea mai mare măsură de creșterea economiei Americane care a fost cea mai mare din ultimii 16 an (4,1%). În anul 2001 creșterea economică a cunoscut o scădere drastică la 2,5% ca urmare a dificultăților cu care economia SUA se confrunta. Sursa dificultăților erau evenimentele din 11 Septembrie. Șocul 11 Septembrie a fost însă depășit și economia mondială a intrat pe un nou făgaș de creștere în 2002. Încrederea consumatorilor și investitorilor a revenit și multe sectoare de activitate și-au reînceput creșterea. Dolarul american a continuat să se întărească dar a fost depășit de evoluțiile monedei europene.

În ciuda evoluțiilor pozitive ale monedei europene, economia europeană a pierdut continuu din competitivitate, bunăstare economică și locuri de muncă.

Economiștii au identificat cel puțin trei probleme care macină Uniunea Europeană și pe care extinderea le poate agrava. Prima se referă la scăderea performanțelor economice ale membrilor fondatori, în special ale Germaniei, care rămâne în continuare cea mai mare economie europeană. Chiar dacă noile țări candidate înregistrează ritmuri de creștere accelerate acestea nu ajută prea mult „inima" UE să scape de stagnarea în care se află. A doua problemă este dificultatea fundamentală de a face să funcționeze ceea ce continuă să rămână o confederație slaba de state națiuni care crește continuu în dimensiuni. Ceea ce era greu de realizat cu 15 membri de dovedește a fi și mai greu cu 25.

Accelerarea creșterii economice este legată în mod hotărâtor de creșterea competitivității producției și comercializării pe fondul unei liberaliză a piețelor. Dacă liberalizarea pieței bunurilor s-a produs în mare măsură cea a serviciilor este departe de a se fi încheiat și creează un fenomen îngrijorător în economia europeană: delocalizarea întreprinderilor din țările dezvoltate către Estul Europei în căutarea unor avantaje privind nivelul impozitării și contribuțiilor la asigurările sociale.

A treia problemă se leagă de chestiunea identității europene. Valorile națiunilor europene sunt amenințate sa se piardă în noua Europă. Iar respingerea recentă a Constituției Europene reflectă opoziția crescută față de acest deziderat.

Una din condițiile aderării este menținerea șomajului la un nivel comparabil cu cel al Uniunii Europene. Sarcina nu pare să fie ușor de îndeplinit, în condițiile în care problema șomajului în Uniune ia proporții pe zi ce trece. Conjunctura economică nefavorabilă influențează piața locurilor de munca și creșterea șomajului în zona euro. Conform Raportului prezentat la Luxemburg de Institutul European de Statistică, rata șomajului a crescut la 8,9%. Cele mai mici rate se înregistrează în Irlanda cu 4,35 %, Luxemburg cu 4,5% si Austria cu 4,6%. La polul opus se situează Polonia cu o rată a șomajului de 18,1%, Slovacia cu 15,9% și Germania cu 11.7%, Spania și Franța cu circa 10%.[17]

Evoluția comerțului exterior al Uniunii Europene a cunoscut ritmuri ascendente, ceea ce a permis o recuperare a pierderii de competitivitate și scăderii productivității muncii datorate aprecierii monedei europene. În 2004, comerțul exterior al UE a crescut cu 7,45 % cu un punct procentual peste nivelul mondial.

O problemă a comerțului exterior al UE este concurența acerbă din partea firmelor chineze care oferă produse competitive la prețuri foarte mici. Cele mai afectate

---

[17] www.altermedia.ro

sunt întreprinderile mici şi mijlocii şi în special sectorul textilelor. Pentru România concurenţa chineză a întreprinderilor producătoare de textile are o semnificaţie aparte.

România este un mare producător şi exportator de produse textile. Industria textilă ocupă un loc important în cadrul economiei utilizând o parte importantă a forţei de muncă, în principal feminină. Industria uşoară are o pondere de 35 în PIB şi 9,5% în producţia industrială. 35% din exporturile româneşti sunt exporturi de textile şi se îndreaptă în principal către UE. Prin urmare România şi China intră în concurenţa directă prin exporturile de textile către piaţa europeană.

Politicile economice promovate de România au drept obiectiv printre altele atingerea unui nivel de convergenţă a veniturilor cu cele ale UE. Rezultă că pe termen lung remunerarea forţei de muncă în domeniul textilelor este de aşteptat să crească astfel încât România va pierde din competitivitatea prin preţul forţei de muncă în competiţia cu China.

Creşterea economică a UE nu se înscrie tocmai pe o pantă ascendentă în ciuda măririi ritmului comerţului său internaţional. Motorul principal al creşterii economice, formarea brută a capitalului fix a stagnat ca urmare a diminuării investiţiilor. În 2002 investiţiile Uniunii s-au redus cu 1,4%, iar în 2003 ele au stagnat.

În cadrul pesimist de evoluţie a economiei europene, economia României şi-a continuat ritmul ascendent. Începând cu 1990 ea a fost într-un continuu proces de transformare pentru înlocuirea mecanismelor unei economii centralizat planificate cu cele ale unei economii de piaţă. Din necesitatea traversării acestei perioade tranziţionale, de multe ori evoluţiile din economia mondială nu s-au răsfrânt prin efecte specifice în economia internă. În ciuda unei evoluţii ciclice a creşterii economice pe plan mondial, România a cunoscut un ritm ascendent al creşterii economice de aproximativ 5% anual. Relaţiile comerciale ale României s-au dezvoltat marcând deschiderea fostului sistem autarhic şi integrarea în circuitul economic mondial. În cadrul lor ponderea principală o au relaţiile cu UE. Mai precis, ponderea exporturilor UE în totalul exporturilor româneşti a crescut de la 24,8% în 1989 la 65,5% în 1999 iar ponderea importurilor reprezenta 60,4% în 1999 faţă de 13,1% în 1989. În plus Uniunea Europeană a participat în proporţie de 56,6% la acumularea stocului de investiţii străine directe.

De asemeni, economia românească nu este complet imună la evoluţiile din economia mondială. Evenimentul din 11 septembrie a creat o conjunctură internaţională nu fără urmări.

D. Dăianu (2004) prezintă un tablou cuprinzător al locului României în această conjunctură creată. Canalul principal de transmisie a recesiunii economice provocate de evenimentele din SUA erau importurile de combustibili şi materii prime astfel încât principalul efect aşteptat a fost o mărire a costurilor importurilor de materii prime indispensabile.

România şi-a început şi continuat negocierile de aderare într-un cadru mondial în care SUA era aproape de intrarea în recesiune, Europa şi-a încetinit ritmul activităţii economice, iar Japonia îşi continua stagnarea care devenise cronică.

Începând cu 1989 în România s-au înregistrat progrese în direcţia creări unei economii funcţionale de piaţă. Deşi performanţele în domeniul ratei inflaţiei nu se ridică încă la cele înregistrate în Uniune unde rata inflaţiei este exprimată printr-o singură cifră procentuală, inflaţia a fost diminuată considerabil. Excluzând variaţia din 1997 cauzată de liberalizarea preţurilor şi a ratei de schimb rata media anuală a inflaţiei a fost de 37,2%.

Efectele pozitive nu au întârziat să apară. Rata internă de economisire şi veniturile populaţiei au crescut.

Competitivitatea exporturilor româneşti s-a imbunătăţit atât ca urmare a restructurării economiei cât şi a devalorizării monedei. Exemplul producţiei industriale este ilustrator. Producţia industriei prelucrătoare a scăzut cu 8% în 1999 faţă de 1998, ponderea ei în exporturi majorându-se de la 30,7% la 35,1% iar rata de creştere a exporturilor a fost de 5,9%. Efectul principal a fost o reducere a deficitului de cont curent .În general deficitul contului curent a fluctuat reprezentând în medie 5,2% din PIB.

Deficitul bugetar a fost greu de controlat dar s-a reuşit prin aplicarea rigorilor Uniunii Europene.

Putem vorbi de performanţe şi în ce priveşte nivelul datoriei externe relativ la nivelul datoriei externe a Uniunii care se situează la un nivel mai ridicat faţă de a altor ţări candidate.

Piaţa muncii a fost afectată de dezechilibre atât la nivelul raportului între populaţia activă si inactivă cât şi în rata de ocupare. Populaţia ocupată în agricultură deţine aproximativ 40% din totalul populaţiei ocupate. În plus o mare parte a populaţiei a fost afectată de sărăcie (aproximativ 33,8%) în special populaţia din mediul rural (40,5%).

Într-un asemenea cadru intern şi internaţional marcat de interdependenţe cu ecouri pe plan intern Uniunii sau ţărilor candidate, rezolvarea unor situaţii divergente sau eliminarea obstacolelor în calea asumării unor obligaţii şi excitării voinţei politice, calitatea şi experienţa negociatorului poate fi considerată hotărâtoare pentru continuarea cooperării.

1.3 Calitatea şi experienţa negociatorilor

Calitatea şi experienţa negociatorului este un determinant important al rezultatului negocierilor de aderare, ca urmare a rolului pe care acesta îl joacă în cadrul politic al negocierilor.

Rolul fiecărui negociator este extrem de importat în stabilirea limitelor posibilelor acorduri (win – set). Este o etapă a negocierilor în care cu cât este mai mare capacitatea sa de a mări aceste limite cu atât probabilităţile de încheiere a acordurilor în mod favorabil ambelor părţi sunt mai mari. Însă un win-set mic poate fi şi un avantaj de negociere, situaţie în care obţinerea unui acord depinde de puterea de negociere a părţii reprezentate de negociator. Putnam (1988) ne oferă şi modelul acestui tip de strategie de negociere :" Aş vrea să accept propunea dar nu va fi niciodată acceptată în ţară".[18] Un negociator experimentat poate folosi această strategie de negociere încă de la început însă pot exista şi contrastrategii prin aceea că partea adversă poate cere o explorare a limitelor de ratificare pe plan naţional înainte de începerea negocierilor.

Putnam (1988) descompune întâlnirea între negociatori în două stadii:

Nivelul 1: O tentativă de acord între negociatori

Nivelul 2: Discuţii separate cu fiecare grup pentru ratificare

La primul nivel un rol deosebit de important îl are:

- credibilitatea negociatorului în susţinerea acordului pe plan intern;

---

[18] Putnam, R. & Rosendorff, *Diplomacy and domestic politics: The logic of two Levels Game*, International organization 42, p. 427-60

- capacitatea de a distinge între defecţia voluntară[19] şi involuntară[20];
- capacitatea de creare a unor legături sinergice;

Putnam (1988) afirmă că într-o negociere internaţională „ credibilitatea unui angajament oficial poate fi scăzută pentru un negociator care nu este capabil să garanteze ratificarea, chiar dacă costurile reputaţionale ale renegării sunt mari".

Ne apare că rezultatul negocierilor depinde în mod hotărâtor de capacitatea negociatorului de a mări limitele posibilelor acorduri. Dacă credibilitatea depinde de capacitatea de ratificare, la rândul său capacitatea de ratificare este cu atât mai mare cu cât limitele win-set-ului sunt mai largi. Se remarcă la acest nivel necesitatea ca negociatorul să facă dovada unor abilităţi de identificare a situaţiilor de defecţie voluntară faţă de cele involuntare.

Un negociator experimentat se poate folosi în negocieri de legături sinergice fără a schimba preferinţele grupurilor de interes naţionale dar creând opţiuni de politică alternative. Putnam (1988) afirmă că interdependenţa economică oferă oportunităţi sporite de a modifica opţiunile coaliţiilor naţionale prin lărgirea setului de alternative creând legături politice peste graniţele naţionale.

Aşadar rolul negociatorului nu se limitează la interacţiuni la nivel internaţional pentru obţinerea unui acord dar şi la nivel naţional în obţinerea suportului pentru rezultatele obţinute (Nivelul 2 al negocierilor). La aceste nivel deosebit de importante sunt capacităţile negociatorului de a face angajamente politice faţă de diferitele grupuri de interes interne prin distribuirea câştigurilor internaţionale.

Şi nu în ultimul rând un negociator trebuie să fie capabil să maximizeze raportul cost-eficienţă al concesiilor pe care le face pentru a asigura ratificarea pe plan intern ca şi raportul cost-eficienţă a propriilor cereri. În aceste condiţii un negociator a cărui standard politic este recunoscut pe plan naţional poate să obţină mai uşor ratificarea, uneori şi prin utilizarea de plăţi compensatorii acordate diferiţilor actori implicaţi şi care sunt potenţiali perdanţi în procesul de negociere. Deosebit de importantă este deci identificarea acelor grupuri care au anumite costuri de ratificare şi care pot fi compensaţi în schimbul obţinerii acordului lor.

Pe ansamblu, un negociator trebuie să fie capabil:
- să-şi crească nivelul de recunoaştere între grupurile de interes naţionale şi să-şi crească astfel resursele politice de care dispune minimizând potenţialele pierderi;
- să încline balanţa de puteri în favoarea opţiunilor de politică naţională;
- să urmărească propria concepţie asupra interesului naţional în context internaţional.[21]

---

[19] *Defecţia voluntară* se referă la renegarea unui acord de către un egoist raţional în absenţa unor mijloace care să facă contractul aplicabil („enforceable"). Este cazul cunoscutei „dileme a prizonierului" sau alte dileme de acţiune colectivă.

[20] *Defecţia involuntară* în schimb reflectă comportamentul unui agent care nu este capabil să respecte promisiunea pentru că nu a reuşit să ratifice acordul.

[21] Putnam, R. & Rosendorff, *Diplomacy and domestic politics: The logic of two Levels Game*, International organization 42, p. 456-457

Există două abordări principale în teoria negocierilor în ce priveşte strategiile posibile: poziţia de negociere competitivă dar care prezintă un interes mai mic pentru cazul negocierilor de aderare ale României în cadrul cărora un negociator nu poate avea decât o poziţie de negociere bazată pe rezolvarea problemelor apărute. Este o concluzie în general valabilă adoptată de presa de specialitate de unii analişti ai negocierilor de aderare.

Însă prin corelarea calităţilor personale ale negociatorului cu strategiile de abordare a negocierilor poziţia de negociere competitivă poate fi reconsiderată. De exemplu, poate fi extrem de plăcut să lucrezi cu un negociator, în termeni de comportament, deşi adoptă o poziţie competitivă în negocieri în timp ce un negociator a cărui strategie este bazată pe rezolvarea problemelor poate avea o atitudine supărătoare în negocieri. Un negociator bun însă va avea ambele calităţi pe care le va utiliza funcţie de atitudinea negociatorului partener.

1.4 Un model de fundamentare şi evaluare a negocierilor

Negocierile de aderare se desfăşoară în cadrul creat de necesitatea îndeplinirii criteriilor de aderare, cadru în care mediul intern şi internaţional şi calităţile negociatorului sunt factori impotanţi de influenţă a rezultatelor negocierilor.

Pentru analiza negocierilor de aderare şi a negocierilor internaţionale în general, modul în care aceste elemente se interpătrund într-un model de negociere prezintă o importanţă deosebită.

În literatura de specialitate eforturile de modelare, de construire unor modele de negociere sunt numeroase, funcţie de obiectivele sau priorităţile de cercetare stabilite. Rezultă că între stabilirea priorităţilor în negocieri şi elaborarea unui model de negociere există o legătură intrinsecă.

Pentru negocierile de aderare, stabilirea priorităţilor pentru fiecare domeniu de negociere şi de interes pentru economia naţională a ţărilor implicate este un obiectiv ambiţios. Modelarea fiecăreia dintre acestea este un obiectiv mult mai dificil, însă necesar în măsura în care se poate realiza.

Studiul negocierilor şi elaborarea unui model de simulare a negocierii uneia din priorităţi ar putea începe cu clarificarea a ceea ce se înţelege printr-un acord internaţional. În acest scop adoptăm definiţia lui R. W. Steiger (1995) care defineşte acordurile internaţionale, cu referire la cele comerciale, ca fiind „o colecţie de reguli privind desfăşurarea politicii comerciale pentru necesară existenţa unui mecanism care să asigure aplicarea lor în practică". [22]

Pentru negocierile de aderare la Uniunea Europeană acordurile comerciale şi mecanismul de semnare a acestora prezintă o importanţă deosebită. Integrarea comercială a fost motorul procesului de integrare şi formare a Uniunii Europene.

În structura prezentei lucrări vom modela acordurile internaţionale obţinute în urma negocierilor de aderare, de asemeni cu referire la cele comerciale, în două trepte:
- cadrul care determină aderarea la acordurile internaţionale;

---

[22] Steiger, W. Robert, *International Rules and Institutions for Trade Policy*, Handbook of International Economics, Vol. III, North Holland, 1995, p. 1055

- interacţiunea între guverne.

Exista două medii care au fost studiate în literatura economică şi care determină aderarea la acordurile internaţionale. Un mediu este determinat de prezenţa guvernelor, a caror agenţi iau decizii care la nivel naţional cu impact asupra partenerilor şi care au capacitatea de a influenţa deciziile sectorului privat prin intervenţii de politică economică în obţinerea efectelor internaţionale sau care consideră acordurile internaţionale un mod de a media aceste interese unilaterale.

Celălat mediu este caracterizat de prezenţa unor guverne incapabile să respecte deciziile de politică economică anunţate şi care văd în acorduri un mod de a-şi întări credibilitatea alegerilor de politică economică în raport cu sectorul privat.

În primul caz avem o interacţiune între guverne în ce priveşte alegerile de politică economică ceea ce dă posibilitatea obţinerii unor acorduri internaţionale benefice. În ultimul caz avem o interacţiune între guvern şi sectorul privat ceea ce face ca acordurile internaţionale să apară atractive. Comun ambelor medii este faptul că acordul comercial internaţional poate fi utilizat să modifice stimulentele decidenţilor politici cu privire la utilizarea instrumentelor de politică economică şi că acordul poate fi semnat astfel încât decidenţii politici să aibă motivaţia de a intra.

Un model al negocierilor comerciale internaţionale poate fi ilustrat le nivel general cu ajutorul structurii generale a două ţări implicate într-o negociere în trei stadii. Ţările sunt indexate prin $j \in \{1,2\}$ iar bunurile prin $i \in \{1,....N\}$, d_j reprezintă vectorul consumului $1 \times N$ în ţara j, similar pentru vectorul producţiei, y_j iar q_j vectorul taxelor comerciale (ex. cote). Funcţia bunăstării naţionale a ţării j este notată $W_j(q_j, q_j^*)$,

Problema care se pune este: care sunt potenţialele câştiguri sau pierderi din asemenea acorduri internaţionale. Pierderile aşteptate a rezulta din încheierea de acorduri comerciale sunt considerate în cadrul lucrării noastre a fi de fapt priorităţile negocierilor internaţionale şi aşadar partea centrală a analizei. Putem răspunde la întrebarea, dacă acordul internaţional este benefic pentru ambele părţi, investigând frontiera eficienţei Pareto a acestuia. Dacă un acord este Pareto eficient nu sunt posibile câştiguri non-Pareto prin încheierea unui acord comercial. Dacă nu este Pareto eficient asemenea câştiguri pot fi posibile. Acolo unde nu sunt posibile apar pierderile.

Vom considera sub-echilibrul perfect a celor trei stadii ale jocului când nu există nici un acord definit de $\dfrac{\partial W^j(q_j, q_j^*)}{\partial q} = 0$, $j \in \{1,2\}$. Condiţia necesară şi suficientă ca acest echilibru să fie Pareto optimal este $\dfrac{\partial W^j(q_j, q_j^*)}{\partial q^*} = 0$, $j \in \{1,2\}$.

Interpretarea economică a acestor condiţii este că, cotele comerciale de echilibru în absenţa unui acord internaţional vor fi Pareto eficiente dacă şi numai dacă cotele comerciale de echilibru alese de fiecare tară nu impun externatităţi asupra partenerului comercial. Modul în care aceste externalităţi pot fi transmise sunt efectele termenilor de schimb ale intervenţiilor de politică comercială.

Se presupune că există posibilitatea unor transferuri de venituri internaţionale între partenerii comerciali. Asemenea transferuri sunt deosebit de importante în special când partenerii sunt de dimensiuni diferite (asimetrici). Când asemenea transferuri nu există, frontiera acordurilor comerciale Pareto se diminuează pentru că nu există posibilitatea ca o ţară să fie compensată pentru creşterea cotelor sale.

În ordinea cronologică a apariţiilor modelelor economice, guvernele au fost considerate mai întâi agenţi unitari cu funcţii sociale ale bunăstarii liniare astfel încât guvernul maximizeaza

$$(1) \quad W_G = \sum_I CS + \sum_F \pi + QR$$

unde I este setul de indivizi si CS surplusul consumatorului, F este setul de firme şi π surplusul producătorului iar QR venitul obţinut din aplicarea cotei. Dacă tarifele sunt instrumentele comerciale şi singurele folosite, această funcţie ne conduce la formularea clasică din politica economică şi anume că, tariful optimal pentru ţările care nu sunt capabile să afecteze termenii de schimb comerciali este 0, în acelaşi timp fiind observabil un sistem al ofertei de export străine imperfect elastică. Chiar şi într-o ţară mică, aplicarea unui tarif reprezintă un transfer de la consumatori la producători în sectorul importator competitor. În condiţiile în care funcţia bunăstării este formulată astfel nu există nici un efect benefic asupra bunăstării guvernului.[23]

Bagwell şi Steiger (1997) care argumentează asupra importanţei termenilor de schimb şi avertizează asupra posibilităţii confundării dimensiunii ţării cu puterea de piaţă. În plus, ca urmare a existenţei costurilor de transport problema se pune nu în termeni de dimensiune a unei ţări relativ la economia mondială ci mai degrabă în termeni de dimensiune a anumitor industrii din acea ţară relativ la alte industrii din regiune.[24]

O formulare alternativă este funcţia suportului politic a lui Stigler-Peltzman:

$$(2) \quad W_G = \sum_I CS + \sum_F \pi + \sum_{l \in \Omega} \alpha_l \pi_l + QR$$

În funcţia elaborată de Stigler-Peltzman, surplusul producătorului capătă o importanţă mai mare pentru guvern care îi ataşează o greutate suplimentară în funcţia guvernamentală (formularea originală a lui Stigler) şi surplusul consumatorului (contribuţia lui Peltzman). Baldwin merge mai departe şi ataşeaza greutăţi diferite surplusului consumatorului şi veniturilor din aplicarea tarifului. Rezultatul este similar pentru aplicarea unei cote.

Funcţia a 2 a a bunăstării a fost obţinută din funcţia (1) prin adăugarea unui singur termen. Semnificaţia este ataşarea unei greutăţi suplimentare producătorului, în acest moment capatând statut special în cadrul funcţiei bunăstării guvernului W_G. Greutatea $\alpha > 0$ poate diferi de la un producator la altul. Acestă reprezentare are o importanţă deosebită pentru că oferă o explicaţie protecţionismului în comerţ: guvernul este preocupat în special de cei care primesc transferurile în raport cu cei care sunt taxaţi. Levy (2003) consideră că principalul dezavantaj al acestei abordari este că nu oferă

---

[23] Levy, Philip. I, *Non-tariff barriers as a Test of Political Economy Theories*, Yale University,

Center Discussion Paper no. 852, February 2003

[24] Bagwell, K. and R. W. Steiger, *The WTO as a mechanism for securing market access and propriety rights: Implications for Global Labor and environment*, Journal of Economic Perspectives 15 (3), p. 69-88

explicaţii particulare despre motivele pentru care guvernul ataşează o greutate adiţională bunăstării firmelor în W_G.

În condiţiile modelării negocierilor comerciale, modelatorul poate să aleagă în a folosi şi un model realistic non-unitar în care mai mulţi agenţi interacţionează, cum este cazul modelelor competiţionale dezvoltate de Magee, Brock şi Young (1989). Ei consideră cazul unor alegeri electorale între două partide reprentând fiecare protecţionismul şi respectiv comerţul liber. Înainte de alegeri fiecare partid specifică o anumită platformă de idei pentru politica comercială în cazul în care vor fi aleşi. În funcţie de acestă platformă grupurile de lobby reprezentând susţinatorii comerţului liber sau protecţionismului propun contribuţii respectivelor partide pentru a le susţine cauza. Contribuţiile finanţează cheltuielile de campanie electorală care la rândul lor afectează probabilităţile de a câştiga alegerile. Ei studiază echlibrul Nash al platformelor program care apar, situaţie în care partidele actionează ca lideri Stackelberg faţă de lobby-uri. Însă aceste funcţii nu sunt la fel de uşor de aplicat ca cea din formula (2). De asemeni, modelatorul poate să aleagă aplicarea funcţiei suportului politic (2) însă acesta înseamnă o renunţare la a înţelege care sunt forţele fundamentale care stau în spatele acestui model. Studiile lui Stigler şi Peltzman au fost aplicate pentru mecanismul formării politicii comerciale de către Hillman (1982) iar ulterior au fost dezvoltate de Long si Vousden (1991). Guvernul este văzut ca fiind capabil să-şi aleagă politica comercială însă este constrâns de perspectiva noilor alegeri. El este conştient că anumite favoruri pe care le acordă grupurilor de interes special reprezintă un suport financiar dar în acelaşi timp poate cauza insatisfacţie în rândul unor elemente ale electoratului general. Evintând detaliile legate de motive autorii sumarizează evntualele concesii într-o *functie a susţinerii politice*: susţinerea guvernului depinde direct doar de politicile sale şi indirect de deciziile de politică economică care afetcează rentele care se obţin de la numite grupuri de interes. Guvernul selectează o politica care să maximizeze propriul suport politic. [25]

Lucrările lui Gene Grosman şi Elhanan Helpman (1994) par să ofere un raspuns la problemele apărute. Ei propun o funcţie în care guvernul este preocupat de două lucruri: contribuţiile lobby-urilor şi bunăstarea generală.

$$(3) \ W_G = a(\sum_I CS + \sum_F \pi + QR) + \sum_{l \in L} C_l$$

Lucrările lui Grossman şi Helpman au inflenţat în mod deosebit contribuţiile ulterioare în domeniul economiei politice a comerţului internaţional. Funcţia bunăstării guvernului dezvoltată de ei este cea pe care am folosit-o în modelarea negocierilor comerciale între Romania şi UE, aşadar vom dedica o parte în cadrul acestei lucrări unei prezentări a modelului de negociere aşa cum a fost dezvoltat de ei. În final suntem interesaţi să studiem cum a îmbinat Grossman şi Helpman abordarea funcţiei susţinerii politice şi competiţia între grupuri în negocierile comerciale guvernamentale.

Ca şi în abordarea legată de funcţia de susţinere politică, guvernul este considerat a fi pe o poziţie din care să poată să stabilească politicile comerciale ale propriului guvern. Se merge însa mai departe prin modelarea acţiunilor grupurilor speciale de interes şi stimulentelor pe care le primesc în luarea deciziilor de implicare politică. Loby-urile din modelele de competiţie electorala ale lui Magee şi a celorlalţi decid asupra

---

[25] [25] Levy, Philip. I, *Non-tariff barriers as a Test of Political Economy Theories*, Yale

University, Center Discussion Paper no. 852, February 2003

dimensiunii contribuţiilor de campanie electorala pe care le oferă propriilor reprezentanţi. Însă, în timp ce Magee şi celaţi văd loby-urile în situaţia de a decide propriile contribuţii după ce poziţiile de politica economică a guvernului au fost deja luate şi au un singur obiectiv, acela de a inflenţa rezultatul alegerilor, Grossman şi Helpman văd loby-urile în poziţia de a influenţa deciziile de politică economică.

În ecuaţia (3) loby-urile oferă guvernului o contribuţie pentru a adopta o atitudine favorabilă intereselor lor. Grossman si Helpman adoptă cadrul Bernheim şi Whinston (1986) a agentului comun. Drept rezultat industriile care sunt reprezentate de lobby intră cu o mai mare greutate în funcţia guvernamentală şi anume *(1+a)* în timp ce ceilaţi agenţi primesc o greutate de numai *a* în funcţia guvernamentală. Robert Staiger şi Kyle Bagwell (1997) au arată că funcţia guvernamentală aşa cum a fost definită de Grossman şi Helpman are implicaţii puternice pentru interacţia ţarilor în sistemul comercial mondial. Ei afirmă că argumentul influenţei termenilor de schimb comerciali a fost ignorat în ultima vreme de economişti însă prin contribuţia lui Grossman şi Helpman aceştia ocupa din nou locul necesar în cercetarea economică.

Staiger şi Bagwell au dezvoltat o funcţie obiectiv depinzând de preţul mondial, tarif şi preţul intern.

$$W_G = W(p(p_w, q), p_w)$$

Singura restricţie asupra funcţiei bunăstării este

$$\frac{\partial W(p, p_w)}{\partial p_w} < 0$$

Evident funcţia bunăstării definită de Staiger şi Bagwell depinde de preţul mondial p_w (şi inversul termenilor de schimb), de preţul intern p al bunului importat care depinde totodată de tarif q şi preţul mondial. Definită astfel, funcţia bunăstării clarifică importanţa termenilor de schimb în aceste modele. Modelarea termenilor de schimb în ecuaţiile bunăstării ale celor două ţări este importantă pentru analiza negocierilor comerciale între România si UE. Trăsătura evidenta a acestor negocieri este dimensiunea inegală a ţărilor negociatoare. Rezultă ca ţara mica va fi incapabilă să influenţeze termenii de schimb doar ţara considerată mare poate inflenţa termenii de schimb şi preţul mondial în propriul avantaj. Privind negocierile din acest punct de vedere, al inegalităţii tarilor negociatoare, putem să intuim deja rezultatul unui eventual război comercial între aceste ţări.

Din analiza prezentată rezultă că negocierile de aderare nu sunt simple: că se constitue într-un sistem unitar care avansează pe măsura înaintării procesului de integrare; că se multiplică şi acutizează.

Fiecare factor în parte şi toate împreună îşi pun însă amprenta pregnant asupra negocierilor de aderare, influenţându-le intr-un sens sau altul, nu de puţine ori decisiv. Este în interesul UE şi al fiecărui candidat la integrare, ca variabilele să fie judicios evaluate şi atent însuşite, numai aşa se pot preveni şi diminua riscurile şi maximiza satisfacţiile.

CAP. 2
COMPONENTELE ŞI DIFICULTĂŢILE NEGOCIERILOR DE INTEGRARE A ROMÂNIEI ÎN UNIUNEA EUROPEANĂ

2.1 Componentele negocierilor

Negocierile de aderare a României s-au desfăşurat pe baza criteriilor descrise anterior, incluse în cunoscutul *acquis comunitar* sau cele 31 capitole de negociere (Anexa 1) care cuprinde, pe lângă aspectele economice, şi pe cele politice şi sociale. Criteriile politice şi economice însă nu sunt în totalitate componente ale negocierilor de aderare. Prin Consiliul European de la Copenhaga (1993) s-a stabilit necesitatea îndeplinirii criteriilor politice şi economice ca parte componentă a pregătirilor de pre-aderare, condiţionându-se deschiderea negocierilor de îndeplinirea acestora. Ele s-au aplicat astfel până în 1999 la Consiliul European de la Helsinki când, în perspectiva neîndeplinirii criteriilor economice de către ţările candidate, s-a hotărât condiţionarea începerii negocierilor de aderare numai de îndeplinirea criteriului politic, iar îndeplinirea criteriilor economice au fost incluse drept parte componentă a negocierilor de aderare. Prin urmare în conţinutul prezentei lucrări ne vom referi numai la negocierea criteriilor economice: existenţa unei economii de piaţă funcţionale şi capacitatea de a face faţă forţelor competitive ale pieţei. Cel de-al treilea criteriu legat de preluarea legislaţiei Europene este suportul obţinerii rezultatelor dorite în ce priveşte primele două criterii economice. Scopul lucrării nu este însă ierarhizare a legislaţiei acquis-ului care s-a făcut în Cartea Albă a aderării, ci o prioritizare a obiectivelor economice în negocieri, care desigur, sunt susţinute de aplicarea legislaţiei comunitare, dar care sunt determinate de necesitatea creării unei economii funcţionale de piaţă şi capacitatea de a face faţă forţelor competitive ale pieţei.

Crearea şi funcţionarea optimă a unei economii de piaţă liber-concurenţiale presupune:

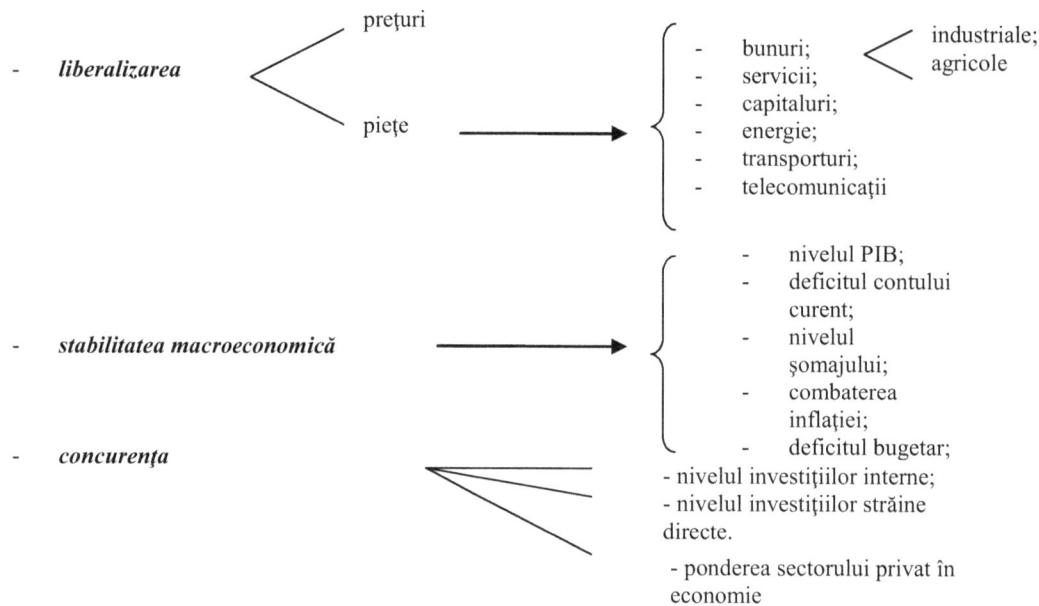

Principalele cerințe ale Uniunii Europene legate de economia de piață au fost, cum lesne se poate vedea: liberalizarea prețurilor și piețelor cu un accent special pe liberalizarea comercială, asigurarea stabilității macroeconomice și creșterea ponderii sectorului privat în economie toate subordonate scopului asigurării creșterii economice .

Schema prezentată anterior constitue o structură pe care este articulată întreaga analiză de identificare a priorităților din cadrul lucrării oferă un indiciu asupra acquis-ului care este acoperit de necesitatea îndeplinirii condiției de existență a unei economii de piață funcționale:

- Cap. 1 – Libera circulație a mărfurilor
- Cap. 3 - Libera circulație a serviciilor
- Cap. 4 – Libera circulație a capitalurilor
- Cap. 7 - Agricultura
- Cap. 9 – Politica în domeniul transporturilor
- Cap. 11 – Uniunea economică și monetară
- Cap. 14 - Energia
- Cap. 15 – Politica industrială
- Cap. 19 – Telecomunicații și tehnologia informațiilor
- Cap. 25 – Uniunea Vamală

Clasificarea corespunde în mare măsură celei făcute de fostul negociator șef al României Vasile Pușcaș care a făcut următoarele precizări legate de măsurile specifice necesare pentru crearea unei economiei de piață:

Cap. 3 – supraveghere bancară și transparență crescută;

Cap. 4 – interdependenţă cu Cap. 1 legat de eliminarea taxelor pentru produsele provenind din UE şi supravegherea de piaţă, consolidarea sistemului financiar, promovarea investiţiilor, liberalizarea mişcărilor de capital pe termen scurt;

Cap. 9 – liberalizarea pieţelor şi creşterea autonomiei;

Cap. 11- combaterea inflaţiei şi stabilitatea macroeconomică;

Cap. 15 – crearea unui cadru legislativ stabil, eliminarea barierelor comerciale, a subvenţiilor de stat şi finalizarea privatizării.[26]

Criteriul referitor la capacitatea de a face faţă forţelor concurenţiale ale pieţei se referă la restructurare şi competitivitatea întreprinderilor în special a celor mici şi mijlocii; prin urmare, partea de *acquis* care se referă la aceste aspecte sunt Cap. 16 – Întreprinderi mici şi mijlocii şi Cap. 6 – Politica în domeniul concurenţei.

Libera circulaţie a mărfurilor se aplică tuturor produselor originare din statele membre şi celor din terţe tari cu drept de liberă circulaţie în spaţiul comunitar. Începând cu 1 ianuarie 1993, mărfurile ce trec frontierele interne ale Comunităţii nu mai sunt controlate.

Capitolul 1- Libertatea de circulaţie a mărfurilor cuprinde măsurile care au fost considerate de către Comunitate a fi necesare în asigurarea liberalizării circulaţiei mărfurilor şi care sunt necesar a fi adoptate şi de ţările candidate şi anume: eliminarea documentelor vamale în comerţul intra-comunitar, regulile comunitare ce guvernează libera circulaţie a bunurilor, întărirea frontierelor externe şi cooperarea între administraţii.

Documentele vamale au fost simplificate progresiv în scopul eliminării restricţiilor de circulaţie, în perioada 1985-1992. Iniţial s-a introdus un document administrativ unic, posturi comune de trecere a frontierei şi simplificarea procedurilor de tranzit iar din 1989 s-a trecut la eliminarea utilizării documentului administrativ unic şi al celui de tranzit. Ele au continuat totuşi să fie utilizate în cadrul unor măsuri tranzitorii pentru anumite produse agricole. Documentele de tranzit sunt încă necesare pentru bunurile ce tranzitează statele AELS (Asociaţia Europeana a Liberului Schimb), precum şi pentru bunurile care circulă între teritoriile din sistemul comunitar armonizat de TVA şi cele din uniunea vamală din afara acestui sistem.

Eliminarea documentului administrativ unic a determinat necesitatea adoptării unor noi reguli de guvernare a circulaţiei bunurilor în special în ceea ce priveşte modalitatea de control a taxelor (TVA şi accize) şi transferarea acestui control la firme pentru TVA şi la depozitele autorizate în cazul accizelor. În plus a fost afectată modalitatea de colectare a datelor statistice prin transferarea datelor din rapoartele financiare ale firmelor. Aceste reguli se aplică tuturor produselor dar au fost stabilite şi reguli speciale care afectează în special circulaţia produselor agricole: animale, carne, plante, seminţe, etc. Sunt incluse şi măsuri privind returnarea obiectelor culturale transferate ilegal, comerţul cu droguri şi transferul de deşeuri. Însă restricţiile existente sunt justificate de necesitatea protejării sănătăţii animalelor, plantelor şi oamenilor şi respectiv protejarea obiectivelor legitime ale statelor membre în anumite domenii.

Eliminarea controalelor la frontierele externe implică întărirea frontierelor şi cooperarea între administraţii. Măsurile comunitare stabilite în cest sens sunt: îmbunătăţirea cooperării dintre funcţionarii vamali privind tariful vamal integrat, schimbul de informaţii si monitorizarea clasificărilor tarifelor pentru bunuri elaborate de administraţiile naţionale, schimbul de informaţii privind bunurile acoperite de reguli

---

[26] Puşcaş, Vasile, *Negociind cu Uniunea Europeană*, Bucureşti, Editura Economică, 2003, p.56

speciale, modalități de tranzit pentru bunurile supuse controlului vamal și monitorizarea exporturilor comunitare de bunuri strategice și de lucrări de arta.

Capitolul cuprinde și măsuri specifice privind standardizarea, produsele alimentare, industriale, metrologie și achizițiile publice.[27]

Libertatea de circulație a serviciilor

Baza legală a asigurării libertății de mișcare a serviciilor sunt art. 49-55 din Tratatul de la Roma. Serviciile la care se referă acest capitol de negociere au o natură reziduală pentru că reprezentă conform dreptului comunitar prestațiile care nu cad sub incidența dispozițiilor referitoare la libera circulație a mărfurilor, persoanelor și capitalurilor.

Prestarea serviciilor se referă la orice sector de activitate de genul emisiunilor televizate, publicitate, activități financiare din sectorul bancar și al asigurărilor, activitățile de intermediere, transportul și turismul, organizarea jocurilor și a loteriilor și a oricăror profesii liberale. Pentru specificul pezentei lucrări prezintă importanță necesitatea asigurării liberei circulații a serviciilor financiare și într-o oarecare măsură a celor rezultate in transport.

Negocierile legat de asigurarea libertății de mișcare a serviciilor financiare în cadrul acestui capitol sunt prioritare pentru integrarea și crearea Pieței Unice Comunitare. Dezvoltarea sectorului financiar din țările candidate este deosebit de importantă pentru îndeplinirea criteriului unei economii de piață funcționale dar mai ales susținerea performanțelor economice deoarece prin intermediul său economiile private și alte capitaluri disponibile sunt consacrate investițiilor iar capitalul disponibil este alocat în cel mai eficient mod.

Comunitatea solicită în negocieri îndeplinirea a trei cerințe legate de funcționarea corectă a sistemului financiar:
- un personal cu o pregătire adecvată și de reputație;
- o legislație potrivită;
- organisme de supraveghere eficace care să vegheze la respectarea de către instituțiile financiare a legilor și a regulamentelor care le guvernează activitatea.[28]

Din cadrul acestora se detașează ca importanță în dezvoltarea sectorului financiar rolul instituțiilor financiare: instituțiile de credit, fonduri de investiții comune. În acest cadru se impune a se urmări:
- evoluțiile sistemului bancar în cadrul în care economiile sunt transformate în împrumuturi pentru industrie în condiții de piață;
- sistemul de plăți și capacitatea de eficientizare a acestuia;
- piața de capital și modul de atribuire de capitaluri industriei prin intermediul burselor;
- fondurile de plasament colective sau mutuale.

Principala cerință de negociere legată de instituțiile de credit sau bancare este supravegherea în vederea acordării de autorizații pentru bănci și reguli privind exigențele prudențiale în special solvabilitatea. Între totalitatea activităților bancare se distinge prin importanță evoluția creditului ipotecar a cărui dezvoltare este condiționată de o infrastructură clară cu dispoziții clare privind proprietatea imobiliară, transparența

---

[27] Pascal, Ileana et al. , *Libera circulație a mărfurilor*, București, 2002, p. 15

[28] ***, *Cartea Albă*, p. 335

creanţelor anterioare, un cadastru fiabil în care ipotecile pot fi înregistrate şi existente dispoziţiilor juridice pentru executarea ipotecilor. O altă cerinţă de funcţionare eficientă a sistemului financiar este existenţa unui sistem de compensare între instituţiile financiare.

Regulile după care sunt evaluate instituţiile de credit sunt:

- un minim de fonduri proprii şi conducerea activităţii de cel puţin două persoane;
- capitalul complementar (rezerve de reevaluare, titluri cu termen nedeterminat, rezerve ascunse, obligaţiuni ale membrilor societăţilor cooperante şi împrumuturi subordonate) să nu depăşească capitalul de bază (fondurile proprii de bază);
- rata solvabilităţii care cere ca instituţiile de credit să deţină fonduri proprii, cel puţin echivalente cu 8% din valorile ajustate conform gradului de risc din activ şi din elementele sale care nu sunt incluse în bilanţ;
- garantarea depozitelor în caz de insolvabilitate a instituţiei de credit;
- capitalul iniţial minim de 5 mil euro;
- riscurile asumate faţă de un client nu pot depăşi 25% din propriile fonduri iar suma cumulată riscurilor nu trebuie să depăşească 80%.

Crearea fondurilor de investiţii comune este condiţionată de emiterea şi comercializarea valorilor mobiliare pe pieţe reglementate. Regulile guvernante sunt:

- principiile autorizării fondurilor de investiţii "deschise", regulile de vânzare sau de răscumpărare a părţilor componente, obligaţii privind gestiunea, investiţiile (cel puţin 90% din investiţii trebuie să se facă în valori mobiliare transferabile, cotate la bursă sau pe o altă piaţă reglementată), depunătorii şi anunţurile de notificare, desemnarea autorităţilor responsabile de autorizarea şi de supravegherea fondurilor;
- capitalul iniţial minim al societăţilor de investiţii variază între 125.000 şi 730.000 euro.

Al doilea domeniu important al serviciilor financiare pe lângă cele bancare sunt cele din domeniul asigurărilor. Scopul Uniunii în acest domeniu este crearea unei Pieţe Unice a asigurărilor iar mijlocul de realizare este libertatea prestării de servicii.

Piaţa asigurărilor este organizată în cumpărători (beneficiarii asigurărilor), vânzătorii (societăţile de asigurări) şi intermediarii (brokeri şi alţi agenţi). Activităţile care sunt desfăşurate pe această piaţa de părţile menţionate sunt;

- asigurările de alt tip decât cele de viaţă;
- asigurările de viaţă;
- reasigurările.

Obiectivul negocierilor în cadrul acestui capitol este asigurarea cadrului pentru accesul la activitatea de asigurare directă şi exercitarea activităţii de asigurare directă. În acest cadru principiile guvernante sunt:

1. principiul universalităţii prudenţiale;
2. respectare anumitor condiţii juridice şi financiare la crearea unei societăţi de asigurări;
3. reguli fixe pentru bilanţurile contabile ale societăţilor de asigurări;
4. publicarea de rapoarte financiare.

Din cadrul primului principiu sunt permise derogări legat de asigurările care sunt cuprinse de regimul legal al asigurărilor sociale cu excepţia cazului în care asigurările sunt practicate de întreprinderi private de asigurări pe propriul risc.

În cadrul celui de-al doilea principiu o societate de asigurări:
- poate desfășura doar activități de asigurări cu excluderea activităților comerciale;
- trebuie să-și constitue o marjă de solvabilitate și un fond de garantare minim.

Negocierile în cadrul Capitolului 4 -*Libertatea de circulație a capitalurilor* s-au referit la operațiunile financiare care vizează plasarea sau investirea sumelor în cauză. Dificultățile de aplicare a prevederilor comunitare cuprinse în acest capitol au rezultat din dificultățile de distincție între plățile curente și circulația capitalurilor. De exemplu plățile primelor de asigurare pentru pagube materiale sunt plăți civile în timp ce plata primelor pentru asigurarea de viață este mișcare de capital.

Necesitatea asigurării libertății de mișcare a capitalurilor se interpătrunde cu necesitatea asigurării libertății de stabilire și prestare a serviciilor prin aceea că exercitarea libertăților fundamentale necesită o liberalizare prealabilă a mișcărilor de capital. Spre exemplu libera prestație a serviciilor în sectoarele bancar și al asigurărilor presupune o liberalizare a capitalurilor pe termen scurt și transferuri pentru executarea contractelor de asigurare.

Principiile care guvernează libertatea de mișcare a capitalurilor au fost descrise pe baza legislației comunitare în Cartea Albă astfel:
- eliminarea efectivă a controlului circulației capitalurilor și a plăților;
- dreptul de a efectua în mod liber tranzacții de această natură este conferit rezidenților și nu resortisanților;
- excluderea nu numai a oricărei interdicții generale, dar și a oricărei proceduri explicite sau implicite de autorizare.[29]

Asigurarea libertății de circulație a capitalului este în strânsă interdependență cu cadrul determinat de investițiile externe, piața financiară, sistemul bancar și politica monetară. Justificarea importanței de determinare a investițiilor externe pentru libertatea de circulație a capitalului în spațiul european este evidentă din moment ce cea mai mare parte a transferurilor de capital din exterior în interior se realizează prin intermediul investițiilor străine. În aceste condiții o importanță deosebită o capătă cadrul de reglementare al investițiilor prin intermediul legislației fiscale naționale. În plus, pentru ca fluxurile de investiții să fie dirijate către cele productive este necesară o piață financiară eficientă și deschisă, un sistem bancar solid și anumite tipuri de piețe imobiliare. Eliminarea controalelor asupra circulației capitalurilor poate determina intrări și ieșiri de capital ce necesită decizii de politică economică mai complexe, situație în care politica monetară trebuie să ofere pârghiile necesare pentru a face față unor situații mai deosebite cu influențe asupra dezvoltării, inflației sau balanței de plăți.

Secvența de liberalizare este în primul rând cea a mișcărilor de capital pe termen mediu și lung care să permită o atragere de capitaluri și integrare pe piețele internaționale de capital urmată de o liberalizarea a mișcărilor de capital pe termen scurt care să desăvârșească această integrare.

Obiectivele generale de negociere în Capitolul 7- *Agricultura* au fost legate de îmbunătățirea producției, a condițiilor de prelucrare și comercializare, investițiile de modernizare, pregătirea profesională și adaptarea organizațiilor comerciale existente și a structurilor administrative la sarcinile managementului pieței, controlului de calitate, monitorizării pieței și distribuției.

---

[29] ***, *Cartea Albă*, p. 9

Baza juridică a politicii agricole este Tratatul de la Roma, Partea a IIIa, art. 32-38 în cadrul căruia obiectivele stabilite au fost: [30]

- creșterea productivității agricole prin promovarea progresului etnic și prin asigurarea dezvoltării raționale a producției agricole și utilizarea optimă a factorilor de producție, în mod special munca;
- asigurarea unui standard satisfăcător de viață comunității agricole, în particular prin creșterea câștigurilor individuale a persoanelor angajate în agricultura;
- stabilizarea piețelor;
- asigurarea abundenței ofertelor;
- asigurarea că ofertele ajung la consumatori la prețuri rezonabile.

Totodată Art. 34 din Tratatul de la Roma introduce și obiectivul constituirii unei Organizații Comune de Piață care să reprezinte: reguli comune privind concurența, o coordonare a diferitelor piețe naționale și o organizare a unei piețe europene. Negocierile în cadrul capitolului presupun integrarea în Organizarea Comună de Piață a Europei pe baza unor principii referitoare la integrarea în piața unică, preferința comunitară și solidaritatea financiară. Integrarea se referă la asigurarea unei libere circulații a produselor agricole pe teritoriul Comunității și preferarea produselor comunitare altor produse prin menținerea unui preț mai avantajos decât al altor produse importate, prin protecție față de prețuri mai mici și fluctuații pe piața mondială,prin suportarea cheltuielilor din bugetul Comunității.

Măsurile necesare atingerii obiectivelor comunitare includ:
- formarea liberă a prețurilor și evidența lor corespunzătoare;
- dezvoltarea organizațiilor producătorilor;
- introducerea standardelor de calitate și a regulilor cu privire la etichetare.

Politica comunitară de susținere a reformelor structurale în agricultură, dezvoltarea a zonelor rurale și organizațiile comune de piață este aplicată cu sprijinul financiar al Fondului European de Orientare și Garantare a Agriculturii Europene. Pentru a sprijini aderarea țărilor candidate s-a introdus instrumentul de pre-aderare SAPARD (Programul Special de Aderare pentru Agricultură și Dezvoltare Rurală) ale cărui obiective sunt: sprijinirea agriculturii durabile și a dezvoltării rurale în țările candidate, rezolvarea problemelor care afectează ajustările pe termen lung și sprijin pentru implementarea acquis-ului comunitar.[31]

Politica Agricolă Comună conține o componentă de politică a calității care urmărește dezvoltarea unor sisteme de protejare a consumatorilor prin asigurarea calității produselor alimentare. Regulile guvernante se referă la: metodele de producție ecologică, protejarea indicației geografice, denumirea de origine și garantarea specialităților tradiționale.

În ce privește evidența comunitară în domeniul agriculturii, Comunitatea a dezvoltat și aplicat o rețea de informare contabilă agricolă. Rețeaua constituie singura sursă micro-economică de date armonizată (principiile evidenței contabile fiind aceleași

---

[30] Pascal, Ileana et al. , *Agricultura*, București, 2002, p. 10

[31] Pascal, Ileana et al. , *Agricultura*, București, 2002, p. 10

pentru toate statele Uniunii Europene) şi constă în anchete anuale întreprinse de statele membre prin care se culeg date contabile referitoare la exploataţiile agricole.

Dezvoltarea organizării comune de piaţă implică aplicarea unor reguli privind nivelurile de producţie, calitatea, modul de comercializare al anumitor categorii de produse agricole, precum şi sprijinul financiar care este acordat din bugetul comunitar producătorilor pentru compensarea unor diferenţe de preţuri pe piaţă şi evitarea supraproducţiei. Uniunea a înfiinţat organizaţii de piaţă pentru majoritatea produselor agricole de origine vegetală sau animală: culturi arabile, vin, ulei de măsline, fructe şi legume, hamei, lapte şi produse lactate, producţii şi produse din bovine si taurine, de ovine şi caprine, tutun sau miere. Nu exista pieţe organizate pentru alcool şi cartofi.

Organizarea Comună de piaţă pe produs constă în:
- fixarea unui preţ unic aplicabil pe toată piaţa unică;
- acordarea de ajutoare financiare producătorilor sau operatorilor din sector;
- stabilirea unor mecanisme pentru controlul producţiei şi organizarea comerţului cu statele nemembre.

Organizările Comune de Piaţă (OCP) cele mai importante se referă la: culturile arabile, vin, legume şi fructe, hamei, tutun, lapte şi produse lactate, carne de vită, producţii şi produse din ovine şi caprine, miere, plante vii şi produse floricole.
- Culturile arabile sunt importante prin ponderea mare în cadrul cheltuielilor bugetare şi marea diversitate de recolte: grâu, orz, porumb, secară, floarea soarelui, mazăre etc. Pentru limitare se aplică aranjamente financiare de necultivare sau abandonare a unui anumit tip de producţie;
- Piaţa Europeană a vinurilor s-a confruntat cu importante dezechilibre între consum şi producţie astfel încât scopul organizării comune de piaţă a fost în primul rând controlarea acestui echilibru prin regulamente limitând drepturilor de replantare a viţei de vie sau aplicând preţuri de intervenţie pentru vinurile de masa sau achiziţionarea de către stat a cantităţilor în surplus şi transformarea în alte produse (alcool sau combustibil);
- În domeniul legume- fructe şi hamei organizarea comună de piaţă se referă în special la administrarea ajutoarelor financiare pentru o mai mare flexibilitate şi transparenţă a sistemului şi o responsabilitate crescută a producătorului;
- OCP în domeniul tutunului este legată de realizarea unei producţii de calitate care să nu fie dăunătoare sănătăţii;
- Piaţa laptelui şi produselor lactate este organizată în vederea reducerii preţului de intervenţie pentru a creşte concurenţa produselor atât pe piaţa internă cât şi în cadrul celei mondiale, şi pentru ajutorarea fermierilor prin acordarea de ajutoare financiare directe;
- OCP în domeniul cărnii de vită presupune acordarea unor plăţi directe pe cap de vită, limitarea densităţii animalelor pentru micii producători, respectarea procedurilor de stocare a surplusului şi aranjamente privind comerţul cu terţe state;
- În ce priveşte producţia şi produsele din ovine şi caprine OCP a urmărit orientarea acesteia către cerinţele şi tendinţele pieţei reale. S-au introdus mecanisme de susţinere sub formă de plăţi şi plăţi suplimentare pentru zone defavorizate;
- OCP a mieriii şi plantelor vii sunt îndreptate spre sprijinirea îmbunătăţii calităţii, organizarea producţiei şi marketing.

Dezvoltarea OCP trebuie să se realizeze în concordanță cu cerințele unei dezvoltări rurale echilibrate și după principiile unei agriculturi ecologice.

Baza juridică a *Politicii în domeniul transporturilor* o reprezintă Art. 70-80 din Tratatul de Constituire a Comunității Europene care stabilesc regulile aplicabile transportului internațional, condițiile în care transportatorii ne-rezidenți pot opera, măsurile pentru îmbunătățirea siguranței transportului, și eliminarea aplicării unor tarife discriminatorii. Acquis-ul în domeniul transporturilor este alcătuit din câteva sute de regulamente, decizii și directive privind transportul rutier, feroviar și fluvial. Acquis-ul în domeniul transportului rutier implică reglementări de ordin social, tehnic, fiscal, de siguranță și de protecția mediului. Acquis-ul în domeniul feroviar cuprinde prevederi privind deschiderea piețelor naționale la transportul feroviar de mărfuri și de pasageri, interoperabilitatea între sistemele de trenuri de mare viteză și sistemele convenționale, condițiile de acordare a subvențiilor și accesul la diferite rețele. În domeniul transportului maritim, politica comună se referă la siguranța în domeniu, relațiile externe și promovarea transportului maritim.

Obiectivele pe termen lung în cadrul Cap. 9 de negociere (Politica în domeniul transporturilor) sunt revitalizarea transportului feroviar și promovarea transportului maritim și fluvial, sisteme de impozitare care să reflecte costul real (prin includerea inclusiv a costurilor colaterale), sisteme de transport mai eficiente și mai sigure. Toate sunt însă subordonate unui singur obiectiv, și anume cel legat de liberalizarea pieței transporturilor și organizarea sa astfel încât consumul de energie, timpul de transport și rutele și condițiile să fie optime. Dar mai ales trebuie să se aibă în vedere constrângerile de ordin economic și social al liberalizării transporturilor: exploatarea investițiilor de către contribuitorii financiari și nu alți beneficiari, păstrarea continuității serviciului sau respectarea legislațiilor naționale care pot fi mai stricte decât condițiile liberalizării.

Obiectivele de îmbunătățire a calității transportului necesită eforturi de introducere a sistemelor integrate bazate pe noi tehnologii în care să se țină seama de protecția mediului, o încurajare a concurenței cu respectarea standardelor sociale și dezvoltarea dimensiunii externe a transportului prin dezvoltarea legăturilor cu țările terțe și susținerea operatorilor terți.

Măsurile comunitare propuse au fost sintetizate astfel:[32]
- promovarea drepturilor pasagerilor;
- îmbunătățirea siguranței rutiere;
- prevenirea aglomerațiilor prin promovarea mai multor tipuri de transport;
- armonizarea impozitării combustibilului pentru transportul feroviar;
- noi rețele de infrastructură;
- creșterea participării UE în organizațiile internaționale.

Uniunea promovează o siguranță crescută în transportului pasagerilor prin impunerea unor condiții stricte transportatorilor. Sunt emise permise de transport marfă și pasageri recunoscute de Comunitate pe baza unor condiții de bună reputație, competență profesională, situația financiară a operatorilor și inspecții tehnice. Siguranța rutieră presupune reguli comune referitoare la autorizarea greutății vehiculelor și dimensiunile pentru vehiculele grele de mărfuri.

În domeniul transportului feroviar un prim pas spre eficientizare este separarea infrastructurii feroviare de serviciile de transport feroviar pentru o contabilizare diferită și asigurarea unei mai mari transparențe în gestionarea fondurilor. Cartea Albă a politicii

---

[32] Pascal, Ileana et al. , *Politica în domeniul transporturilor*, București, 2002, p. 11

comunitare în domeniul transportului feroviar menţionează necesitatea supunerii la forţele pieţei pentru a încuraja operatorii să ofere servicii de mai bună calitate, separarea responsabilităţilor între stat şi companiile feroviare, crearea de rute alocate numai transportului de mărfuri pentru accesul la pieţele naţionale.

Pentru integrarea transportului maritim în reţeaua de transport comunitară cele mai importante măsuri sunt legate infrastructura portuară. În vederea stabilirii reţelei trans-europene de transport Comisia Europeană identifică porturile ce intră în această reţea ca şi proiectele de interes comun care să promoveze combinarea diferitelor tipuri de transport.

Şi în final aquis-ul în domeniul transportului aerian presupune adoptarea unor măsuri care să reglementeze accesul la piaţă, managementul traficului aerian, siguranţa transporturilor aeriene şi protecţia pasagerilor. În vederea creării unui Cer European Unic Comisia a adoptat propuneri privind furnizarea serviciilor de navigare aeriană, organizarea şi folosirea spaţiului aerian sau interoperabilitatea echipamentului.

Negocierile în cadrul Capitolului 11 – **Uniunea Economică şi Monetară** au fost centrate pe aplicarea principiilor care stau la baza realizării Uniunii Economice şi Monetare:[33]

- Sistemul economiei de piaţă sau al concurenţei este liber acolo unde pieţele sunt deschise;
- Stabilitatea monetară este garantată de o dezvoltare ritmică a economiei;
- Existenţa unui nivel înalt de ocupare a forţei de muncă şi a stabilităţii sociale;
- Finanţe publice puternice şi sănătoase în toate statele membre;
- Libertatea deplină a mişcării capitalurilor şi o perfectă integrare a pieţei financiare;
- Stabilitate irevocabilă în ceea ce priveşte cursul de schimb, şi în final, o monedă unică.

Moneda unică ocupă un rol central în realizarea obiectivelor propuse prin efectul pe care îl determină existenţa încrederii populaţiei: creşterea economisirii, a investiţiilor şi o creştere stabilă neinflaţionistă a economiei. De aceea una din condiţiile existenţei zonei Euro este existenţa unei discipline stricte prin care se solicită fiecărui stat membru să evite un deficit bugetar excesiv interzicându-se băncilor centrale să acorde credite autorităţilor publice, stabilind responsabilităţile fiecărui stat totodată cu stabilirea unor sancţiuni pentru încălcarea obligaţiilor. Dezvoltarea economiei fiecărui stat membru este controlată prin intermediul convergenţei economice care necesită îndeplinirea unui criteriu instituţional şi a unui set de criterii economice.

Criteriul instituţional solicită independenţa Băncii Centrale faţă de orice autoritate statală. Cele economice au fost discutate pe larg în capitolul anterior şi sunt cele legate de menţinerea ratei inflaţiei şi cea a deficitului şi datoriei publice.

Uniunea Economică şi Monetară este o Uniune politico - monetară dacă observăm că realizarea sa este condiţionată de îndeplinirea unor criterii economice concomitent cu unele politice.

Acquis-ul comunitar în domeniul **Energiei** reflectă trei obiective majore ale politicii comunitare:

- asigurarea surselor de aprovizionare;
- constituirea unei pieţe unice concurenţiale;
- protecţia mediului înconjurător.

[33] Pascal, Ileana et al. , *Uniunea Economică şi Monetară*, Bucureşti, 2002, p. 14

În asigurarea surselor de aprovizionare, obiectivele urmărite sunt legate de creșterea eficienței energetice și asigurarea surselor de aprovizionare prin măsuri și reglementări specifice pentru fiecare categorie de energie. O atenție specială se acordă stabilizării pieței privind aprovizionare cu hidrocarburi prin măsuri de informare și consultare asupra prețurilor de aprovizionare și comercializarea a țițeiului, crearea de stocuri pentru prevenirea penuriei în caz de crize petroliere și asigurarea unui acces concurențial la activitățile de prospecțiuni, explorări și extracție de hidrocarburi.

Cartea Verde (2000) în domeniul Energiei stabilește principalele obiective în acest domeniu:

- reechilibrarea politicii în domeniul ofertei și restructurarea cererii;
- analiza contribuției energiei nucleare pe termen mediu;
- un mecanism eficient de realizarea a rezervelor strategice și dezvoltarea unor noi surse de importuri.

Constituirea unei piețe unice în domeniul energiei presupune în primul rând liberalizarea și integrarea pieței energiei electrice și a gazului natural. Măsurile aplicabile se încadrează în două categorii:

- aplicarea regulilor concurenței asupra monopolurilor existente în domeniul producției, transportului și distribuției de electricitate și gaz,
- supravegherea piețelor și cooperarea între autoritățile naționale pentru interconectarea sistemelor naționale de transport.

Asigurarea aplicării primei măsuri presupune:

- transparența prețurilor gazului și energiei electrice;
- supunerea pieței energiei electrice concurenței;
- separarea contabilității activităților întreprinderilor integrate;
- transparența obligațiilor serviciului public;
- definirea rolului operatorilor de rețele.

În general, acquis-ul cuprinde reguli detaliate privind organizarea și funcționarea sectoarelor, accesul la piață, criteriile și procedurile de respectat în selectarea concurențială a ofertelor, acordării de licențe și proceselor de operare a sistemelor.

Asigurarea supravegherii pieței se realizează prin supravegherea contractelor încheiate și reguli speciale privind supravegherea pieței cărbunelui. Contractele trebuie să respecte principiile liberei circulații a mărfurilor cu asigurarea calitativă a aprovizionării și serviciilor. De asemeni se asigură informarea Comisiei Europene și a autorităților statelor membre despre situația contractelor încheiate și a operațiunilor de tranzit efectuate.

Regulile privind funcționarea pieței cărbunelui se referă la:

- interzicerea barierelor tarifare, taxelor cu efect echivalent și restricțiilor echivalente între statele membre;
- interzicerea înțelegerilor între întreprinderi, concentrările și abuzurile de poziție dominantă;
- interzicerea practicării prețurilor discriminatorii și neloiale.

Alte două preocupări majore ale integrării europene, care sunt reflectate în acquis-ul comunitar de negociere, sunt crearea unei rețele energetice trans-europene și asigurarea siguranței nucleare. Ele evidențiază preocupările Uniunii de racordare a rețelelor izolate la rețelele europene interconectate, dezvoltarea interconectărilor între statele membre electrice dar și a celor interne ca și legăturile cu țările terțe. În ce privește gazul natural se urmărește aceeași racordare a rețelelor izolate la cele trans-europene, creșterea capacităților de transport, primire și depozitare precum și diversificare căilor de distribuţie. În final preocupările privind siguranţa nucleară au la bază normele privind protecţia populaţiei şi lucrătorilor împotriva radiaţiilor ionizante. Se referă la contaminarea radioactivă a alimentelor în caz de accident nuclear, importul şi exportul de alimente în funcţie de producerea acestor accidente. Alte dispoziţii reglementează obligaţiile statelor membre în vederea controlului radioactivităţii.

Conţinutul *Politicii Industriale* a UE este orientat în patru direcţii esenţiale:
- eliminarea obstacolelor din calea libertăţii de circulaţie a produselor industriale;
- deschiderea progresivă şi efectivă a pieţelor pentru achiziţiile publice;
- promovarea întreprinderilor cu respectarea regulilor concurenţiale;
- dezvoltarea unor acţiuni pe sectoare care se confruntă cu probleme speciale.

Definirea politicii industriale comunitare se poate realiza prin intermediul a doi termeni interdependenţi: competitivitate şi concurenţă.

Politica industrială a fost formulată în sensul eliminării barierelor tehnice pentru a se asigura libera circulaţie a mărfurilor şi promovarea competitivităţii industriale. Însă asigurarea competitivităţii depinde de existenţa unui cadru concurenţial în special în ceea ce priveşte achiziţiile publice.

Achiziţiile publice joacă un rol deosebit prin aceea că reprezintă 16% din PIB şi au un efect deosebit în asigurarea progresului tehnic. Ele incorporează cele mai avansate tehnologii dar care sunt concentrate într-un număr restrâns de sectoare ceea ce face şi mai necesară dezvoltarea unei pieţe concurenţiale care să permită dezvoltarea produselor şi asimilarea calificărilor profesionale.

Competitivitatea este abordata din perspectiva competitivităţii globale, factor de creştere economică şi de sporire a gradului de ocupare a forţei de muncă. Însă concurenţa este cea care asigură o rată înaltă de creştere a competitivităţii muncii permiţând exploatarea avantajelor competitive din regiuni şi industrii diferite. Odată cu desăvârşirea concurenţei se acorda prioritate supravegherii tendinţei de a căpăta o poziţie dominantă sub pretextul dobândirii unei mărimi critice.

Obligaţiile autorităţilor publice sunt:[34]
- garantarea unui mediu de afaceri şi perspective clare şi previzibile;
- utilizarea coerentă a ansamblului de politici care influenţează activităţile industriale urmărind totodată protejarea mediului industrial;
- asigurarea accesului operatorilor comunitari pe pieţe terţe prin măsuri împotriva practicilor comerciale neloiale şi dezvoltarea cooperării industriale;
- adoptarea poziţiilor la mutaţiile tehnologice şi industriale.

Activitatea principală determinată conform acquis-ului în domeniu este standardizarea caracteristicilor tehnice ale produselor care să asigure protecţia sănătăţii, siguranţa consumului şi cerinţele de mediu.

Acţiunile sunt îndreptate spre promovarea anumitor sectoare industriale cu valoare adăugata mare: tehnologiile informaţiei, economia bazată pe cunoaştere, sănătate, biotehnologii, protecţia mediului şi alte industrii. Sunt activităţi sectoriale în care sunt vizate promovarea investiţiilor intangibile, dezvoltarea cooperării industriale, asigurarea unei concurenţe reale, reducerea birocraţiei şi modernizarea rolului autorităţilor publice. Pe industrii acţiunile sunt îndreptate către: industria siderurgică, industria constructoare de nave, textilele şi îmbrăcămintea, industria aeronautică, industria constructoare de autoturisme, industria farmaceutică. Urmărirea modului de acţiune comunitar se poate

---

[34] Pascal, Ileana et al. , *Politica Industrială*, Bucureşti, 2002, p. 14

realiza pe baza instrumentelor utilizate în realizarea politicii comunitare industriale: acordarea de stimulente (ajutoare de stat, ajutoare sub formă fiscală, subvenţii pentru cercetare) şi utilizarea politicii comerciale (manipularea taxelor vamale, stabilirea de contingente tarifare, măsurile antiumping, încheierea de acorduri comerciale şi stimulante de export).

Negocierile în cadrul Capitolului 25- **Uniunea vamală** s-au bazat pe aplicarea uniformă a legislaţiei vamale de către administraţiile vamale ale statelor membre. Legislaţia privind politica vamală cuprinde: Codul vamal comunitar şi prevederile de aplicare a Codului Vamal, Nomenclatura combinată , Tariful vamal comun, precum şi legislaţia aferentă ce depăşeşte sfera codului vamal (legislaţia privind bunurile contrafăcute sau piratate, exportul de bunuri culturale, comerţul preferenţial, controalele sanitare şi de mediu, politicile comune în domeniul pescuitului şi a agriculturii, protejarea intereselor economice prin aplicarea instrumentelor netarifare sau măsurile de securitate şi politică externă). Obiectivele Uniunii sunt asigurarea unui cadru stabil şi transparent pentru dezvoltarea comerţului internaţional, furnizarea resurselor necesare statelor membre, protejarea populaţiei de un comerţ inechitabil.

Acquis-ul în domeniul Uniunii Vamale se referă în special la modul de utilizare a instrumentelor de politică comercială: nomenclatura combinată, tariful vamal comun, Noul Sistem Computerizat de Tranzit.

Nomenclatura combinată este o listă a tuturor tipurilor de bunuri ce pot face obiectul comerţului internaţional, bunurile fiind împărţite în funcţie de caracteristicile lor în 96 de capitole şi aproximativ 10400 de încadrări tarifare. Ea este folosită atât pentru aplicarea sau negocierea tarifelor cât şi în scopuri statistice şi are la bază un instrument internaţional de clasificare, Sistemul Armonizat, administrat de Organizaţia Mondială a Vămilor.

Tariful Vamal Comun a fost creat ca o medie a celor şase state membre în1968. El conţine atât nomenclatorul bunurilor supuse taxelor vamale cât nivelul taxelor vamale. Tariful Vamal Comun este un instrument important nu numai pentru colectarea taxelor vamale dar şi pentru întocmirea statisticilor privind comerţul exterior şi pentru aplicarea măsurilor din domeniile politicii fiscale şi monetare, a agriculturii sau a comerţului.

NCTS – Noul Sistem Computerizat de Tranzit înlocuieşte modalităţile vechi de urmărire a tranzitelor, bazate pe schimbul de documente tipărite, dificil de gestionat şi expus fraudelor de proporţii. NCTS permite schimbul electronic de date între administraţiile vamale în paralel cu circulaţia propriu-zisă a bunurilor aflate în tranzit, existând astfel un control mult mai bun asupra celor aproximativ 20 de milioane de tranzite interne sau externe comunitare într-un an.

Acordurile GATT sau angajamentele asumate prin negocierile de aderare au introdus necesitatea cooperării şi asistenţei reciproce între autorităţile vamale. Cooperarea transfrontalieră comunitară presupune:[35]

- combaterea traficului ilicit de droguri şi substanţe psihotropice, arme, muniţii, materiale explozibile, bunuri culturale, deşeuri toxice şi deşeuri periculoase, material nuclear sau materiale şi echipamente destinate fabricării armelor atomice, biologice, chimice;
- comercializarea substanţelor listate în tabelele I şi II ale Convenţiei Naţiunilor Unite împotriva traficului ilicit de narcotice şi substanţe psihotropice şi destinate fabricării ilegale a narcoticelor;

---

[35] Pascal, Ileana et al. , _Uniunea Vamală_, Bucureşti, 2004, p. 15

-   comerţul transfrontalier ilegal cu bunuri taxabile pentru a evita impunerea sau pentru a obţine plăţi neautorizate legate de importul sau exportul de bunuri;
-   orice alt comerţ cu bunuri interzis de Comunitatea sau de legislaţia naţională.

Programul care se desfăşoară în domeniul cooperării vamale în perioada 2003-2007 presupune accelerarea computerizării punctelor de trecere a frontierei, standardizarea metodelor de lucru, lupta împotriva fraudei printr-o mai bună cooperare vamală, un mediu de afaceri mai competitiv prin reducerea costurilor de conformitate, activităţi de formare pentru implementarea programelor.

Partea acquis-ului comunitar care asigură crearea unui mediu economic în care actorii sunt capabili să facă faţă forţelor competitive ale pieţei este în primul rând cea legată de asigurarea concurenţei şi cadrul de funcţionare a întreprinderilor mici şi mijlocii.

Capitolul 6 de negociere, **Concurenţa**, este partea acquis-ului care asigură omogenitatea şi viabilitatea pieţei interne prin măsuri privind eliminarea monopolurilor de pe anumite pieţe pe care se realizează acorduri sau fuziuni restrictive sau eliminarea posibilităţii de exploatare economică a unei poziţii dominante. Nu în ultimul rând, eliminarea posibilităţii statului de a interveni în distorsionarea regulilor concurenţei prin acordarea de ajutoare de stat anumitor întreprinderi este foarte importantă mai ales pentru specificul economilor ţărilor candidate Est- Europene.

În ce priveşte acordurile prin politica concurenţială sunt interzise:[36]
-   acordurile orizontale[37] sau verticale[38] ce stabilesc preţuri direct sau indirect;
-   acordurile ce izolează segmente de piaţă;
-   acordurile asupra cotelor de producţie sau distribuţie;
-   acordurile asupra investiţiilor, de împărţire a pieţei, pieţele colective exclusive;
-   acordurile ce duc la discriminarea altor comercianţi, boicoturile colective, restricţiile voluntare.

Acquis-ul face distincţie între acordurile cu importanţă minoră şi cele cu un impact apreciabil. Pentru a se distinge între aceste două categorii au fost stabilite criterii şi plafoane iniţial atât pentru cota de piaţă cât şi pentru cifra de afaceri, în prezent existând doar pentru cota de piaţă (10% pentru acordurile încheiate între societăţile competitoare şi 15% pentru societăţile care nu sunt în această situaţie). Cadrul de evaluare îl reprezintă o piaţă relevantă (un anumit teritoriu într-o anumită perioadă de timp)a unui anumit produs (produsele sunt similare sau substituibile).

Sunt permise derogări de la notificarea acordurilor minore dacă sunt benefice cooperării între IMM şi nu afectează concurenţa Pieţei Interne. Derogări de la încheierea unor acorduri altfel interzise sunt permise prin îndeplinirea următoarelor condiţii:
-   conduc la ameliorarea producţiei sau distribuţiei;
-   o parte a profitului se utilizează în interesul beneficiarilor;

---

[36] Pascal, Ileana et al. , _Politica în domeniul concurenţei_, Bucureşti, 2002, p. 11

[37] Acorduri între întreprinderi din cadrul aceleiaşi faze de producţie, prelucrare sau comercializare.

[38] Acorduri între societăţi care operează în cadrul unor faze diferite ale procesului economic şi comercial şi care nu sunt concurente.

- să nu elimine concurența pe o parte substanțială a pieței;
- restricțiile impuse nu trebuie să depășească ceea ce e absolut necesar pentru atingerea obiectivelor.

În categoria acordurilor acceptabile sunt incluse anumite părți ale acordurilor de exclusivitate, acorduri de licență și transfer de tehnologie, acorduri de specializare și cercetare-dezvoltare, acorduri de franciză, acorduri din sectorul de asigurări. Sunt în mod special menționate în domeniul asigurărilor acțiunile în comun a primelor de risc, stabilirea tipurilor de asigurări, acoperirea în comun a numitor riscuri, stabilirea în comun a regulilor pentru verificare și acceptarea echipamentelor de securitate. În domeniul transferului de tehnologie sunt incluse acordurile „pure" care au ca obiect licența de brevet și transmiterea de know-how, acordurile mixte cu același obiect sau clauzele accesorii cu privire la drepturile de proprietate intelectuală, neexploatarea de către cedent a tehnologiilor pe un anumit teritoriu sau obligația cesionarului de a nu exploata tehnologia pe teritoriul cedentului, obligația de a nu divulga know-how-ul, acordarea de licențe cu privire la perfecționările și noile aplicații ale tehnologiei în cauză, respectarea normelor minime de calitate sau informarea în cazul dobândirii ilegale de către altcineva.

Alinierea la reglementările comunitare presupune urmărirea situațiilor în care fuziunile conduc la încălcarea regulilor concurenței. Investigarea fuziunilor se realizează de către Comisia Europeană iar notificarea în prealabil este obligatorie. Fuziunea poate fi considerată dăunătoare în condițiile în care dimensiunea societății nou create conduce la depășirea unui prag stabilit. Criteriile pe care Uniunea le folosește în considerarea unei dimensiuni minim admise sunt: o cifră de afaceri de cel puțin 5 miliarde combinată la nivel internațional, cel puțin două din societățile comerciale să aibă o cifră de afaceri la nivel comunitar de minim 250 milioane euro și fiecare dintre aceste societăți să genereze nu mai mult de două treimi din cifra de afaceri combinată la nivel comunitar într-un stat membru.[39] Decizia Comisiei în urma notificării este definitivă însă un aspect important este posibilitatea negocierii ci întreprinderile în vederea restabilirii concurenței.

Cazul deținerii unei poziții dominante este evaluat pe baza unui nivel ridicat al cotei de piață însă acquis-ul nu ignoră și posibilitatea unei puteri economice slabe a concurenților, controlul resurselor și tehnologiei sau existența unei rețele dezvoltate de vânzări. Sunt considerate abuzuri de poziție dominantă impunerea directă sau indirectă de prețuri sau condiții comerciale incorecte; limitarea producției, a pieței sau a dezvoltării tehnologice în detrimentul consumatorilor; efectuarea de tranzacții echivalente în condiții diferite pentru părți diferite; forțarea celorlalte părți implicate într-un contract să accepte obligații suplimentare ce nu fac parte din contract, returnarea unor sume pentru fidelitate ce împiedica clienții sa obțină produse de la furnizori concurenți, reducerea prețurilor în scopul eliminării concurentei, refuzarea nejustificată a furnizării ce poate duce la eliminarea concurenței, refuzarea acordării de licențe.

Legislația și acquis-ul european cuprinde o distincție clară între ajutoarele stat compatibile și cele incompatibile cu Piața Internă. Ajutoarele de stat compatibile pot fi considerate cele cu caracter social acordate consumatorilor individuali, pentru repararea daunelor cauzate de dezastre naturale sau situații excepționale, pentru promovarea dezvoltării anumitor activități sau regiuni, executarea unui proiect important de interes european sau remedierea unei perturbări grave în economia unui stat membru, promovarea culturii sau conservarea patrimoniului.

---

[39] Pascal, Ileana et al. , *Politica în domeniul concurenței*, București, 2002, p. 23

Alte categorii de măsuri se referă la acordarea de ajutoare pentru calificarea profesională, întreprinderile mici și mijlocii sau sectoriale pentru restructurarea industriei extractive a cărbunelui.

Uniunea consideră o componentă importantă a eliminării monopolurilor dintr-o economie liberalizarea serviciilor publice prin liberalizarea producției și distribuției de gaze și electricitate, a telecomunicațiilor, serviciilor poștale și transporturilor.

Capitolul 16 de negociere, *Întreprinderi Mici și Mijlocii*, cuprinde trei arii de acțiune definite de Uniune: formularea și implementarea politicii privind IMM, mediul de afaceri, adoptarea și aplicarea definiției întreprinderilor mici și mijlocii.

Obiectivele principale sunt încurajarea și facilitarea înființării de noi întreprinderi și stabilirea unui mediu de afaceri dinamic. În vederea facilitării înființării de noi întreprinderi o importanță deosebită o are politica Uniunii în raport cu înființarea lor și legislația promovată. Negocierile se realizează astfel încât țările candidate să fie integrate în cadrul european caracterizat printr-o economie bazată pe cunoaștere cu un ritm înalt de creștere și competitivitate realizat prin promovarea spiritului antreprenorial și dezvoltarea cercetării și inovării. Planurile Multi-anuale ale Uniunii în acest domeniu se focalizează pe adoptarea măsurilor necesare îmbunătățirii cadrului administrativ și de reglementare a întreprinderilor, îmbunătățirea cadrului financiar și facilitarea accesului la serviciile de asistență și programele comunitare.

Măsuri legislative de facilitare a înființării de noi întreprinderi se impun în special în ceea ce privește taxele și impozitele, concurența, legislația societăților comerciale, politicile sociale și regionale și politica privind formalitățile vamale. Măsurile practicate sunt:[40]

- oferirea posibilității ca aceste întreprinderi sa poată opta pentru impozitul pe profit, sau
- limitarea impozitului pe profitul reinvestit la o sumă comparabilă cu cea a impozitului pe profit caracteristic celorlalte tipuri de întreprinderi;
- măsuri fiscale și administrative care să faciliteze transferul IMM (asigurarea existenței unui IMM chiar și în cazul decesului unuia dintre asociați sau proprietari, taxele legate de moșteniri să nu împiedice continuarea activității, măsuri fiscale a transferului de la proprietar la angajați în caz de lipsă a urmașilor);
- sprijin pentru crearea unor societăți mixte transnaționale.

Pentru crearea unui mediu de afaceri propice acțiunile propuse sunt: proceduri administrative simplificate, evaluarea cadrului de implementare, simplificarea formalităților de înființare de noi întreprinderi, stimularea întreprinderilor în primul an de activitate, coordonarea politicilor la nivelul Uniunii.

Capitolele cu dificultăți de negociere numeroase și greu de surmontat s-au dovedit a fi cele cu încărcătură financiară deosebit de mare. Vasile Pușcaș (2003) a identificat capitolele cu dificultăți în negocieri ca fiind Cap. 7 - Agricultura și Cap. 9 – Politica în domeniul transporturilor.

În condițiile deschiderii unor negocieri cu țări cu un potențial agricol ridicat, dar și cu probleme structurale în acest domeniu, și a politicii de susținere agricolă practicată de Uniunea Europeană, negocierile la acest capitol au fost, nesurprinzător, cele mai dificile. Suprafețele agricole în Uniune reprezentau 43% din suprafața arabilă totală comparativ cu 56% în țările asociate în 1993 obținând prin integrare un plus de 55% în

---

[40] Pascal, Ileana et al. , *Întreprinderi Mici și Mijlocii*, București, 2004, p. 14

suprafaţa arabilă totală însă cu o contribuţia mai mică la PNB decât cea a agriculturii în Comunitate. Problemele structurale ale agriculturii erau cauzate de moştenirea perioadelor lungi de planificare centralizată şi colectivizare la care s-au adăugat şi o serie de efecte determinate de instabilitatea macroeconomică. Mayhew (1998) remarcă câteva efecte evidente ale elementelor precizate asupra agriculturii:

1. o scădere a producţiei determinată de o reducere a consumului ca urmare a reducerii veniturilor consumatorilor;
2. probleme cauzate de privatizare care a condus la apariţia unui număr mare de ferme mici şi fragmentate;
3. lipsa totală a investiţiilor în perioada pre- tranziţională.

În condiţiile unor economii în care agricultura reprezenta o mare parte a activităţii economice şi în condiţiile subdezvoltării economice a unui număr mare de regiuni comparativ cu regiunile Comunităţii, multe zone se încadrau în zone de Obiectiv 1 de finanţare a dezvoltării din Fondurile Structurale. Consecinţa era, ori o creştere a contribuţiilor nete din partea contribuitorilor neţi, ori o diminuare a numărului de regiuni UE – 15 care beneficiau de aceste transferuri.[41]

Transporturile sunt un obiectiv mai nou al integrării europene. Obiectivul elaborării unei politici comunitare a transporturilor a necesitat o perioadă mai lungă de timp şi transformări care a permis statelor membre să atingă un standard pe care statele candidate trebuie să-l accepte. Însă atingerea acestui standard este necesară în condiţiile economice a unor ţări unde investiţiile în infrastructura de transport au fost multă vreme neglijate şi în prezent necesită investiţii importante greu de susţinut.

La momentul scrierii lucrării negocierile de aderare ale României s-au încheiat astfel încât rezultatele obţinute în cadrul componentelor descrise anterior sunt incluse în *Tratatul de aderare* semnat în Aprilie 2005.

Tratatul este structurat în două părţi: Tratatul de Aderare şi Actul de aderare şi Protocolul de aderare. Tratatul de aderare consacră aderarea României şi Bulgariei la UE, precum şi faptul că cele două state devin parte la Tratatul de instituire a Constituţiei pentru Europa în condiţiile reglementate de Protocol. Se precizează data la care va intra în vigoare şi faptul ca va fi ratificat prin proceduri interne.

Actul de aderare conţine cinci părţi: principiile, prevederi generale, prevederi permanente, prevederi temporare, prevederi pentru implementarea Actului.

Partea I conţine definiţii şi prevederi privind caracterul obligatoriu al tratatelor fundamentale şi a actelor adoptate de instituţiile comunitare şi de Banca Centrală Europeană anterior aderării. Este statuată obligaţia de a adera la convenţiile şi acordurile încheiate de Uniune cu statele terţe, convenţiile încheiate între statele membre precum şi însuşirea acquis-ului Schengen precum şi obligaţia modificării tratatelor anterioare încheiate cu state terţe.

Partea a II a conţine prevederile instituţionale: numărul de locuri în Parlamentul European, numărul de voturi în Consiliu, numărul de judecători la Curtea de justiţie a UE şi Tribunalul de Primă Instanţă, numărul de membri la Comitetul Economic şi Social, Comitetul Regiunilor, etc.

Partea a III a cuprinde obligaţia adaptării actelor adoptate anterior de instituţiile UE în diferite domenii precum şi condiţiile şi mecanismul prin care se va realiza acesta.

---

[41] Mayhew, Alan, *Recreating Europe: The European Union's policy towards Central and Eastern Europe*, Cambridge University Press, 1998, p. 236-299

Partea a IV a se referă la măsurile tranzitorii (pentru facilitarea trecerii la o nouă politică comună, aplicarea regulilor comunitare în domeniul veterinar, al siguranței alimentare), prevederile instituționale (participarea la Parlamentul European în 2009 și obligatia de a desfășura alegeri până în 2007) și prevederile financiare (contribuția la capitalul subscria la Banca Europeană de Investiții, Fondul de Cercetare pentru cărbune și Oțel etc.), clauzele de salvgardare.

Partea a Va cuprinde dispoziții privind adaptările instituționale în Uniune care sunt necesare în urma aderării, modalitățile de aplicarea a actelor instituțiilor comunitare și prevederile finale.

Tratatul mai conține declarații: Declarația Comună a statelor membre (UE 25) privind libera circulație a persoanelor, Declarația Comună a UE 25 și a Comisiei Europene privind pregătirile pentru aderarea celor două state, Declarația Comună a Germaniei și Austriei privind libera circulație a persoanelor, Declarația Bulgariei privind alfabetul chirilic.

2.2 România între convergențe și divergențe

Economia României a cunoscut un proces de tranziție mai lent către economia de piață decât al celorlalte țări TCEE. Țări precum Ungaria, Cehia, Polonia au reușit integrarea în primul val al lărgirii Uniunii Europene iar Bulgaria a făcut un progres considerabil indicatorii de dezvoltare economică având o dezvoltare mai bună decât în cazul României.

România a înregistrat la rândul său progrese însă ele au fost inegale căpătând cu greu statutul de economie de piață funcțională cu numeroase rezerve în toate Rapoartele de evaluare a Uniunii Europene.

Progresele anului 2002 au fost punctate în raportul de evaluare a Comisiei Europene: rată a inflației redusă, creștere economică reluată. Remarcăm însă și termenii vagi de punctare a unor progrese realizate de România: consolidarea progresivă a disciplinei financiare, avansarea restructurării, crearea premiselor pentru o alocare mai eficientă a resurselor.

Raportul Comisiei din 2003 remarca progresele României în ce privește politica monetară însă nemulțumirile s-au transferat pe un alt palier în legătură cu acesta: politica fiscală, salarială și deficitul cvasi-fiscal. Disciplina fiscală a rămas principalul aspect nerezolvat.

Anul 2004 și Raportul aferent reafirmă necesitatea reformei și întăririi disciplinei fiscale. Se solicită în mod punctual privatizarea unor sectoare cheie în vederea restructurării: energia, mineritul, transporturile.

Liberalizarea

Liberalizarea prețurilor s-a produs în mare parte. Cel puțin prin ultimul Raport (2004) al Comisiei nu se atrage atenția asupra existenței unei categorii de prețuri controlate care să necesite acțiuni imediate. Liberalizarea s-a produs cu o greutate relativă, după începerea negocierilor de aderare menținându-se controlul asupra unor categorii de prețuri pentru o perioadă destul de importantă. Prețurile controlate au fost ,în special, cele ale utilităților și serviciilor. Pentru o perioadă destul de lungă s-a păstrat controlul asupra prețurilor energiei, Comisia atrăgând atenția asupra acestui aspect în Rapoartele elaborate în 3 ani consecutivi: 2000, 2001 și 2003. Nici în 2004 problemele în ajustarea prețurilor energiei nu au fost pe deplin rezolvate. Preţurile reglementate au rămas în urma inflaţiei în mod deliberat pentru a subvenţiona consumatorii şi întreprinderile ceea ce a perturbat mecanismul de formare a preţurilor şi a dus la persistenţa fenomenului de neplată.[42] Alte două surse de distorsionare a preţurilor au fost găsite la nivelul anului 2000 în nivelul subvenţiilor agricole şi neplata debitelor de către furnizori.[43] În prezent preţurile reglementate se aplică unui număr de 18 produse din care 10 sunt incluse în coşul de consum.

Liberalizarea pieţei bunurilor s-a realizat lent în România; primele progrese în aplicarea acquis-ului înregistrându-se la nivelul anului 2002, însă ele au continuat în 2004; acceptarea şi transpunerea acquis-ului în domeniu, s-au realizat, în mare, atingându-se o liberalizare relativă a pieţei bunurilor.

Creşterea numărului de comercianţi atestată de Registrul Comercial reprezentă un indicator concludent al Progresului realizat de România în aplicarea acquis-ului comunitar în acest domeniu. Creşterea numărului cu 6% în 2001, 8,2% în 2002 şi respectiv 9,4% în 2003 a fost efectul măsurilor de de-birocratizare, determinate de aplicarea acquis-ului.[44]

Măsurile care au existat şi care au împiedicat liberalizarea comercializării bunurilor au fost temporare sau au continuat să fie reduse. Comisia a remarcat în Raportul periodic existenţa unei interdicţii temporare la exporturile de grâu dar şi majorarea ratei preferenţiale de impozitare a exporturilor.[45] O divergenţă notabilă faţă de cerinţele UE s-a înregistrat în anul 2000 prin menţinerea unor taxe la importurile de produse agricole provenind din Ungaria şi menţinerea supra-taxei vamale, contrar angajamentelor asumate.[46]

Integrarea pieţei produselor agricole este un obiectiv greu de realizat în conjunctura mondială actuală. Discuţiile de liberalizare a comerţului mondial cu produse agricole din cadrul Organizaţiei Mondiale a Comerţului sunt marcate de numeroase controverse între participanţi, în special cei doi mari parteneri comerciali: S.U.A şi UE. Comerţul cu produse agricole a fost exclus de la liberalizare de la începuturile creării Pieţei Comune Europene şi a stârnit cele mai multe controverse în negocierile de integrare dintre actualii membri. Comercializarea produselor agricole europene este extrem de protejată în UE iar integrarea unor noi membri presupune reaşezarea pe noi baze a comerţului agricol ţările parteneri care presupune în primul rând eliminarea tuturor restricţiilor protecţioniste.

---

[42] Comisia Comunităţilor Europene, *Raportul periodic asupra progreselor înregistrate de România în vederea aderării la UE*, 2004, p. 27

[43] Comisia Comunităţilor Europene, *Raportul periodic asupra progreselor înregistrate de România în vederea aderării la UE*, 2000, p. 14

[44] Comisia Comunităţilor Europene, *Raportul periodic asupra progreselor înregistrate de România în vederea aderării la UE*, 2003, p. 53

[45] Ibidem

[46] Comisia Comunităţilor Europene, *Raportul periodic asupra progreselor înregistrate de România în vederea aderării la UE*, 2003, p. 49

Liberalizarea pieței serviciilor se referă in principal la liberalizarea serviciilor financiare și din activitatea bancară. România a intrat în negocierile de aderare cu un sistem financiar care avea un statut nefuncțional. Comisia remarca în Raportul pe 2000 scăderea creditului neguvernamental de la 14,8% din PIB în 1999 la 10,7% în 2000, piețele financiare nedezvoltate și o neîncredere a populației în sistemul financiar.[47] Primele semnale pozitive în dezvoltarea sistemului bancar au fost identificate abia în Raportul din 2003 odată cu primele masuri de restructurare a băncilor de stat urmată de fuziuni și retrageri de licențe care au pus sistemul bancar pe baze noi.

În perioadele următoare gradul de intermediere financiară a continuat să crească însă în 2004 avizul Comisiei a fost tot nefavorabil remarcându-se insuficiența dezvoltării. Expansiunea creditului a avut loc într-un cadrul prudențial și de supraveghere întărit pe fondul îmbunătățirii indicatorilor de vulnerabilitate care puteau avea însă alte cauze decât îmbunătățirea sistemului bancar. Rata de adecvare a capitalului a crescut de la 14,5 % în 1997 la 20, 5% în 2004 iar ponderea împrumuturilor neperformante s-a redus de la 71,7% în 1998 la 4,2% în 2004.[48] Îmbunătățirea sistemului bancar putea fi pusă pe seama îmbunătățirii situației macroeconomice iar utilizarea arieratelor financiare este însă principalul motiv al insuficientei dezvoltări financiare iar dezvoltarea sectorului financiar nebancar a continuat foarte lent. [49] Șapte bănci de stat dețineau 80% din totalul împrumuturilor în 1997 iar în cadrul cestora BCR era cea mai mare bancă. În 2003, după vânzarea unui sfert din BCR către BERD și IFC, în sectorul bancar au mai rămas doar două bănci de stat.

În domeniul supravegherii bancare o comparație între reglementările prudențiale ale României și cele ale UE reprezintă un prim indicator privind potențiale divergențe cauzatoare de dificultăți în negocierile de aderare.

La o primă analiză constatăm că regulile prudențiale ale României sunt chiar mai stricte decât cele ale UE în ce privește capitalul minim admis care în România este de 8,8 mil euro comparativ cu numai 5 mil euro în UE. De asemeni în România rata solvabilității este stabilită la 12% față de numai 8% a Uniunii. Eventualele divergențe față de regulile UE sunt doar în ceea ce privește limitele acceptate de concentrare a creditelor pe clienți sau grupuri de clienți care în România este stabilită la 20% față de 25%.

Liberalizarea pieței capitalurilor s-a realizat cu greutate în Uniune și este un obiectiv optimist pentru condițiile economice ale României. În 2001 piețele de capital se aflau într-un stadiu incipient de dezvoltare cu capitalizare redusă și cu creșteri modeste:

Anul	2001	2002	2003	2004
Capitalizare bursieră (% PIB)	1.7	7	10	12.2

Sursa: Rapoartele Comisiei privind progresele României în vederea aderării.

În aceste condiții volumul tranzacțiilor era foarte redus în 2000 și numărul străinilor în tranzacționări in scădere fată de anul 1997 iar situația nu se îmbunătățise prea

---

[47] Op. Cit., 2000, p. 17

[48] Op. Cit., 2004, p. 31

[49] Ibidem

mult în 2003, Raportul Comisiei remarcând un volum al tranzacţiilor de numai 7,4% din capitalizarea totală.

Liberalizarea contului de capital s-a realizat semnificativ. În 2004 se mai păstrau totuşi restricţii asupra operaţiunilor cu valori mobiliare tranzacţionate şi operaţiunile în conturi curente şi de depozit ale rezidenţilor în străinătate. În 2005 s-au eliminat restricţiile la deschiderea de către nerezidenţi a unor conturi de depozite în lei.

Liberalizarea pieţei energiei întâmpină în primul rând dificultăţi legate de liberalizarea preţurilor. A doua problemă este legată de realizarea privatizării într-un sector cu un tradiţional monopol de stat. Sectorul de stat reprezintă 70% din totalul proprietăţii de stat.[50] Comisia a găsit drept cauze ale greutăţii cu care se realizează procesul de privatizare:

1. lipsa unei strategii pe termen mediu privind structura tarifelor;
2. volumul mare a arieratelor financiare;
3. cheltuielile legate de protecţia mediului.[51]

Totuşi în 2004 Comisia confirmă că „privatizarea sectorului energetic a progresat în mod decisiv" iar privatizarea Companiei Naţionale de Petrol Petrom a reprezentat un avans deosebit în reducerea controlului public asupra sectorului energetic cu o îmbunătăţire a mediului concurenţial determinată şi de o reducere a arieratelor prin netolerarea neplăţii facturilor.

Problemele de natură financiară s-au făcut însă resimţite în sectorul investiţional. În 2003 infrastructura energetică era într-o stare proastă iar companiile erau în incapacitatea de a investi suficient ca urmare a „cvasi-subvenţiilor" pe care le acordase restului economii atât de mult timp.[52]

În Raportul Comisiei pe 2004 se cerea finalizarea restructurării şi privatizării sectorului gazelor şi electricităţii. Întreprinderile din acest domeniu sunt cele mai mari producătoare de arierate financiare. În aceste condiţii se impun cu prioritate adoptarea unor masuri care să înbunătăţească colectarea creanţelor

România a continuat să-şi deschidă piaţa electricităţii şi gazelor. Rămânerile în urmă în ce priveşte energia termică par să fie depăşite, gradul de deschidere a pieţei energiei termice ajungând la 40% în 2004. Guvernul a îmbunătăţit metodologiile privind tarifele reglementate din sectorul energetic astfel încât preţurile au crescut constant. Se mai impun însă măsuri pentru alinierea tarifelor la gazul metan şi corelarea lor cu costul real.

Liberalizarea pieţei transporturilor este în mod decisiv legată de privatizarea acestui sector iar opinia Comisiei in 2003 a fost că privatizarea abia a început, lungimea reţelei de autostrazi şi şosele a rămas aceeaşi iar infrastructura de transport necorespunzătoare încă şi în 2004. Îngrijorătoare în acest domeniu este stagnarea şi lipsa progresului pe o perioadă de foarte mulţi ani. Comisia remarca în 2000 lipsa infrastructurii de mediu şi a extinderii reţelei rutiere iar situaţia nu s-a schimbat până la Raportul Comisiei din 2004.

---

[50] Comisia Comunităţilor Europene, *Raportul periodic asupra progreselor înregistrate de România în vederea aderării la UE*, 2003, p. 16

[51] Ibidem

[52] Op. Cit, 2004, p. 16

Progresele înregistrate au fost legate de modernizare și începutul realizării unor investiții. Sunt în curs de desfășurarea investiții în dezvoltarea Rețelei Trans-europene de Transport însă se înregistrează întârzieri semnificative. În plus Raportul Comisiei remarcă o neconcordanță între acțiunile Guvernului prin decizia de a construi autostrada Borș-Cluj-Brașov și angajamentele asumate prin negocierile de aderare. Neorganizarea unei licitații pentru acest proiect face imposibilă implicarea financiară a Uniunii prin Fondurile de Coeziune și Structurale. S-a reabilitat autostrada București-Pitești și a început construcția autostrăzii București-Fetești de-a lungul coridorului IV. În 2005 sunt programate să înceapă lucrările la centurile de ocolire a orașelor Deva, Orăștie, Sebeș, șibiu și Pitești precum și centura București Sud și Nord.

Liberalizarea sectorului telecomunicațiilor a pornit de la un cadru de reglementare inadecvat care nu permitea adoptarea acquis-ului comunitar de susținere a procesului. Însă începând cu 2003 au fost remarcate progrese substanțiale prin dezvoltarea rețelei de telefonie fixă și creșterea ratei de digitalizare la 80% în 2003 față de 72,6% în 2002.[53]

În ultimii 13 ani sectorul telecomunicațiilor a fost unul din cale mai dinamice ale economiei, atrăgând 30-50% din totalul ISD. Sectorul privat are o pondere însemnată în ansamblul comunicațiilor atât în cea ce privește capitalul social și cifra de afaceri cât și numărul de abonați.

Romtelecom, parțial privatizat în 1998, oferă servicii de telefonie fixă, telefonie mobilă (prin filiala sa Cosmorom) precum și alte servicii de telecomunicații. În ultimii ani Romtelecom a investit în dezvoltarea infrastructurii prin achiziționarea de noi centrale digitale, extinderea rețelei magistrale de fibră optică, precum și introducerea de noi servicii (Voice mail și ISDN).

Situatia infrastructurii de telefonie

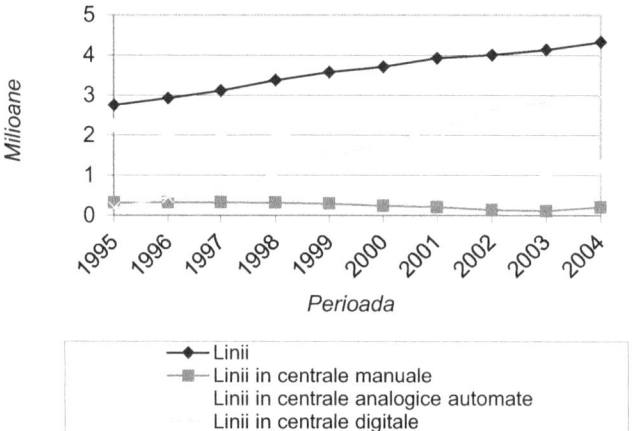

Sursa datelor: www. mcti.ro

---

[53] Comisia Comunităților Europene, *Raportul periodic asupra progreselor înregistrate de România în vederea aderării la UE*, 2003, p. 38

Se remarcă trendul crescător al liniilor de telefonie fixă. Creșterea numărului lor s-a realizat pe fondul unei creșteri semnificative a liniilor în centralele digitale și a descreșterii celor din centralele manuale și analogice automate. Evoluțiile indică o înnoire și un progres al sectorului telecomunicațiilor din România cu cele mai noi dezvoltări în domeniu.

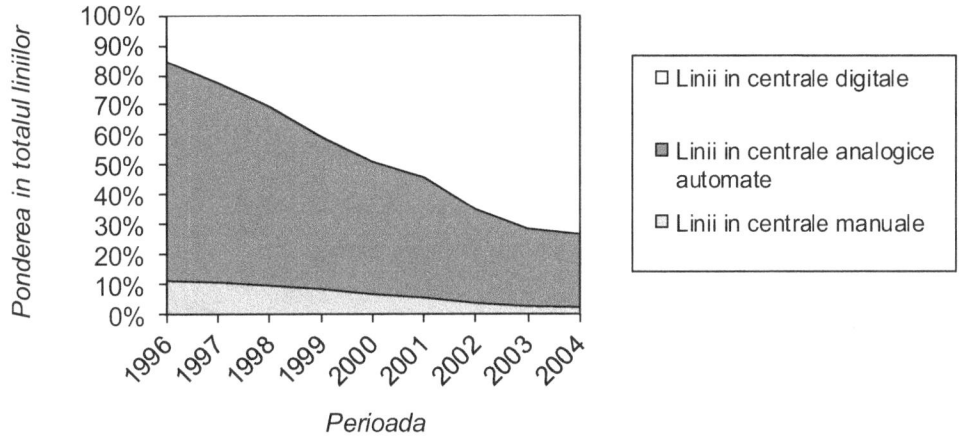

Sursa datelor: www.mcti.ro

Procesul de înlocuire deși timid la început a fost susținut pe toată perioada astfel încât în prezent numărul liniilor în centralele digitale îl depășește pe cel din centralele analogice automate.

Ponderea listei de asteptare in totalul liniilor

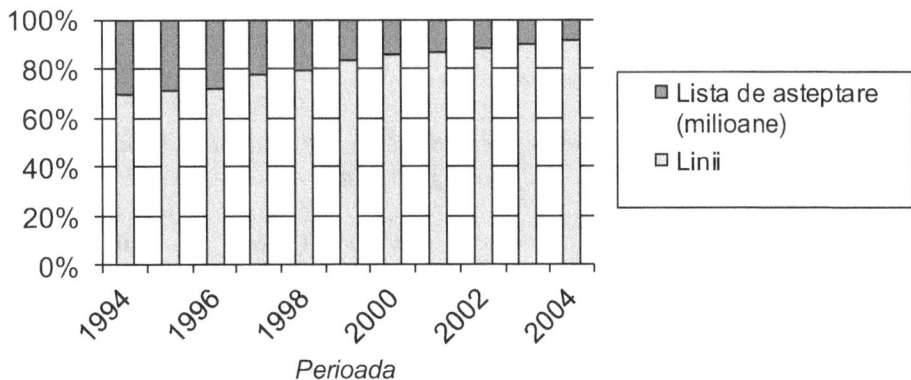

Sursa datelor: www.mcti.ro

Judecând după ponderea listei de așteptare în totalul liniilor de telefonie fixă, rețeaua de telecomunicații prin telefonia fixă, acoperea cererea în proporție de aproximativ 85% în 2000.

Şi în domeniul telefoniei mobile, indicatorii de dezvoltare indică o situaţie satisfăcătoare din punctul de vedere a negocierilor de aderare.

	Mobifon (Connex)	MobilRom (Orange)	Cosmorom (Romtelecom)
Abonaţi (mil.)	1.171	1.222	0.036
Acoperire teritorială (%)	78.7	72	25
Acoperire populaţie (%)	91.5	92	40

Sursa: Ministerul Comunicaţiilor şi Tehnologiei Informaţiilor[54]

Este un domeniu cu progrese substanţiale care nu pune probleme deosebite de negociere.

Distributia telefoniei fixe pe zone

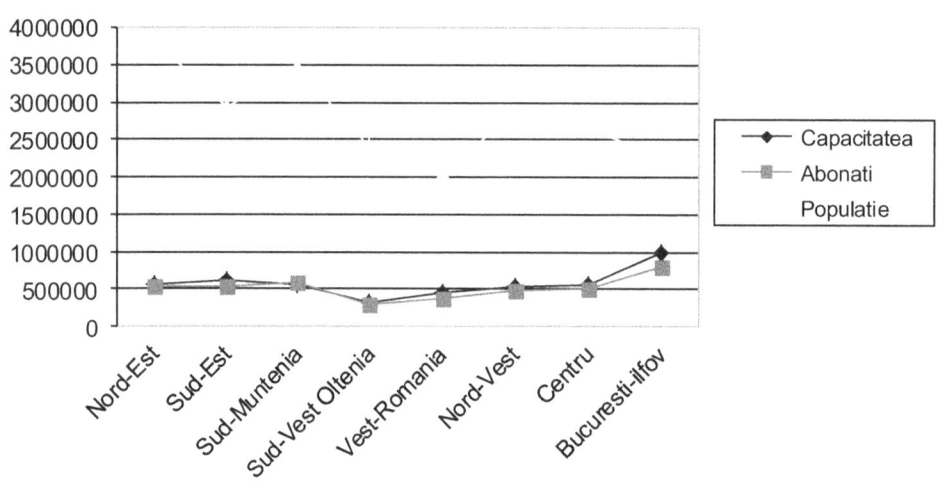

Sursa datelor: www.mcti.ro

Distribuţia telefoniei fixe pe zone indică o distribuţie aproximativ uniformă pe zone. Cea mai mare acoperire este în zona Bucureşti – Ilfov, urmată de zonele Centru, Sud - Est, Sud –Muntenia, Nord Vest cu aproximativ aceleaşi caracteristici în ce priveşte capacitatea şi numărul de abonaţi. Comparativ cu populaţia care utilizează aceste linii, cea mai mare densitate de utilizare apare a fi în zone Bucureşti – Ilfov.

---

[54] www.mcti.ro

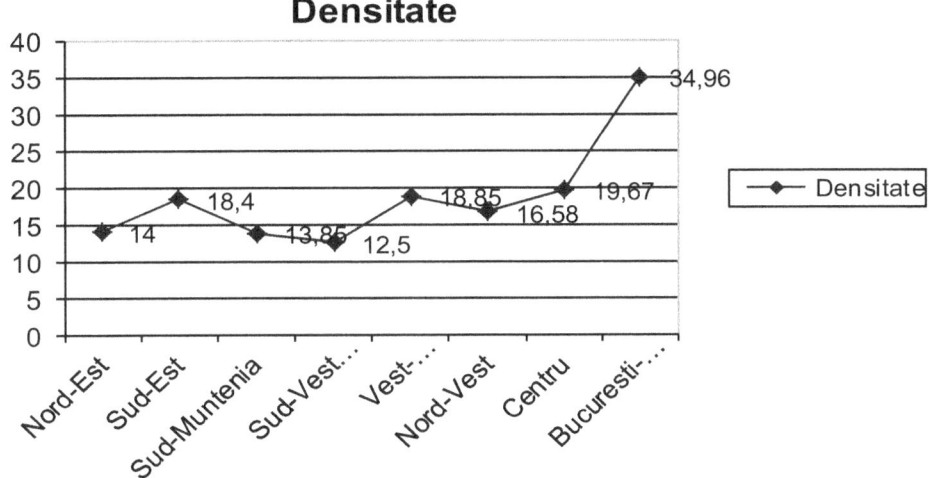

Sursa datelor: www.mcti.ro

Cea mai mică densitate apare să fie în zone Sud – Vest – Oltenia. Însă cele mai slabe rezultate în ce privește gradul de acoperire cu telefonia fixă se înregistrează în zona Nord-Est. Cu cea mai numeroasă populație din România, zona Nord – Est înregistrează una din cele mai mici densități de utilizarea a telefoniei fixe

Stabilitatea macroeconomică

Principalii indicatori ai stabilității macroeconomice utilizați de Comisia Europeană în evaluarea progreselor economiilor țărilor candidate în vederea încheierii negocierilor și evaluarea nivelului de creștere economică sunt cunoscuți în teoria economică.

Nivelul PIB este principalul indicator al creșterii economice a cărui îmbunătățire este o condiție esențială impusă economiilor țărilor candidate.

România a înregistrat progrese în domeniul creșterii economice în fiecare an în special pe fondul unei accelerări a procesului investițional dar și ca urmare a expansiunii consumului și creșterii stocurilor. Creșterea PIB s-a realizat cu o rată medie de 5% pe an iar cea a investițiilor cu o rată medie de 8% pe an însă creșterea PIB a devenit dezechilibrată în 2003 pe fondul unei creșteri accelerate a consumului individual (9,2% în 2004). [55]

Anul	2002	2003	2004
Creșterea PIB (% pe an)	4.9	4.3	6.6
Creșterea investițiilor (% pe an)	8.3	7.9	9.2

Sursa: Rapoartele Comisiei privind progresele României în vederea aderării.

În ciuda progreselor înregistrate, România nu a reușit realizarea convergenței cu venitul pe cap de locuitor al Uniunii. În perioada 1999-2001 venitul pe cap de locuitor în

---

[55]***, *Programul Economic de Pre-aderare*, 2003, p. 20

România reprezenta 46% din media UE. PIB/cap loc. reprezenta doar 25% din media Europeană, decalajul fiind constant față de 1995 când reprezenta 32% și 2000 când România avea un decalaj de 27% [56] și 30% din media UE în 2003[57] .

De asemeni exporturile României nu au o contribuție constantă la creșterea economică. În ciuda unei rate anuale de creștere de 2 cifre în 2003 și 2004 contribuția lor la creșterea economică a fost negativă după ce se reușise o contribuție pozitivă în 2002. Creșterea importurilor a rămas ridicată. În primul trimestru al 2003 rata de creștere a importurilor a fost de 12,1% în timp ce cea a exporturilor de numai 5,4%.[58] În 2004 s-a reușit o anumită recuperare dar nu suficient pentru a putea vorbi de o contribuție pozitivă. Rata de creștere a importurilor în 2004 era de 24% comparativ cu numai 21.3%cea a exporturilor.[59]

Contul curent în general a avut o evoluție bună în sensul scăderii deficitului de la 5,5% din PIB în 2001 la 3,4% în 2002. Îmbunătățirea contului s-a produs pe fondul evoluției pozitive a exporturilor în anul 2002 ca și o creștere a transferurilor private. În 2004 situația contului curent s-a înrăutățit considerabil deficitul ajungând la o cifră mai mare decât cea din 2001 și anume 7,6% din PIB. Însă finanțarea deficitului extern s-a îmbunătățit prin creșterea fluxurilor de investiții străine directe (2, 9% din PIB în 2003) și îmbunătățirea condițiilor de creditare, creșterea deficitului datorându-se în mare parte deficitului comercial. În 2004, ponderea investițiilor străine directe și transferurilor de capital în PIB s-a majorat de la 4,1% în 2003 la 7,9% din PIB în 2004.[60]

Rata șomajului. În ce privește evoluția acestui indicator România a primit multe menționări sub aspect negativ în Rapoartele Comisiei. Cu toate că în ultimul Raport al Comisiei s-a remarcat rata destul de scăzută a șomajului (6.3% în 2004) cauza acestui nivel scăzut se datora parțial unei lipse a restructurării sau mai ales mascat în sectorul agricol și localitățile rurale. Problema identificată de Comisie în Raportul pe 2004 a fost menținerea nivelului angajării de către sectorul agricol și întreprinderile de stat ineficiente.[61]

Rata inflației a avut o evoluție așteptată în sensul descreșterii chiar dacă nu s-a încadrat în ținta stabilită.

Perioada	Rata inflației (%)	Ținta stabilită (%)
1999	54,8	n/a
2000	40,7	27
2002	17,8	22
2003	14,2	14

---

[56] Op. Cit, 2000, p. 10

[57] Op. Cit, 2004, p. 33

[58] Op. Cit, 2003, p. 40

[59] Op. Cit, 2004, p. 23

[60] ***, *Programul Economic de Pre-aderare*, 2004

[61] Comisia Comunităților Europene, *Raportul periodic asupra progreselor înregistrate de România în vederea aderării la UE*, 2004, p. 21

2004   9,3   9

Sursa: Rapoartele Comisiei privind progresele României în vederea aderării.

Evoluția pozitivă a inflației s-a datorat în special unei creșteri mici a prețurilor administrate (43% în 2001, 23,5% în 2002, 3,2% în 2003) și chiar încadrarea în creșterea prevăzută pentru prețurile de consum (în 2004 o creștere de 12,8% în medie față de ținta stabilită de 9%).

Însă trebuie să considerăm faptul că rata inflației nu s-a încadrat în țintele stabilite și s-a plecat în reducerea acesteia de la un nivel suficient de înalt. Cauzele acestor evoluții sunt determinate de modul de folosire a instrumentului stabilizator: politica monetară.

Politica monetară a fost suprasolicitată în toată această perioadă prin folosirea și pentru alte scopuri, condiții în care controlarea inflației a fost mai dificil de obținut. Principalul obiectiv al politicii monetare în anii 2000-2001 o menținere a competitivității cursului real și majorarea rezervelor valutare oficiale. Un instrument anti-inflaționist folosit a fost menținerea cursului de schimb în limite de flotare controlată fără a pune în pericol poziția externă.

Condițiile economice de dinainte de 1999 (poziție externă fragilă, sector financiar slab, indisciplina fiscală) a făcut ca obiectivele de politică monetare să fie altele decât menținerea unei stabilități a prețurilor și menținerea sub control a inflației. Progresele care au apărut după această dată au determinat orientarea politicii monetare către utilizarea cursului de schimb pentru controlul inflației iar rezultatele nu au întârziat să apară. Rata inflației a scăzut constant pană la a atinge o sigură cifră (9%) în 2004.

Deficitul guvernamental este domeniul în care România a înregistrat cele mai bune rezultate. În 2004 ținta deficitului bugetar fusese atinsă pentru 4 ani consecutiv.

Perioada	Rata deficitului bugetar (%)	Ținta
1999	3,5	n/a
2000	4,5	n/a
2001	3,4	3,5
2002	2,2	2,6
2003	2	2,5
2004	1,6	n/a

Sursa: Rapoartele Comisiei privind progresele României în vederea aderării

România îndeplinește criteriul de la Copenhaga privind deficitul bugetar permis înregistrând chiar un surplus. Problema întâmpinată este ponderea mare a arieratelor întreprinderilor private în deficitul bugetar (4% din PIB în 2001 și 4,5 din PIB în 2002). În general cauza este o disciplină fiscală slabă determinată în special de ineficiența colectării accizelor și contribuției la asigurările sociale dar cu performanțe bune la colectarea TVA.

Respectarea nivelului deficitului bugetar impus de Uniunea Europeană este sub presiunea unei plafonări a cheltuielilor bugetare și creșterea eficienței colectării veniturilor bugetare. În timp ce România are probleme în a menține un nivel constant al încasărilor bugetare (în 2002 înregistrându-se chiar o scădere sub nivelul de 30%) cheltuielile guvernamentale au crescut într-un ritm constant chiar dacă nu în proporție foarte mare (de la 31,9% PIB în 1997 la 32,3% PIB în 2003). Așadar România se încadrează în limitele datoriei publice guvernamentale permise de angajamentele asumate pentru integrarea în UE, chiar mult sub nivel (aprox. 30% faţă de 60% cât este permis), dar aceasta pe fondul unei extrem de slabe eficienţe în colectarea veniturilor la bugetul de stat sugerând problemele de disciplină fiscală pe care România le întâmpină. Dacă sistemul colectării TVA s-a îmbunătăţit considerabil până la finele anului 2004, colectarea contribuţiilor la asigurările sociale şi accizele întâmpină dificultăţi. Rezultatul este acumularea unor arierate financiare considerabile, în special de la întreprinderile din sectorul privat în condiţiile în care cheltuielile bugetare sunt sub presiunea îndeplinirii unor angajamente ale integrării determinate spre exemplu de construirea de autostrăzi şi îmbunătăţirea infrastructurii de transporturi sau creşteri salariale având ca sursa veniturile bugetare insuficiente.

Concurenţa

Caracteristica principală în acest domeniu este o creştere continuă a numărului de întreprinderi private dar în condiţiile menţinerii unui număr important de întreprinderi de stat. Progresele însă au fost semnificative dacă considerăm că s-a plecat din 2000 de la un mediu de afaceri clar afectat de un sistem al drepturilor de proprietate neclar stabilite şi corupţie. Sectorul privat s-a dezvoltat constant astfel încât în 2001 76,6% din populaţia ocupată lucra în sectorul privat care deţinea 79,2% din cifra de afaceri şi reprezenta 84,4% din exporturi. În 2002 ponderea sectorului privat în capitalul privat (66,8%) a depăşit-o pentru prima dată pe cea a sectorului public fiind totodată în creştere la 69,1% în 2004. Nemulţumirile sunt generate de pasul lent al privatizării în câteva sectoare cheie ale economiei: agricultura, sectorul energetic şi transporturile.

Privatizarea în sectorul agricol a avansat lent fără o încadrare în grafice în special din cauza privatizării întreprinderilor agricole de stat, însă în 2004 Raportul Comisiei remarca privatizarea agriculturii în proporţie de 99%.[62] În sectorul energetic s-a reuşit privatizarea SNP Petrom, a două companii electrice însă ea este departe de a se fi încheiat.

De asemeni îngrijorătoare este tendinţa de evitare a aplicării procedurii falimentului în special în cazul întreprinderilor financiare şi includerea în 2004 a 37% din companiile din scheme de privatizare şi neprivatizate sub scheme de reprogramare a datoriilor.

Nivelul investiţional este un indicator al stabilităţii mediului de afaceri. În acest sens România a cunoscut o creştere însemnată a investiţiilor străine directe până la 3,2% din PIB în 2003 însă nivelul ISD/ per capita rămâne scăzut.

Schimbările observate în nivelul ISD sunt de factură recentă şi ne face să ne întrebăm asupra sustenabilităţii acestora. În 2002 fluxul de ISD a ajuns la 2,4% din PIB în condiţiile aceleiaşi rate scăzute pe cap locuitor.

În condiţiile în care întreprinderile de stat reprezentau în 2001, 72,1% din activele fixe şi 50,7% din nivelul investiţiilor am putea argumenta că politica guvernamentală a fost de o reînnoire a capitalului existent prin stimularea procesului investiţional pe plan intern. Formarea brută a capitalului s-a majorat de la 20,5% din PIB în 2001 la 21,1% în

---

[62] Comisia Comunităţilor Europene, *Raportul periodic asupra progreselor înregistrate de România în vederea aderării la UE*, 2004, p. 18

2002 pe seama creșterii investițiilor private. În sectorul public formarea brută a capitalului a crescut de la 2,4% din PIB în 2001 la 2,5% PIB în 2002.[63]

Ponderea fiecarui sector in totalul investitiilor

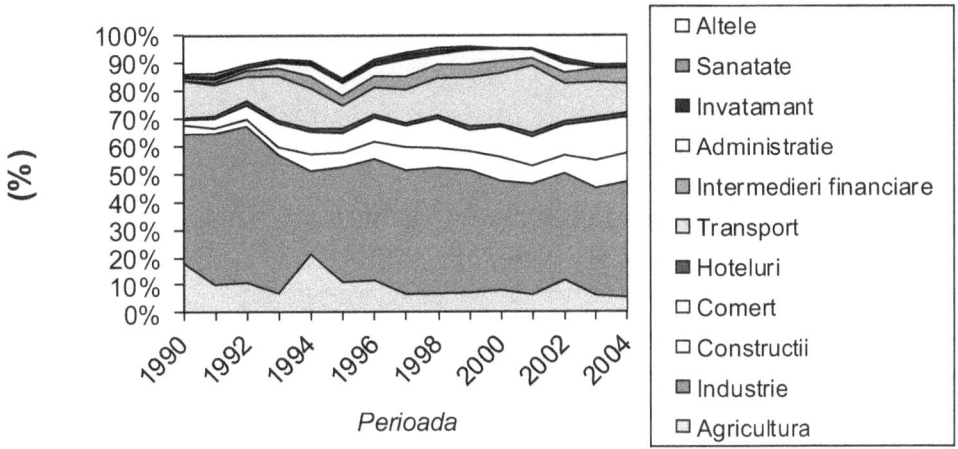

Sursa datelor: Anuarul Statistic al României, 2004

Pe sectoare de activitate economică, ponderea cea mai mare a investițiilor este în sectorul industrial urmat de cel al transporturilor.

Media nivelului investitional pe sectoare ale activitatii economice

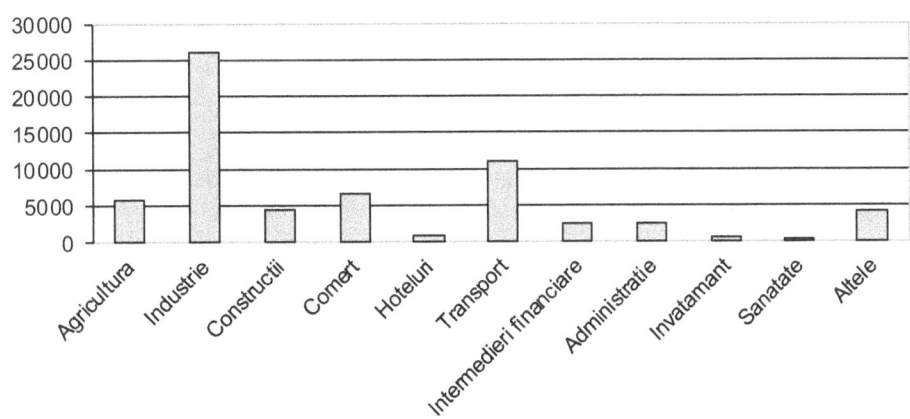

[63] Comisia Comunităților Europene, _Raportul periodic asupra progreselor înregistrate de România în vederea aderării la UE_, 2004, p. 35

Comerţul şi agricultura sunt alte două sectoare ale economiei româneşti care cunosc un dinamism investiţional. Nivelul aproximativ egal al investiţiilor în aceste două sectoare este surprinzător dacă considerăm structura lor extrem de diferită şi contribuţia lor diferită la creşterea economică a economiei.

Concluziile pe care le putem extrage pot fi încadrate pe două direcţii:

- dinamismul sectorului comercial în economia românească este unul de conjunctură şi nu se bazează pe o dezvoltare durabilă pe termen lung prin sporirea investiţiilor;

- sectorul agricol tinde să se dezvolte dar ca urmare a dimensiunii sectorului şi problemelor cu care se confruntă rezultatele se vor observa în timp.

Nivelul investitiilor pe forme de proprietate

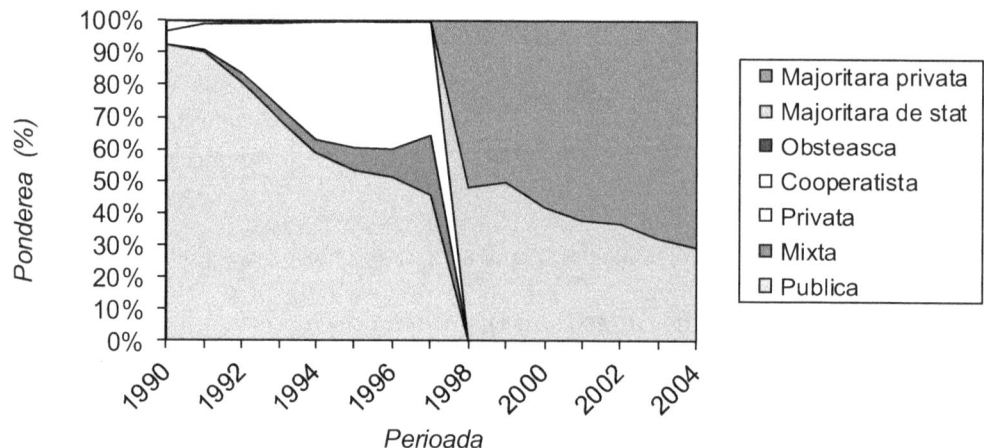

Sursa datelor: Anuarul Statistic al României, 2004

Tendinţa de investire în proprietatea publică în perioada imediat următoare liberalizării economiei româneşti a rămas puternică însă ea a fost contrabalansată şi de creşterea nivelului investiţional în proprietatea privată. După 1999, investiţiile s-au orientat mai mult către sectorul privat – majoritar dar au răms semnificative şi în sectorul public - majoritar.

Modul de orientare a investiţiilor evidenţiază în acelaşi timp o restructurare a formelor de proprietate în economie. Orientarea investiţiilor dinspre proprietatea exclusiv publică către proprietatea privat – majoritară sugerează de fapt o dezvoltare a sectorului privat şi creşterea dimensiunii sale prin atragerea de investiţii externe sau publice, faţă de perioada anterioară când doar s-au pus bazele formei de proprietate privată în sine. Totodată ponderea proprietăţii exclusiv publice a scăzut, restructurarea acesteia realizându-se prin privatizare şi atragerea de investiţii din surse externe şi/sau private.

Ponderea investitiilor in constructii in totalul investitiilor

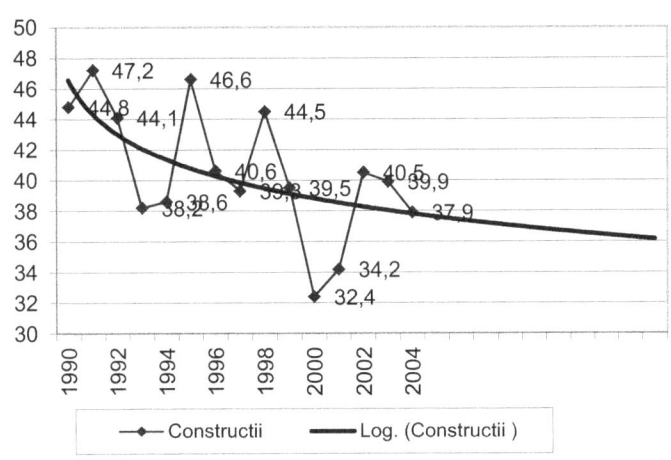

Sursa datelor: Anuarul Statistic al României, 2004

Ponderea investitiilor in utilaje in totalul investitiilor

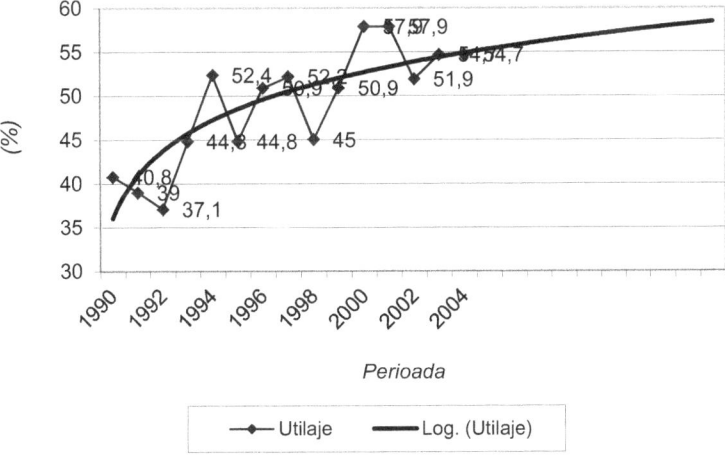

Sursa datelor: Anuarul Statistic al României, 2004

În general cea mai mare parte a investiţiilor s-a îndreptat către cumpărarea de noi utilaje iar nivelul acestora este prognozat ca va creşte şi în perioada următoare. În schimb investiţiile în cădiri au scăzut şi se aşteaptă că acest trend se va menţine şi în perioada următoare. Investiţiile în lucrări geologice sau de altă natură sunt mici în comparaţie cu cele în clădiri şi utilaje.

	1990	1991	1992	1993	1994	1995	1996	1997	1998	1999	2000	2001	2002	2003	2004
Lucrari geologice	4.2	5.7	5.4	4.4	4.1	2.4	2.4	2.6	3.1	2.3	1.6	2	1.7	1.3	n/a
Altele	10.2	8.1	13.4	12.6	4.9	6.2	6.1	5.9	7.4	7.3	8.1	5.9	5.9	n/a	n/a

Sursa: Anuarul Statistic al României, 2004

2.3 Dificultăţi în negociere

Considerăm că sursa principală a dificultăţilor în negociere reprezintă acele domenii şi acţiuni în care România are dificultăţi în a îndeplini criteriile impuse de Uniunea Europeană. Nu ne vom referi aici la dificultăţile creării cadrului legislativ de funcţionare a economiei de piaţă reprezentat de adoptarea directivelor de implementare *acquis-ului comunita,r* ci doar la măsurile economice concrete pe care România şi le-a asumat prin angajamentul de aderare şi pe are dificultăţi în a le implementa.

Un prim indiciu general al dificultăţilor de aderare şi implicit de negociere este oferit de Tratatul de Aderare semnat de România la 25 Aprilie 2005. Tratatul cuprinde în capitolul de negociere 31- Diverse, clauzele de salvgardare negociate. Ele sunt un instrument de protecţie a economiei româneşti dar mai ales al economiei europene în faţa dificultăţilor întâmpinate de România şi Bulgaria de a respecta obligaţiile asumate prin negocierile de aderare.

Clauzele de salvgardare ale României sunt:
- clauza generală: dacă apar dificultăţi grave într-un anumit sector care ameninţă echilibrul economic într-un anumit domeniu;
- clauza pentru piaţa internă: pentru neîndeplinirea angajamentelor asumate în negocierile de aderare;
- clauza pentru Justiţie şi Afaceri Interne: pentru întârzieri în transpunerea şi implementarea deciziilor în domeniu generatoare de riscuri iminente;
- clauza de salvgardare specifică: riscuri sectoriale de nesatisfacere a cerinţelor de membru;
- cauza de salvgardare valabilă doar pentru România: pentru deficienţe în aplicarea prevederilor negociate la capitolele justiţie şi Afaceri Interne şi Concurenţă.

Remarcăm în mod special o îngrijorare rezultată din neîndeplinirea angajamentelor asumate în legătură cu constituirea Pieţei Interne, nesatisfacerea cerinţelor pe care le implică calitatea de membru în sectoare importante de activitate şi în mod specific doar pentru România, nesatisfacerea angajamentelor din cadrul capitolelor de negociere „Justiţie şi Afaceri Interne” şi „Concurenţa”.

Dacă dificultăţile întâmpinate în cadrul negocierilor la capitolul Justiţie şi Afaceri Interne sunt în special de natură administrativă şi politică cele din cadrul capitolului „Concurenţa” şi din domeniul asigurării condiţiilor de creare a Pieţei Interne sunt în special de natură economică.

Obligațiile asumate prin negocierile de aderare în domeniul creării Pieței Interne sunt cele rezultate din negocierea criteriului privind asigurarea unei economii de piață funcționale și a acquis-ului corespunzător. Urmând structura prezentată anterior dificultățile se conturează într-o bună măsură.

Liberalizarea

Liberalizarea circulației bunurilor este în strânsă legătură cu necesitatea aplicării prevederilor Politicii Comerciale Comunitare și armonizarea Tarifului Vamal. Așadar dificultățile rezultă pe de o parte din necesitatea liberalizării comerțului cu Uniunea Europeană și din aplicarea politicii comerciale pe de altă parte.

Aplicarea acquis-ului comercial și realizarea liberalizării comerciale generează efecte în două direcții:

1. costurile și beneficiile implicate de funcționarea Acordului European (a căror manifestare este așteptată înaintea aderării rezultând din necesitatea aplicării Acordului anterior aderării);
2. costurile și beneficiile adoptării politicii comerciale a UE (după aderarea propriu-zisă).

Liberalizarea comercială

Acordul European (1993) a instituit necesitatea liberalizării comerciale graduale a comerțului cu produse agroindustriale și instituirea unei zone de liber schimb în domeniul produselor industriale. Cele mai mari dificultăți în acest domeniu sunt ridicate de negocierea modului de folosire instrumentelor de protecție comercială (tarife, cote, anti-dumping, anti-subvenție și salvgardare). . În plus România va fi nevoită să se retragă de pe lista curentă de angajamente asumate în cadrul OMC și va negocia o nouă listă împreună cu UE.

În 2001 numărul vârfurilor tarifare ale României reprezentau 5,7% din totalul liniilor tarifare comparativ cu doar 0,3% ale UE. Produsele agricole se regăsesc între vârfurile tarifare ale ambelor țări. Dificultăți pot apărea însă pentru textile și îmbrăcăminte care se regăsesc între vârfurile tarifarea ale României dar nu și UE. Lista angajamentelor OMC conține cele mai mari tarife pentru produsele agricole însă nivelul protecționist practicat de UE este mai mic de cel al României .

Eliminarea barierelor comerciale prin integrarea în Uniunea Vamală duce la modificarea protecției tarifare și implicit a importurilor. Se estimează că pe ansamblu adoptarea tarifului exterior comun va conduce la o diminuare a nivelului de protecție tarifară a României ceea ce va facilita accesul produselor țărilor terțe pe piața românească.

Dificultăți suplimentare pot apărea în condițiile în care România va fi nevoită să-și crească protecția tarifară la unele produse. Ca urmare a calității de membru OMC și a prevederilor Art. XXVIII- GATT România s-ar putea să fie nevoită să acorde compensații partenerilor săi care beneficiau de Clauza Națiunii celei mai Favorizate.

Spre exemplu, taxele vamale aplicate în cadrul Clauzei Națiunii celei Mai favorizate vor scădea de la 18,6% la 6,3% pe ansamblul produselor, de la 30% la 16,2% pentru produsele agricole și de la 15,4% la 3,6% pentru produsele industriale (Comisia Europeană, Raport periodic, 2003). România devine donator de preferințe prin aplicarea schemelor preferențiale ale UE.

Însă costurile nu pot și nu trebuie să fie privite într-un singur sens. Cele ale României în raport cu UE sunt determinate de eliminarea barierelor comerciale sau aplicarea politicii comerciale. Însă pe anumite sectoare însăşi UE este nevoită să-şi diminueze barierele protecţioniste şi să-şi deschidă pieţele pentru unele din produsele româneşti. Unde se termină beneficiile şi unde apar costurile pe fiecare din cei doi parteneri de negociere este greu de extras o concluzie netă. Ele depind de o multitudine de factori iar pentru cazul de faţă depind în special de opţiunile de politică comercială.

Prin urmare costurile sunt de aşteptat a apărea în legătură cu reducerea protecţionismului şi confruntarea directă cu produsele comunitare mai competitive decât produsele româneşti. În cadrul acestor produse se remarcă dificultăţile de asigurare a unui comerţ liber cu produse agricole a cărui liberalizare s-a făcut treptat şi diferenţiat pe baza unor liste de produse.

Însă principalul efect aşteptat al liberalizării comerciale este o reorientare a fluxurilor comerciale. Nu în ultimul rând remarcăm impactul liberalizării comerciale asupra bugetului prin diminuarea veniturilor provenind din taxe vamale.

Acquis-ul comercial

În ce priveşte adoptarea acquis-ului comunitar comercial, acesta înseamnă în primul rând aplicarea tarifului vamal comun al Uniunii Europene în vederea eliminării barierelor din calea schimburilor comerciale. Dificultatea principală, care nu este specifică numai negocierilor asupra acquis-ului în domeniul comercial, este faptul că acesta se află într-o continuă transformare prin luarea în considerare a evoluţiilor care au loc în Uniunea Europeană.

Dificultăţile negocierilor acquis-ului comercial rezultă mai ales din necesitatea aplicării noilor tarife şi sunt legate de disponibilitatea resurselor pe care le implică acest obiectiv: resurse umane, materiale şi bugetare. Aplicarea acquis-ului comunitar presupune existenţa unor „resurse umane pregătite în domeniul managementului modern dar şi măsuri de procedură vamală îmbunătăţite" (Studiu de Impact, 2001).

Din acest punct de vedere prevederile Cap. 25- Uniunea Vamală se dovedesc a fi cel mai dificil de îndeplinit pe termen scurt. Principala dificultate constă în disfuncţionalităţile birocratice şi impedimentele tehnice moştenite din economia centralizat-planificată. Alte dificultăţi au fost identificate de economişti în ceea ce priveşte:

- etica vamală;
- reducerea timpului de aşteptare la frontieră;
- circulaţia trans - frontalieră a mărfurilor piratate şi a produselor contrafăcute;
- lupta împotriva crimei organizate;
- dezvoltarea sistemelor informatice care să permită schimbul de date între România şi UE.

Măsurile de procedură vamală se vor îmbunătăţi considerabil prin aplicarea angajamentelor rezultate din negocierile de aderare privind aplicarea politicii comerciale: implementarea şi asigurarea compatibilităţii TARIR (Tariful Vamal Român) cu TARIC (Tariful Vamal Comun) (termen limită 2005), finalizarea Convenţiei de Tranzit Comun prin generalizarea implementării NCTS (Noul Sistem de Tranzit Comun) (termen limită 2005) şi aplicarea integrală a acquis-ului comunitar în domeniul contingentelor cantitativ şi al plafoanelor (până la data aderării).[64]

În domeniul armonizării legislaţiei mai sunt încă necesare eforturi de făcut pentru integrarea în Acordul OMC privind textilele şi îmbrăcămintea şi regulamentele privind creditele de export pe termen mediu şi lung. Cadrul negocierilor de aderare în domeniul

---

[64] ***, *Documentul de poziţie privind Uniunea Vamală*

comercial este în mod hotărâtor legat de negocierile purtate în cadrul OMC pentru îndeplinirea angajamentelor rezultate din Art. XXIV și XXVIII ale GATT care prevăd că negocierile de formare a uniunii vamale cu UE nu trebuie să conducă la efecte negative asupra exporturilor țărilor terțe. Un alt aspect neclarificat care poate cauza dificultăți în negocierile de aderare este cel al achizițiilor guvernamentale.

Dificultățile creării unei structuri instituționale care să gestioneze managementul vamal și politica comercială este un alt punct de plecare în identificarea dificultăților de negociere. Ele sunt în strânsă legătură cu problemele relativ la comportamentul și calificarea personalului vamal: mobilitatea prea ridicată, salariile mici și corupția.[65]

Studiile realizate au arătat o structură instituțională relativ bună în România. BERD a oferit un punctaj de evaluare a performanțelor instituționale ale României în 1999. Însă detaliile analizei BERD identificau „un stat puternic influențabil cu o capacitate de a absorbi în mod necorespunzător interesele de grup".

Taxele vamale creează dificultăți mai ales din perspectiva administrării PAC. "În ceea ce privește implementarea mecanismelor comerciale, a fost înregistrat doar un progres limitat în înființarea structurilor administrative cerute de Organismele Pieței Comune pentru fiecare sector în parte" (Raport Periodic, 2001).

Un alt aspect al dificultăților în negocieri a fost determinat de insuficienta pregătire a mediului de afaceri în preluarea prevederilor de politică comercială. În primul rând s-a remarcat o necunoaștere a cerințelor de integrare în UE. Exportatorii români nu sunt informați asupra cerințelor de calitate pe care produsele exportate trebuie să le îndeplinească pentru a pătrunde pe piața UE. De asemeni sunt puține firme care au o experiență în promovarea exporturilor pe piețele externe (de obicei firmele mari care au avut această posibilitate și în cadrul economiei centralizat planificate) iar concurența pe care o întâmpină este din partea unor firme cu o vastă experiență în acest domeniu și în utilizarea instrumentelor de politică comercială (anti-dumping, anti-subvenții și salvgardare). În România multe din prevederile pentru modul de utilizare a a acestor instrumente nici nu au fost încă adoptate. „Rezultatul acestui vid juridic este ca România nu a făcut uz de instrumentele de apărare comerciala ca parte a politicii sale comerciale. Deși nu este o problemă în sine, exista riscul ca în absența unui mecanism convențional de control solicitările altfel legitime pentru protecție ale producătorilor români sa fie satisfăcute prin alte instrumente – precum barierele netarifare" (Raport Periodic, 2001).

Cunoașterea modului de utilizare a cestor instrumente este cu atât mai importantă cu cât procedeul de decizie în domeniul politicii comerciale va fi transferat la Bruxelles. Iar UE este unul din partenerii cei mai dinamici pe plan internațional în utilizarea acestor instrumente.

Politica Agricolă Comună

Dificultățile negocierilor de realizare a integrării comerciale agricole și preluarea mecanismelor PAC țin mai ales de modernizarea și dezvoltarea sectorului agricol și este o necesitate nu numai din perspectiva negocierilor cu Uniunea ci și o cerință internă a economiei românești. Consecințele vor fi pe lângă o ieșire din circuitul agricol productiv a unui număr mare de țărani și necesitatea eliberării unei părți importante a forței de muncă pe măsură ce creșterea productivității muncii o va reclama. Rezultatul: o migrație intensă către zonele rurale și exteriorul țării.

Dificultățile de negociere se conturează prin prisma necesității îndeplinirii obiectivelor legate de politica agricolă:

---

[65] ***, *Documentul de poziție privind Uniunea Vamală*, Proiect PHARE, p.28

1. stimularea creşterii dimensiunii exploataţiilor agricole;
2. implementarea standardelor PAC şi eficientizarea producţiei;
3. modernizarea agriculturii şi creşterea competitivităţii.

În stimularea creşterii dimensiunii exploataţiilor dificultăţile sunt legate de necesitatea redefinirii sistemului de susţinere a agriculturii româneşti pe criterii de eficienţă. Sunt dificultăţi legate de implicaţiile bugetare ale susţinerii care implică susţinere prin preţ ca şi în Uniunea Europeană.

Implementarea standardelor creează dificultăţi din prisma celor care trebuie sa suporte costurile de implementare – micii fermieri. Ţinând cont că cea mai mare parte a producţiei agricole este obţinută de fermele private şi cele mai multe ferme sunt de dimensiuni mici, costurile de implementare a standardelor de calitate vor fi distribuite între micii producători în timp ce beneficiarii modernizării vor fi marii producători agricoli prin capacitatea de câştig prin competitivitate. Discrepanţa între susţinătorii costurilor şi beneficiarii modernizării este întărită şi prin modul de direcţionare a fondurilor de sprijin din partea Uniunii.

Pentru eliminarea acestor efecte România va fi nevoită să caute soluţii interne. Susţinerea financiară a Uniunii a existat şi există prin fondurile SAPARD pentru dezvoltarea exploataţiilor agricole şi dezvoltarea rurală în general. Însă aceastǎ susţinere este primită pe fondul unei integrări graduale a sectorului agricol al României şi cel al Uniunii Europene şi a unei liberalizări a pieţelor agricole.

Eforturile financiare ale României în vederea integrării PAC sunt legate de investiţiile aferente implementării PAC, construcţia instituţională, şi adoptarea şi implementarea standardelor de calitate a produselor agricole, normelor sanitare şi fito-sanitare, sistemele de certificare a calităţii etc.

Fondurile SAPARD de sprijin a agriculturii sunt finanţări pentru proiecte în agricultură care au ca principală caracteristică finanţarea începând cu o anumită dimensiune. În plus finanţările SAPARD necesită obligaţii de cofinanţare din partea Guvernului României, implicând fonduri şi eforturi financiare care şi aşa sunt greu de realizat. Prin acest program România beneficiază în perioada 2000-2006 de 150mil euro anual.

Ca membru al Uniunii, România ar trebui să beneficieze în întregime de susţinerea PAC însă studiile de specialitate al Comisiei Europene arată că aceste obligaţii nu vor putea fi îndeplinite mai devreme de 2013.

Dezvoltarea rurală

Zonele defavorizate şi mediu rural au fost o dificultate de negociere mai ales din prisma investiţiilor necesare pentru dezvoltare şi modernizarc. Mediul rural este cauzator de dificultăţi de aderare din cel puţin două aspecte legate de aplicare a prevederilor financiare: Politica Agricolă Comună şi încadrarea zonelor pentru susţinerea financiară a dezvoltării.

Dezvoltarea rurală este un domeniu cu dificultăţi de negociere din punct de vedere financiar. Aderarea implică transferuri de fonduri de către România pentru susţinerea dezvoltări rurale. Ele se întorc însă după integrare sub formă de contribuţii la bugetul comunitar. România va primi 4 miliarde de la bugetul comunitar pentru perioada 2007-2009 şi aproximativ 800 mil euro din fondurile structurale FEOGA. Din acestea 2,3 miliarde sunt destinate dezvoltării rurale.

Sub aspectul necesităţii liberalizării economiei se remarcă dificultatea în susţinerea angajamentului de liberalizare a *pieţei serviciilor financiare*. Dificultatea creării unui sistem bancar solid și pe o bază sănătoasă și întârzierea măsurilor prudenţiale în acest domeniu a prelungit procesul de transformare pe o perioadă prea lungă astfel încât efectele unui reviriment s-au facut resimţite abia la nivelul anului 2004 spre sfârşitul procesului de negociere. Și în condiţiile în care este posibil ca o mare parte a evoluţiei pozitive din sistemul bancar să se producă pe baza îmbunătăţirii situaţiei macroeconomice a economiei, argumentele ultimului riviriment din acest sector nu sunt suficient de convingătoare pentru Uniunea Europeană. De altfel în toate Rapoartele Comisiei Europene se cere o supraveghere bancară și transparenţă crescută.

Pentru fiecare din pieţele bancare, de capital și de asigurări există o autoritate de supraveghere însă în sectorul corporatist și al municipalităţilor nu există nici un echivalent al măsurilor prudenţiale și nici autoritate de supraveghere. Riscul de management combinat cu riscul supraexpunerii la credite se poate dovedi foarte periculos.

BNR este autoritatea de supraveghere în sectorul financiar și au fost adoptate și măsuri de administrare a riscului, însă încă mai există ambiguităţi legislative ce necesită eforturi de armonizare.

Din punct de vedere legislativ se remarcă necesitatea:
- armonizări regulilor privind deţinerile calificate de acţiuni la bănci;
- armonizării regulilor privind investiţiile instituţiilor de credit în societăţi nebancare;

Regulile româneşti privind deţinerile de acţiuni la bănci sunt mai restrictive decât cele specificate de Directiva Bancară de Consolidare dar este necesară armonizarea. Legislaţia românească prevede că orice achiziţionare de capital reprezentând mai mult de 5% din capitalul băncii faţă de 10% în UE trebuie notificată la BNR. Regulile privind investiţiile instituţiilor de credit sunt de asemeni mai restrictive în România.

O serie de acţiuni sunt legate de activitatea BNR:
- amendarea normelor BNR privind fondurile proprii;
- modificarea normelor BNR privind solvabilitatea instituţiilor de credit;
- modificarea legii privind statutul BNR.

Din toată legislaţia bancară cea mai supusă modificărilor se cere a fi legea bancară în ceea ce priveşte componentele fondurilor proprii, falimentul, evidenţa contabilă. În acelaşi timp BNR trebuie să-şi asume responsabilităţi sporite în ceea ce priveşte fondurile proprii ale cooperativelor de credit, solvabilitatea și supravegherea solvabilităţii instituţiilor de credit, adecvarea capitalului de bază, reglementările contabile și elaborarea situaţiilor financiare anuale.

„Totuşi, istoria de aplicare slabă a legislaţiei, și faptul ca noile norme și reglementări nu sunt testate în practică pe o perioada mai îndelungata de timp, determină ca nivelul actual de protecţie împotriva supraexpunerii băncilor să fie insuficient."[66]

În sectorul corporatist D. Dăianu (2002) atrage atenţia că managementul slab al riscului nu este atât o cauză cât un efect al constrângerilor bugetare slabe. O mai mare eficienţă în diminuarea datoriilor fiscale și comerciale bugetare ar fi de natură să creeze stimulente pentru a se recurge la îndatorarea externă prin credite și garanţii.

Pe baza studiilor realizate în domeniu au mai fost identificate posibilele surse generatoare de dificultăţi în negocieri ca fiind cele determinate de existenţa unor ambiguităţi în legislaţia afectând sistemul bancar și construcţiile instituţionale în domeniu.

---

[66] Dăianu, Daniel et al. , *Deschiderea contului de capital în România: cât de mult și cât de repede?*, Institutul European din România, 2002

„Toate crizele bancare din România au avut la baza activități frauduloase ale acționarilor și/sau administratorilor. Riscul de fraudă, alimentat de performanța sub-optimală a sistemului juridic, continuă să fie una din cele mai serioase amenințări la adresa autorității de supraveghere „ (D. Dăianu, 2002). Cauza a constat în slaba capacitate de aplicare a legilor și influența grupurilor de interese. Privatizarea sistemului bancar poate fi privită din această perspectivă a necesității eliminării influenței grupurilor de interese.

Privatizarea sectorului bancar și asigurarea cadrului legal de supraveghere bancară este o sub-componentă a unui obiectiv mai amplu determinat de necesitatea asigurării stabilității și creșterea credibilității sistemului bancar. România a cunoscut perioade marcate de crize bancare (falimente și insolvabilități) și financiare din care poate cel mai cunoscut este cel al Fondului de Investiții FNI care au determinat o scădere drastică a credibilității populației în acest sistem și desigur a atras o neîncredere a Comunității. Cerința legată de privatizarea sistemului bancar, în practică înseamnă de fapt privatizarea a două bănci cu capital majoritar de stat care desfășoară activități ineficiente: Banca Comercială Română și Casa de Economii și Consemnațiuni (CEC).

Stabilitatea sistemului bancar este deosebit de importantă din necesitatea asigurării unui cadru solid de intermediere financiară pentru susținerea financiară a proiectelor de dezvoltare economică iar indicatorii de vulnerabilitate sunt principalii indicatori ai evoluției sistemului bancar într-o economie.

Ea este demonstrată în primul rând prin soliditatea acestuia care se poate evalua pe baza indicatorilor de prudențialitate: nivelul solvabilității, lichiditatea și nivelul gestionabil al creditelor.

Rata solvabilității bancare este la un nivel înalt de 19% față de12% cât este permis. Însă trebuie să remarcăm că nivelul său este în scădere de la 23,3% în 2003 și 25,1% în 2002. În Programul Economic de Pre-aderare din 2004 se remarcă existența unei rate înalte de lichiditate de peste 2 și un nivel gestionabil al creditelor neperformante (mai puțin de 1% din portofoliul creditelor băncilor). Rata de lichidite este în creștere de la 1,4 în 2003 și se situează peste nivelul minim admis (1) iar nivelul creditelor neperfomante reprezenta 2% din portofoliul de credite în 2002 față de 0,3% în 2001.[67]

Îmbunătățirea activității financiar-bancare s-a realizat pe fondul unei creșteri a încrederii populației în sistemul bancar reprezentat de ritmurile înalte de creștere ale creditelor neguvernamentale care au avut ritmuri de creștere de la 53% în 2002 la 69,5% în 2003. Însă și mai spectaculoasă a fost creșterea creditelor acordate populației de 215% în termeni reali în 2003. [68]

Consensul general este că prioritățile domeniului bancar sunt:
- protecția consumatorilor;
- corectitudinea tranzacțiilor comerciale;
- integritatea sistemului financiar;
- coerența sistemului fiscal;
- coeziunea sistemului fiscal.

Piețele de capital sunt o altă mare problemă a negocierilor României. Înainte de a asigura o libertate de circulație a capitalurilor, România trebuie să demonstreze că are o piață de capital funcționabilă. Actualul volum al tranzacțiilor și capitalizarea bursieră este

---

[67] Guvernul României, *Programul Economic de Pre-aderare*, 2003, p. 93

[68] Guvernul României, *Programul Economic de Pre-aderare*, 2004

prea mică pentru a se putea vorbi de un termen de comparaţie cu cea a Uniunii Europene. Capitalizarea bursiera în România este de 2% din PIB, fata de 30% în Ungaria, 20% în Polonia; 200% în Anglia; 150% în SUA; 30-40% în Germania. De aceea negocierile ar putea fi centrate pe întărirea supravegherii de piaţă şi argumentarea unei dezvoltări a pieţei de capital după integrare când va exista un volum mai mare de intrări de capitaluri străine pe piaţa României.

România şi-a asumat însă angajamentul liberalizării mişcărilor de capital începând cu 2005. Pentru ca liberalizarea contului de capital să reuşească este necesar:
- ţinerea inflaţiei sub control;
- stabilizarea cursului de schimb;
- limite rezonabile ale deficitului bugetar şi angajamentelor externe;
- limită rezonabilă a gradului de îndatorare externă;
- reguli prudenţiale şi sistem financiar suficient dezvoltat;
- concurenţă întărită;
- sistem informaţional şi statistic eficient.

În România, împotriva realizării acestui obiectiv s-au adus argumente legate de nivelul încă mare al inflaţiei şi insuficienta dezvoltare a sectorului financiar.

Formarea şi asigurarea funcţionării unei pieţe de capital în România este greu de realizat în condiţiile în care capitalul investit în economie este la niveluri foarte reduse.

	Rom	Bul	Cro	Ceh	Est	Ung	Pol	Svk	Slo
Formarea bruta a capitalului fix (% PIB)	21.9	18	22	33.6	24.1	30.3	26.3	30.1	26.7

Sursa: Dăianu, Daniel et al. , *Deschiderea contului de capital în România: cât de mult şi cât de repede?*, Institutul European din România, 2002, p.38

Rata de formare a capitalului fix ca pondere în PIB este una din cele mai scăzute din regiune. La fel şi fluxul investiţiilor străine de capital.

	Rom	Bul	Cro	Ceh	Est	Ung	Pol	Svk	Slo
Fluxuri nete ISD, (% PIB)	2.7	8.3	4.3	9.1	6.4	2.6	5.9	10.7	0.6

Sursa: Dăianu, Daniel et al. , *Deschiderea contului de capital în România: cât de mult şi cât de repede?*, Institutul European din România, 2002, p.38

Explicaţia se regăseşte prin remarcarea următoarelor elemente:
- bariere administrative pentru ISD;
- constrângeri bugetare slabe pentru firmele naţionale ce distorsiona concurenţa cu investitorii străini;
- descurajarea creditelor private externe prin rate ale dobânzii preferenţiale ale băncilor locale;
- caracterul asimetric al informaţiei.

În cadrul acestora cea mai mare problemă rezidă în persistența constrângerilor bugetare slabe. Arieratele financiare reprezintă peste 40% din PIB.

Îndisciplina bugetara este cu atât mai mare cu cât în anul 2001, an în care baza de impozitare a crescut foarte rapid, veniturile bugetare au scăzut.

Includerea liberalizării *pieței energiei* între dificultățile negocierii nu este surprinzătoare însă este foarte greu de realizat ca urmare a costurilor ridicate pentru populație, sectorul privat și de stat al întreprinderilor. În același timp este și sectorul care introduce distorsiuni în mecanismul prețurilor prin reglementarea prețurilor la energie și introducerea arieratelor în bugetul de stat. În ciuda dificultăților de restructurare a sectorului, Guvernul României trebuie să demonstreze în negocieri cel puțin o reducere a proporției proprietății de stat în sectorul energetic până la un nivel de contribuție în procentul proprietății de stat în economie mult sub 50% față de 70% cât îl reprezintă sectorul energetic acum. Integrarea în domeniul energiei este dificilă și din punct de vedere a armonizării legislative. România a realizat o transpunere a legislației comunitare în legislația națională în proporție de 53,2% realizând un grad de compatibilitate de numai 72,2%.

Un alt domeniu sensibil al negocierilor legat de piața energiei este implementarea legislației legate de mediu.

Liberalizarea *pieței transporturilor* a presupus în special dificultăți de negociere financiară astfel încât prioritățile României sunt direcționate către necesitatea susținerii acestor cheltuieli din cheltuielile bugetare și așa ridicate, sub presiunea creșterii salariale din necesitatea atingerii convergenței veniturilor pe cap loc. cu UE . La acesta se adaugă dificultățile de creștere a veniturile bugetare, extrem de dificil de realizat ca urmare a deficiențelor de disciplină fiscală. Este și un capitol cu dificultăți de transpunere a legislației comunitare, România având în 2004 un grad de transpunere a legislației de aproximativ 80%.

În negocieri dificultățile au fost din punctul de vedere al efortului investițional. Concepția Uniunii privind configurarea rețelelor de transport trebuie extinsă și în România S-a constat astfel necesitatea modernizării drumurilor naționale deschise traficului internațional care leagă toate zonele geografice ale țării. . Pentru modernizarea unei lungimi totale de 2150 km de drumuri naționale vor fi necesare 6 miliarde de euro. La acestea se adaugă investițiile în modernizarea infrastructurii aeriene (418 milioane euro), infrastructura Portului Constanța (344 milioane euro), infrastructura feroviară (8,6 milioane euro) și infrastructura porturilor și apelor de interior (1,2 miliarde euro).

Costurile modernizării au fost estimate pentru perioada 2004-2015 la aproximativ 16,6 miliarde de euro din care aproximativ 5,2 miliarde sunt efort investițional concentrat în perioada 2007-2009.

Asigurarea modernizării rețelelor de transport au o importanță deosebită și datorită faptului că este absolut necesară pentru îndeplinirea obligațiilor rezultate din acquis-ul comunitar în ceea ce privește asigurarea libertății de circulație a produselor.

Marfuri transportate si mijloacele de transport

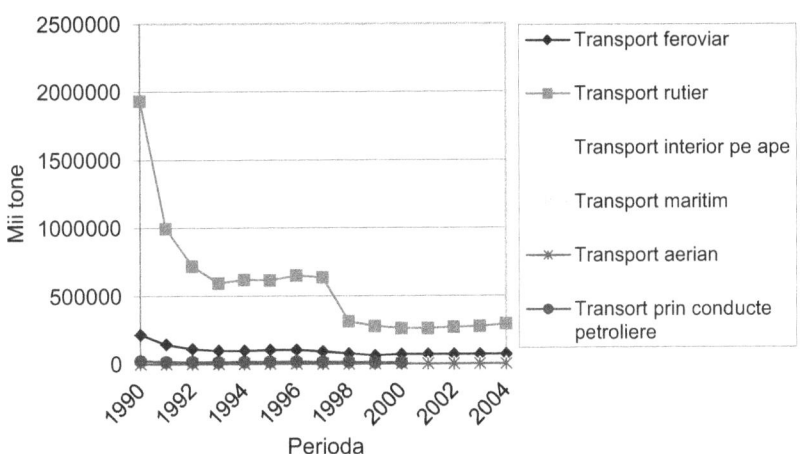

Sursa datelor: www. mt.ro

Remarcăm contribuţia principală la asigurarea circulaţiei mărfurilor a transportului rutier, urmat imediat de cel feroviar. Apare astfel ca absolut necesară creşterea investiţiilor pentru modernizarea transportului rutier. Se justifică astfel ponderea mare în costurile de modernizare a transportului a celor legate de transportul rutier şi modernizarea drumurilor naţionale. Remarcăm totodată şi slaba performanţă a transportului feroviar de stat prin comparaţie cu aportul la circulaţia mărfurilor a transportului feroviar aparţinând în majoritate sectorului privat.

Se conturează astfel principalii beneficiari ai investiţiilor de modernizare a reţelelor de transport dar şi principalii contribuabili în susţinerea efortului investiţional de modernizare: sectorul privat transportator rutier.

În general costul aplicării acquis-ului comunitar în domeniul transporturilor se ridică la 1,5 mld de euro în perioada 2004-2010. Trebuie însă să avem în vedere că România beneficiază şi de asistenţă financiară nerambursabilă prin programul ISPA (Instrument pentru Politici Structurale de Pre-Aderare) destinat investiţiilor în dezvoltarea infrastructurii de porturi, căi ferate şi aeroporturi. Pentru perioada 2000-2006 bugetul prevăzut de ISPA este de aproximativ 7 miliarde euro. România este a doua ţară după Polonia ca valoare a ajutorului primit şi se aşteaptă ca acesta să ajungă la o valoare medie de 239 milioane de euro împărţită aproximativ egal între proiecte de mediu şi de transport.[69]

Investiţiile de mediu prin programul ISPA privesc: apa potabilă, tratamentul apelor uzate, gestiunea deşeurilor solide şi poluarea aerului. În transport, investiţiile sunt legate de adoptarea şi implementarea TINA (Transport Infrastructure Needs Assessment) a căror scop sunt îmbunătăţirea legăturilor între Uniune şi ţările candidate prin extinderea

---

[69] www.icc.ro/activyti/PROGRAMME/ISPA.htm

rețelelor europene de transport precum și susținerea proiectelor care sprijină forme durabile ale circulației persoanelor și bunurilor de interes special pentru UE.

Eforturile investiționale nu pot fi realizate în totalitate prin intermediul ISPA care poate finanța numai 75% din costurile proiectului și numai în cazuri excepționale 85% . Prin urmare eforturile financiare sunt împărțite prin implicarea surselor naționale în activitatea de finanțare. Adițional însă se poate apela la cofinanțare prin Banca Europeană de Investiții, Banca Europeană de Reconstrucție și Dezvoltare, Banca de Investiții a Nordului, Fondul Nordic pentru Mediu).Se are în vedere de asemeni dezvoltarea cofinanțării prin implicarea Instituțiilor Financiare Internaționale dar și a sectorului privat național prin realizarea de parteneriate între sectorul public și cel privat.

În general finanțările ISPA se îndreaptă spre proiecte de anvergură mare, valoare minimă a unei investiții fiind de 5 milioane de euro: 6-100 milioane euro pentru proiecte de mediu și 6-300 milioane de euro pentru proiecte de transport.[70]

În proiecțiile financiare legate de fondurile ISPA pentru perioada 2004-2006 remarcăm nivelul cel mai mare al finanțărilor atrase pentru modernizarea infrastructurii de transport ca provenind nu de la Uniune, nici cele provenind de la instituțiile financiare internaționale, ci nivelul fondurilor publice provenind de la bugetul de stat, altele decât fondurile destinate special pentru cofinanțarea fondurilor UE.

Prin integrare România va beneficia de fonduri de susținere a infrastructurii de transport și prin Fondul de Coeziune al Comunității. Condițiile de accesare este de așteptat ca România să le îndeplinească întru-cât sunt legate de existența unui venit pe cap/loc de mai puțin de 90% din media Comunității însă creează dificultăți financiare Uniunii prin necesitatea împărțirii acestor Fonduri cu actualele țări beneficiare: Spania, Grecia, Irlanda și Portugalia.

Liberalizarea pieței telecomunicațiilor s-a realizat în mare măsură astfel încât sectorul nu pune probleme deosebite de negociere. Totuși pentru integrarea acestui sector în economia Uniunii Europene sunt necesare importante eforturi investiționale pentru eliminarea decalajelor existente în acest moment. Cele mai importante sunt *investițiile în cercetare și dezvoltare, educație și calificare profesională.*

Judecând după ponderea cheltuielilor de cercetare dezvoltare în PIB , România nu acordă aceeași importanță acestui aspect comparativ cu celelalte țări candidate. Ponderea acestor cheltuieli în PIB este de 4-5 ori mai mică în România.

La baza dezvoltării economice stă factorul uman și calitatea acestuia exprimată prin productivitatea muncii. Prin urmare investițiile în asigurarea unei calități cât mai înalte a factorului uman sunt hotărâtoare pentru asigurarea creșterii economice a economiei românești. Contextul actual este unul în care România a reușit performanțe deosebite în obținerea unei creșteri economice susținute și pe termen lung dar care s-a bazat în principal printr-o utilizarea mai eficientă a resurselor materiale de care România dispunea. Pentru menținerea acestui trend de creștere economică pe termen lung se impune o orientare a României către dezvoltarea resurselor sale umane și utilizarea lor în scopul îmbunătățirii competitivității și, implicit, asigurării creșterii economice.

Uniunea Europeană țintește în mod deosebit dezvoltarea resurselor sale umane prin investiții din Fondurile Structurale. Grupurile țintă sunt populația care se confruntă cu dificultăți pe piața muncii și populația discriminată și cu șanse inegale pe piața muncii. Pentru combaterea excluziunii Uniunea a creat un instrument special (Inițiativa

---

[70] http://europe.eu.int/comm/regional_policy/funds.ispa/ispa_en.htm

Comunitară Egal). Toate acestea sunt însă instrumente de susținere de care România va beneficia după integrare.

Dezvoltarea resurselor umane trebuie însă realizată în cadrul unei societăți bazate pe cunoaștere și a instituțiilor sale. Dacă în domeniul instituțiilor educaționale România are tradiție și a făcut un progres remarcabil prin creșterea numărului de instituții educaționale o dată cu înființarea celor private în domeniul societății bazate pe cunoaștere baza de la care s-a pornit a fost precară iar în prezent există îngrijorări legate de emigrarea specialiștilor și lipsa unei culturi de specialitate atât în sectorul privat dar mai ales în cel public mai ales în ce privește domeniul informaticii și modul de utilizare a acesteia în economie.

Principalul indicator al slabei informatizări a societății românești este numărul de computere pe 100 locuitori. Datele indică o pondere scăzută de numai 32 calculatoare la 100 locuitori față de media de 102,4 în UE iar cele mai multe (69%) sunt utilizate în administrație, bănci, societăți de asigurare și servicii financiare unde de altfel se și remarcă contribuția la creșterea economică. Restul sunt proprietate personală, utilizate pentru educația copiilor, gestiunea afacerilor, acces internet etc.

Însă societatea informatică românească este una în evoluție. Piața telecomunicațiilor a fost liberalizată în 1998 și a fost unul din sectoarele cele mai dinamice ale economiei care a atras 30-50% din totalul investițiilor străine directe. Este un sector cu o pondere însemnată a sectorului privat în domenii precum transmisiuni de date și furnizarea de servicii Internet, telefonia mobilă și operarea rețelelor de cablo-televiziune etc. Din punct de vedere investițional sectorul informațional românesc nu este de așteptat să pună mari probleme de negociere. Principalele îngrijorări ar putea fi legate de necesitatea sporirii investițiilor în:

4. creșterea „alfabetizării informatice" prin conectarea școlilor și liceelor la Internet și crearea de centre virtuale de educație și instruire postuniversitară și asigurarea accesului informațional la fondurile culturale ;
5. creștere participării întreprinderilor românești la comerțul electronic și globalizarea activității;
6. implementarea „Internet-banking-ului" și utilizarea cartelelor inteligente;
7. dezvoltarea infrastructurilor publice de telecomunicații și dezvoltarea infrastructurilor în zonele defavorizate în special în mediul rural.

Stabilitatea macroeconomică

Performanțele României în ce privește *creșterea economică* sunt destul de stabile ceea ce reprezintă un avantaj în negocierile pentru susținerea criteriului privind stabilitatea macroeconomică. Totuși, preluarea de către consumul intern a rolului de motor al creșterii economice prezintă anumite riscuri în ce privește controlul inflației și echilibrului extern.

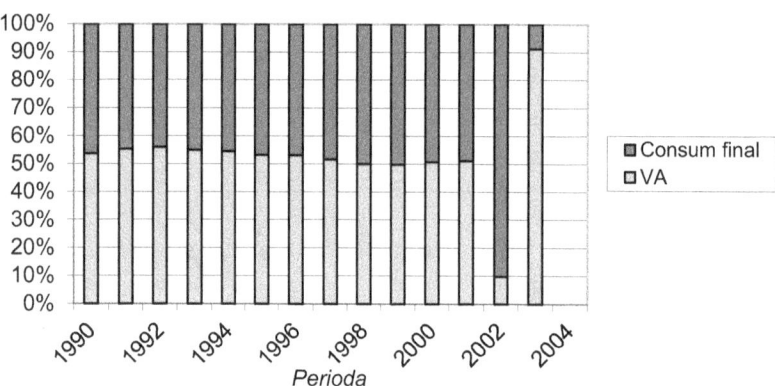

Contributia valorii adaugate si consumului final in PIB

Sursa datelor: Anuarul Statistic al României, 2004

Creşterea PIB pe baza sporirii consumului final este o evoluţie de data recentă. Ea apare începând cu 2002 iar cauzele trebuie căutate în evoluţiile financiare din cadrul economiei care stimulează exagerat consumul final. Pe toată perioada 1990-2001, valoarea adăugată a avut o pondereа importantă la creşterea PIB în anumite perioade depăşind-o pe cea a consumului final. Începâd cu 2004 situaţia pare să se fi inversat.

Deficitul _contului curent_ înregistrează evoluţii contradictorii de la an la an. Se impune atingerea unei evoluţii care să demonstreze o tendinţă care să ducă spre de îndeplinirea criteriului de aderare impus.

Sitiatia contului curent in perioada 1990-2004

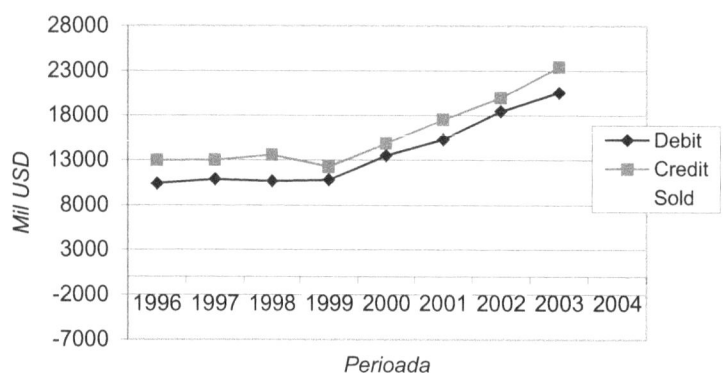

Sursa datelor: Anuarul Statistic al României, 2004

Pe categorii situaţia soldului contului curent se prezintă astfel:

Sold

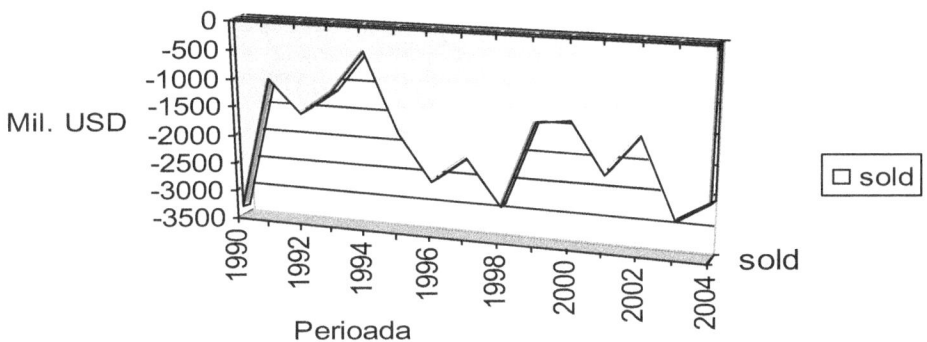

Sursa datelor: Anuarul Statistic al României, 2004

Ultimele evoluţii ale contului curent de atingere a unui deficit de 5,8% în 2003 ridică îngrijorări legate de îndeplinirea angajamentelor de negociere. Pentru România se consideră că limita superioară acceptabilă a deficitului contului curent este 7% iar deficitul de 5,8% din 2003 nu este departe de acesta. Într-adevăr în 2004 România a atins un deficit de cont curent de 7,6% din PIB. În plus, o monedă naţională supra - apreciată a diminuat competitivitatea externă şi a cauzat reducerea rezervelor valutare ale BNR.

În strânsă legătura cu îndeplinirea acestui criteriu sunt nivelul ISD şi soldul balanţei comerciale prin a căror nivel România poate să arate posibilitatea susţinerii unui nivel scăzut al deficitului contului curent.

Sold bunuri

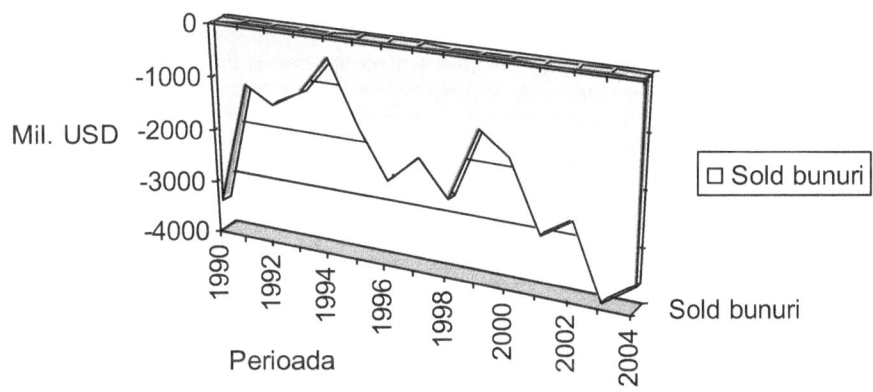

Sursa datelor: Anuarul Statistic al României, 2004

Sold ISD

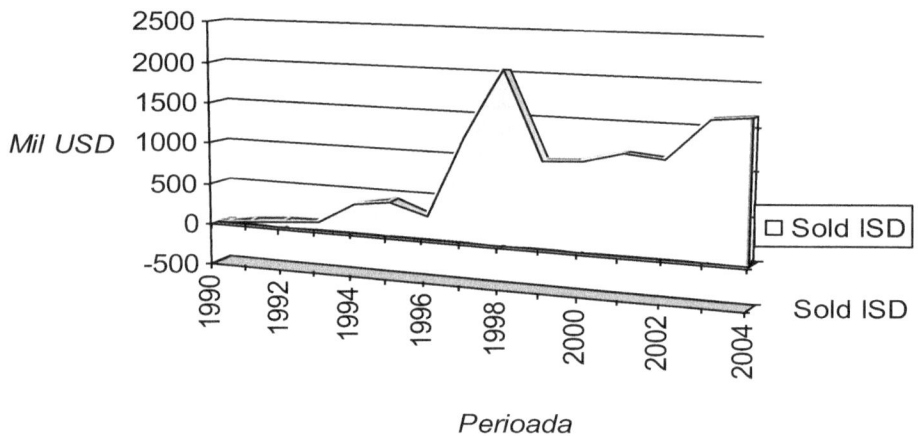

Sursa datelor: Anuarul Statistic al României, 2004

Comparând forma grafică a soldului contului curent cu a celor doi determinanți (soldul balanței comerciale a bunurilor și cel al ISD) considerați mai importanți în literatura de specialitate putem concluziona că există o asemănare în principal cu soldul balanței comerciale a bunurilor. Ne-am putea aștepta așadar ca acesta să conteze mai mult în echilibrarea situației contului curent. Nivelul ISD și soldul lor poate fi considerat prin prisma unui aport slab la realizarea echilibrului.

Deschiderea contului curent s-a realizat în două etape marcate de liberalizarea masivă a prețurilor în noiembrie 1991, mai 1992, iulie 1995, februarie 1997 și liberalizarea masivă comercială marcată de asocierea la UE în 1993, participarea la OMC în 1995 și aderarea la CEFTA 1997. Aspectul negativ este pe lângă faptul că România nu poate argumenta o evoluție de așteptat pozitivă privind nivelul ISD și a soldului balanței comerciale și faptul că finanțarea deficitului contului curent s-a realizat prin transferurile externe private.

Evaluările negative pe care le-a primit România în ce privește *rata șomajului* ne face să credem că demonstrarea posibilității de a o aduce la un nivel redus a fost o dificultate a negocierilor de aderare.

Negocierea ratei șomajului este în strânsă legătură cu asigurarea echilibrului pe piața forței de muncă.

În acest cadru, dezechilibrul notabil în economia românească este între numărul celor angajați în agricultură și productivitatea scăzută a muncii în acest sector. În plus agricultura are una din cele mai slabe contribuții la creșterea economică. Cu toate acestea în statisticile naționale, numărul șomerilor în agricultură este mic.

Numarul somerilor pe ramuri de activitate

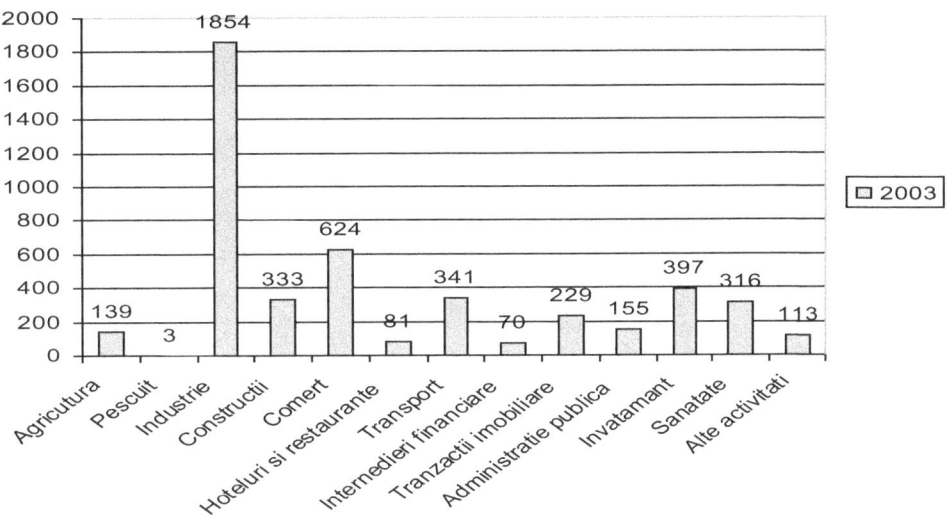

Sursa datelor: Anuarul Statistic al României, 2004

În ordinea ratei de ocupare a populaţiei, sectoarele cu cel mai mare grad de ocupare sunt Industria urmată în ordine de Comerţ, Învăţământ, Transport, Sănătate şi Construcţii. Agricultura ocupă un loc modest în ce priveşte numărul de salariaţi. Rezultă că cea mai mare parte a populaţiei din agricultură care reprezintă şi o parte semnificativă a populaţiei totale, lucrează fără a avea statutul de salariat dar afectând în acelaşi timp statisticile privind numărul şomerilor.

Populatia ocupata pe ramuri de activitate

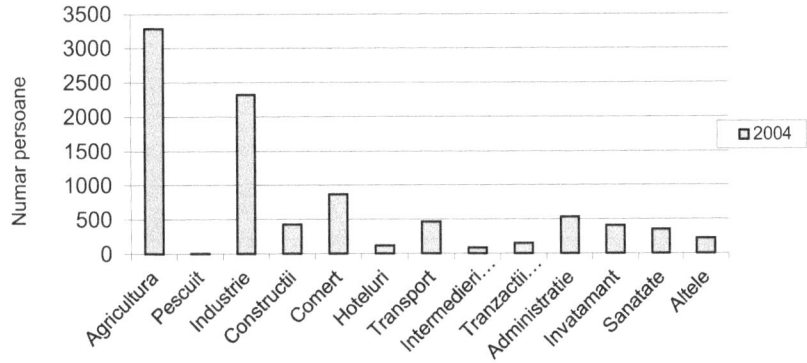

Sursa datelor: Anuarul Statistic al României, 2004

În aceste condiţii nu există o corelaţie directă între situaţia ocupării în agricultură şi rata şomajului.Pentru corectare, această parte a populaţiei ar putea fi inclusă în statisticile naționale cu statutul de mici întreprinzători. În prezent ei sunt incluși în categoria de „lucrători pe cont propriu" și „lucrător familial neremunarat".

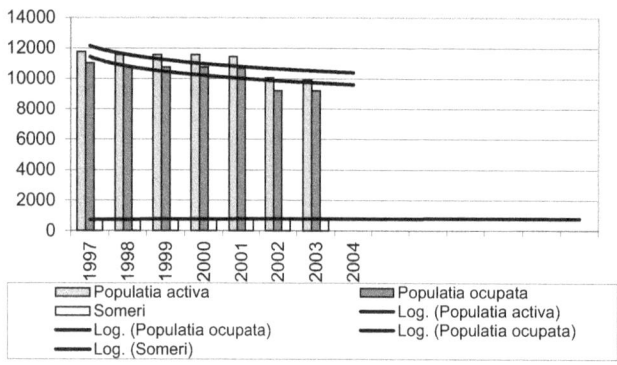

Sursa datelor: Anuarul Statistic al României, 2004

Din datele de care dispunem, rezultă că în perioada 1997-2004 atât populația activă cât și cea ocupata a scăzut pe fondul unei îmbătrâniri a populației și retragerii din câmpul muncii a unui umăr important de persoane. Însă gradul de ocupare a scăzut mai mult decât scăderea populației active, conducând la o creștere a numărului de șomeri și a ratei șomajului.

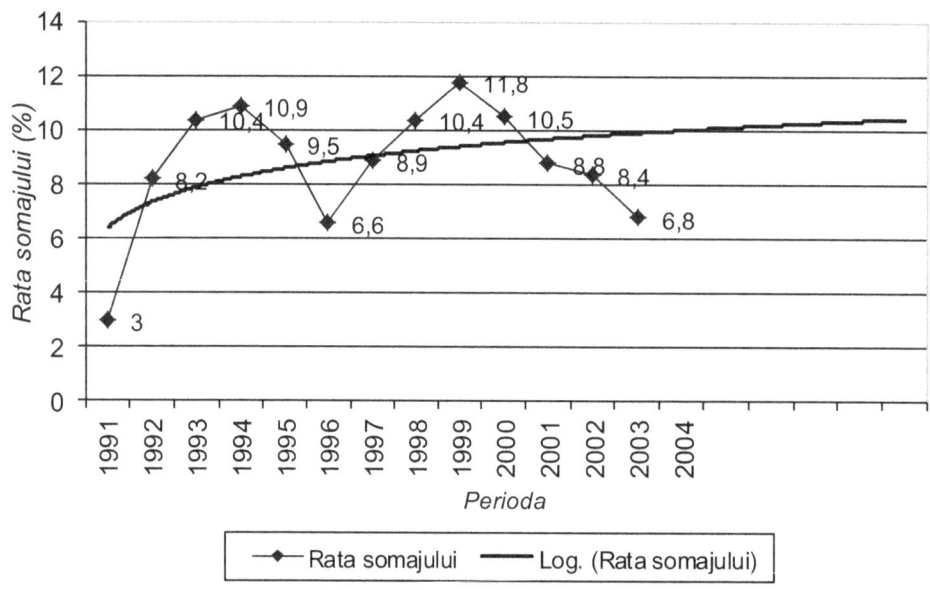

Sursa datelor: Anuarul Statistic al României, 2004

Pe baza datelor privind rata şomajului în perioada 1991-2004, o simplă previzionare grafică sugerează un trend crescător a ratei şomajului care va continua şi în perioada următoare. Evoluţia ratei şomajului este oscilată de la an la an, marcată de scăderi semnificative în anumite perioade însă trendul pe termen lung este crescător.

În literatura de specialitate, nivelul acceptabil al ratei şomajului a fost diferit pentru diferite perioade de dezvoltare a gândirii economice. Nivelul acceptabil a variat de la 3% la 6-7% in perioadele mai recente. În perioada actuală pentru România este semnificativ un nivel mediu existent în economiile constituind Uniunea Europeană. În general rata şomajului a fost în jurul valorii acceptabile de 8.95% din populaţia activă.

	1991	1992	1993	1994	1995	1996	1997	1998	1999	2000	2001	2002	2003
Rata şomajului	3	8	10.4	11	9.5	6.6	9	10	11.8	11	8.8	8	6.8

Sursa: Anuarul Statistic al României, 2004

Interesantă este distribuţia ratei şomajului pe sexe şi categorii de vârstă a populaţiei.

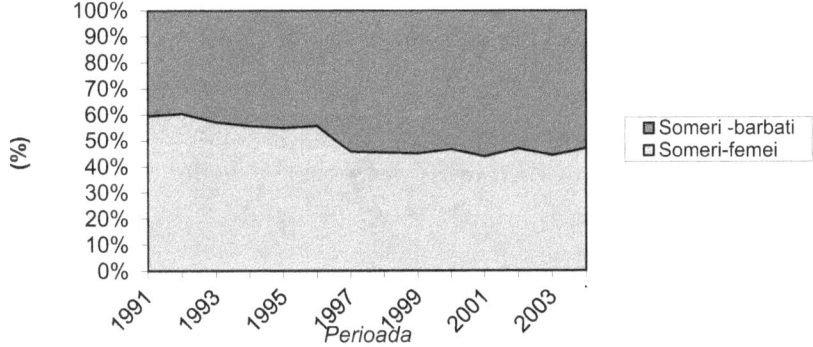

Sursa datelor: Anuarul Statistic al României, 2004

Remarcăm că în totalul numărului de şomeri, numărul şomerilor femei este în scădere comparativ cu cel al bărbaţilor. În medie numărul şomerilor femei este în medie de 180393 persoane în timp ce numărul bărbaţilor şomeri este 195200 persoane. Remarcăm diferenţa mică între cele două categorii astfel încât nu putem argumenta ca şomajul afectează cu prioritate o anumită categorie a populaţiei.

Raportul intre numarul somerilor barbati-femei

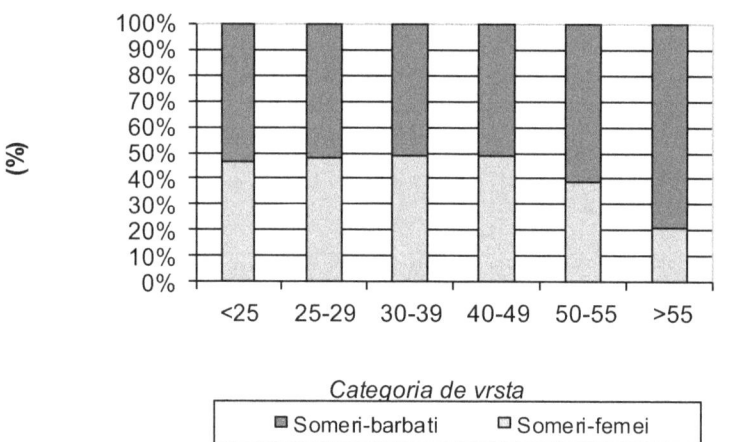

Sursa datelor: Anuarul Statistic al României, 2004

Pe categorii de vârsta, se pare că şomajul a afectat mai mult bărbaţii care se confruntă cu probleme mai mari în a găsi un loc de muncă decât femeile după vârsta de 50 de ani şi într-o anumită măsură şi la vârste mai mici de 25 de ani. Interesant este că între 30 şi 49 de ani, atât bărbaţii cât şi femeile sunt afectaţi de şomaj în egală măsură.

Evoluţia *ratei inflaţiei* este în general pozitivă. România a reuşit reducerea sa de la niveluri foarte mari din perioadele de început ale deschiderii economiei. Ce se remarcă însă sunt progresele sale inegale şi lente în obţinerea nivelului dezirabil al inflaţiei.

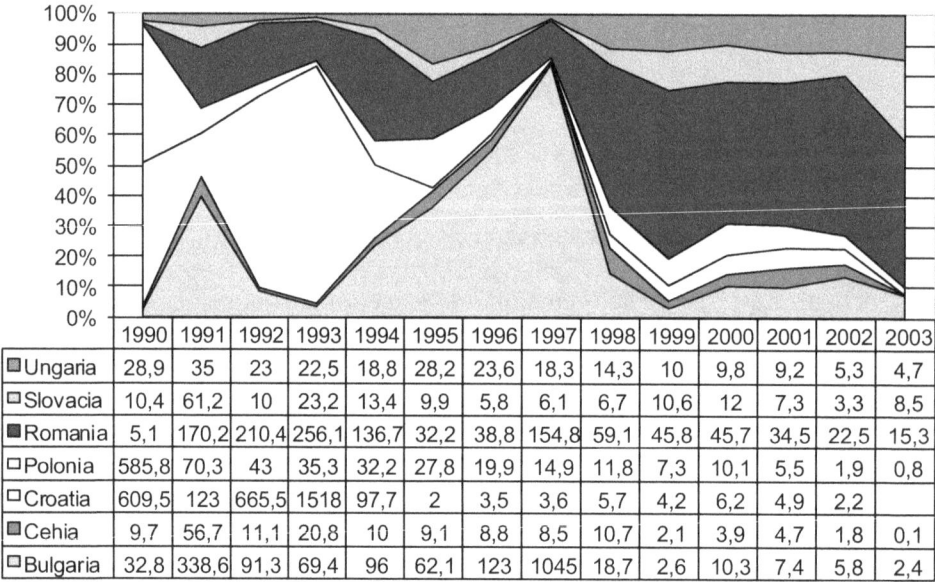

	1990	1991	1992	1993	1994	1995	1996	1997	1998	1999	2000	2001	2002	2003
Ungaria	28,9	35	23	22,5	18,8	28,2	23,6	18,3	14,3	10	9,8	9,2	5,3	4,7
Slovacia	10,4	61,2	10	23,2	13,4	9,9	5,8	6,1	6,7	10,6	12	7,3	3,3	8,5
Romania	5,1	170,2	210,4	256,1	136,7	32,2	38,8	154,8	59,1	45,8	45,7	34,5	22,5	15,3
Polonia	585,8	70,3	43	35,3	32,2	27,8	19,9	14,9	11,8	7,3	10,1	5,5	1,9	0,8
Croatia	609,5	123	665,5	1518	97,7	2	3,5	3,6	5,7	4,2	6,2	4,9	2,2	
Cehia	9,7	56,7	11,1	20,8	10	9,1	8,8	8,5	10,7	2,1	3,9	4,7	1,8	0,1
Bulgaria	32,8	338,6	91,3	69,4	96	62,1	123	1045	18,7	2,6	10,3	7,4	5,8	2,4

În perioada 1990-1998, performanţele României în menţinerea unui nivel scăzut al inflaţiei erau destul de bune în cadrul grupului Ţărilor Central Est Europene. Cele mai mari rate ale inflaţiei erau înregistrate în Croaţia şi Bulgaria iar România înregistra niveluri mai bune decât aceste două ţări. Începând însă cu 1998, România a rămas considerabil în urma tuturor. După anul 1998, toate ţările înregistrau rate ale inflaţiei în jur de 10% şi mai puţin pe când România încă mai cunoştea niveluri extrem de mari, în jurul valorii de 50% din indicele preţurilor de consum.

Abia în 2004, România a reuşit să obţină pentru prima dată din 1990, o rată a inflaţiei de o singură cifră (9,3%) comparativ cu Bulgaria care a obţinut astfel de rate scăzute ale inflaţiei încă din 1999. Însă încadrarea României într-un ritm constant de diminuare a ratei inflaţie indică stabilitatea macroeconomică pe care ţara a atins-o şi perspectivele de menţinerea a acesteia şi de aducere a ratei inflaţiei în limitele propuse.

În ce priveşte *deficitul bugetar guvernamental* şi al îndatorării guvernului, România se încadrează în plafonul impus, însă există nemulţumiri ale Uniunii legate de ponderea prea mare a arieratelor financiare ale întreprinderilor în deficitul bugetar existent.

Deficit bugetar

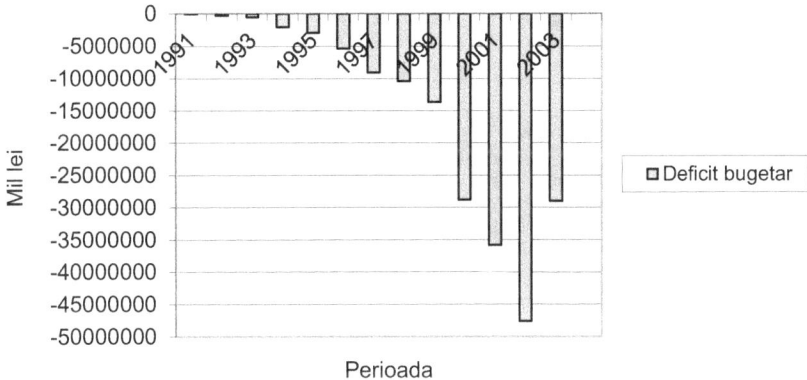

Deficitul bugetar s-a încadrat în limitele stabilite de Uniunea Europeană în ciuda unei creşteri continuii de la an la an pe toată perioada 1990-2004. Aceste evoluţii sugerează o îmbunătăţire a capacităţii de colectare a veniturilor bugetare ceea ce a permis mărire a cheltuielilor aferente.

Mărirea în termeni valorici a deficitului bugetar semnifică o eficientizare a modului de implicare guvernamentală în activitatea economică, în primul rând prin intermediul cheltuielilor sale publice. Şi totodată se remarcă, capacitatea de acoperire a cheltuielilor bugetare prin colectarea veniturilor bugetare.

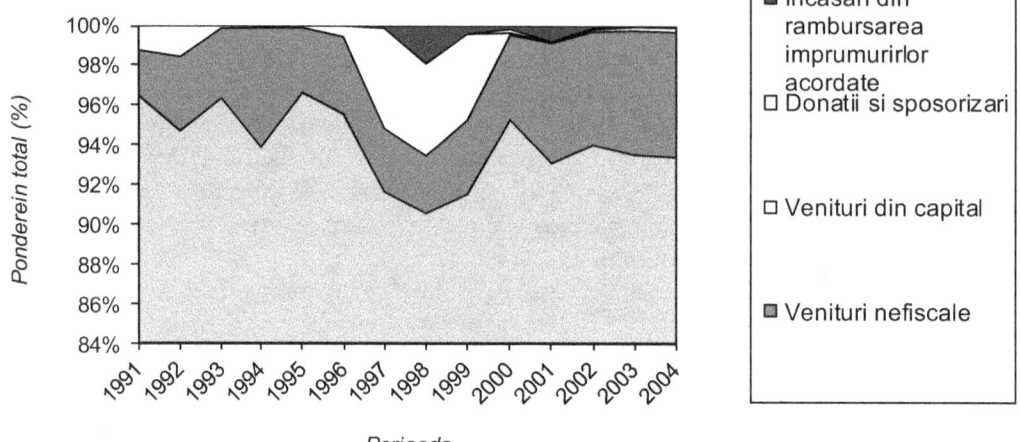

Sursa datelor: Anuarul Statistic al României, 2004

Se observă din grafic contribuţia cea mai importantă a veniturilor fiscale în creşterea veniturilor bugetului de stat.

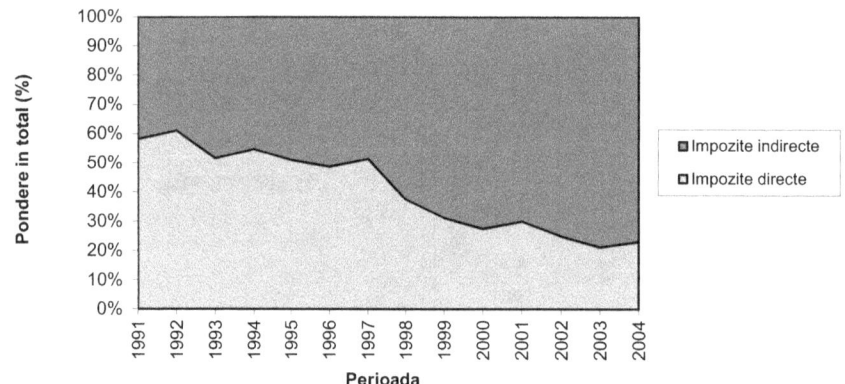

Sursa datelor: Anuarul Statistic al României, 2004

În perioada 1990-2003, principala sursă de venituri bugetare fiscale au fost impozitele indirecte care afectează cu prioritate consumul şi consumatorul: Taxele Vamale, Accize şi Impozite pe circulaţie, Taxe Vamale.

Concurenţa

Principalele dificultăţi pot fi identificate în legătură cu asigurarea unui mediu de afaceri care să permită interacţiunea concurenţială şi modul de utilizare a ajutoarelor de stat (principalul instrument distorsionist al concurenţei).

În domeniul Concurenţei (Cap. 6) principalele cerinţe sunt legate de asigurarea unui control efectiv al ajutoarelor de stat, ajutoarelor fiscale, sociale şi ale eşalonărilor la plata energiei. Ajutoarele de stat au fost o preocupare permanentă a Uniunii în special în legătură cu acordarea lor pentru susţinerea a două sectoare: siderurgia şi minerit.

Controlul ajutoarelor de stat este de o importanţă deosebită în contextul actual românesc în care instaurarea unei discipline bugetare este o prioritate pentru aderarea la UE. România şi-a asumat obligaţiile rezultând din necesitatea unui control strict al ajutoarelor de stat. Singura excepţie cerută, industria oţelului, este un indicator al dificultăţilor pe care România le întâmpină în aplicarea prevederilor în acest domeniu. Implicit, dificultăţile economice în domeniu au generat dificultăţi de negociere care s-au concretizat în acceptarea de către Uniune a unei perioade tranzitorii de 5 ani până la eliminarea completă a ajutoarelor de stat pentru sectorul oţelului în 2005.

„Pentru ajutoarele de stat aprobate în regimul Protocolului 2, în primul rând, plăţile vor trebui finalizate înainte de data aderării (în varianta optimistă) sau înainte de 1 ianuarie 2006 (în varianta pesimistă)" (Oprescu Ghe. et al., 2004). În literatura de specialitate discuţiile pe marginea acestui subiect sunt ample şi se vorbeşte chiar despre posibilitatea solicitării unei prelungiri a derogării de 5 ani până în momentul în care România va adera la Uniunea Europeană (posibil 2007 sau chiar 2008).

În industria oţelului marile întreprinderi producătoare de pierderi s-au privatizat. Procesul a fost marcat de eşecuri şi succese dar în general evoluţia este cea aşteptată. Studiile de impact ale Institutului European indică principalele realizări în acest domeniu. Din analiza realizată remarcăm insuccesul în privatizare a întreprinderii „Oţelul Roşu" odată cu cea a „Combinatului Siderurgic Reşiţa". Dacă privatizarea CS Reşiţa s-a reuşit ulterior prin preluarea de către o companie rusească în 2004, privatizarea „Oţelul Roşu" nu este menţionată în analizele ulterioare. Ea este privatizată dar continuă să funcţioneze în condiţiile anterioare cu datorii la buget sau furnizorii de utilităţi. Dat fiind dimensiunile acestei întreprinderi şi importanţa sa pentru sectorul siderurgic   este de aşteptat să constitue o potenţială dificultate în negocierile de aderare.

Dificultăţile cu care aceste întreprinderi se confruntă se datorează unui management defectuos care a condus la funcţionarea lor în condiţii de ineficienţă cu acumularea unor datorii tot mai mari către diverşi creditori. Guvernul a ajuns la concluzia că singura posibilitate de remediere a situaţiei era privatizarea. Însă performanţele slabe şi inatractivitatea financiară a creat dificultăţi în găsirea unor investitori. Soluţia Guvernului pe termen scurt a fost acordarea de ajutoare de stat, o altă contradicţie a negocierilor de aderare.

Ajutoarele de stat acordate în perioada 1993-2002 este prezentată în tabelul următor:

	1993	*1994*	*1995*	*1996*	*1997*	*1998*	*1999*	*2000*	*2001*	*2002*	*Total*	Sursa: Institutul European din România, Studiu de impact, nr. 10, 2004, p.100
ISPA-Sidex Galati		34.8	11.5	27.1		19.7	26.2		911.6	14.8	1045.7	

Total	Sidermet Calan	Siderurgica Calarasi	Otelul Rosu	CS Resita	IS Campia Turzii	COST Targoviste	Siderurgica Hunedoara
5.2		5.2					
76.7		6.6		33.5		1.8	
50.7	0.4	6		2.4	16.2	5.5	8.7
56.5		5.2		1.3	3.2	13.7	6
13.5		1.3		6.3	0.1		5.8
73.1	23.8	1		2.3	4.5	8.4	13.4
27.4		1.2					
28.2						28.2	
913.7				102.6			
117.4						2.1	
1362.4	24.2	26.5	0	148.4	24	59.7	33.9

Din punctul de vedere al ajutoarelor de stat, conduce detaşat prin suma ajutoarelor primite SIDEX Galaţi. Firma este una din cele mai mari în sector, producând 4,5 milioane tone de oţel pe an. Ea a trecut printr-un lung proces de privatizare în prezent fiind în proprietatea unui al doilea investitor de origine străină. Deşi eforturile de restructurare au existat pe tot parcursul perioadei începând din 1993, ajutoare de stat sunt prevăzute și în perioada 2003-20010.

-Eșalonarea ajutoarelor de stat în perioada 2003-2010 –

-milioane dolari-

Furnizorul ajutorului de stat	Tipul ajutorului de stat	ISPA SIDEX Galati	Siderurgica Hunedoara	COS Targoviste	IS Campia Turzii	CS Resita	DONASID Calarasi	Otelul Rosu	Total
Bugetul central de stat si bugetul local	Stergerea datoriilor	7.3	298.5	39.5	56.6	89.5		32.2	524
	Reesalonarea datoriilor	9.5		4.9	1.4				15.8
	Conversia datoriilor in aciuni								0
	Reducerea taxelor	189.7							190
Casa naionala asigurarilor de sanatate	Stergerea datoriilor			1.2	1.9				3.1
	Reesalonarea datoriilor			1.1	1.9				3
Furnizori de utilitati	Stergerea datoriilor		125.3	32	6.4			9.8	174
	Reesalonarea datoriilor			7.8					7.8
	Conversia datoriilor in aciuni				20	1.2			21.2
Autoritatea pentru privatizare si administrare a Participatiilor Statului	Stergerea datoriilor		37.6	7.5	3.5	3			51.6
	Reesalonarea datoriilor			3					3
Autoritate pentru valorificarea activeor bancare	Conversia datoriilor in aciuni		4.8						4.8
Plati compensatorii pentru disponibilizati		26.5	8.3						34.8

85

Inprumuturi pentru investitii si capital de lucru			10.3						10.3
Infuzie de capital								20	20
Altele			7.5						7.5
Total		233	496.3	97	91.7	93.7	0	62	1070

Sursa: Institutul European din România, Studiu de Impact, nr.10, p. 103

În cadrul ajutoarelor de stat ponderea cea mai mare o are practica ştergerii datoriilor către buget. Este totodată şi practica cea mai nocivă din punctul de vedere a negocierilor de aderare.

Ştergerea datoriilor este o modalitate de îmbunătăţire artificială a situaţiei bugetului de stat pentru a se încadra în limitele deficitului stabilite de Uniunea Europeană. La nivelul actual al ajutoarelor performanţele obţinute în menţinerea unui deficit bugetar scăzut pot fi puse sub semnul întrebării de UE.

Totodată remarcăm o reorientare a ajutoarelor de stat către alte întreprinderi problematice în domeniul siderurgic. Deşi SIDEX Galaţi continuă să primească o susţinere importantă din partea statului ea este devansată de cea programată a se acorda Siderurgica Hunedoara.

Reorientarea ajutorului de stat în perioada 2003-2010 dinspre SIDEX Galaţi către Siderurgica Hunedoara sugerează dificultăţile întâmpinate în restructurarea sectorului. Ele nu indică decât o abordare graduală a procesului şi că în perioada anterioară problemele au fost rezolvate doar în parte pentru SIDEX. În perioada care urmează se sugerează necesitatea unei concentrări a efortului către restructurarea celorlalte întreprinderi siderurgice producătoare de pierderi. Prima prioritate pare să fie Siderurgica Hunedoara.

În continuare nu ne îndreptăţeşte nimic să credem că nivelul mic al ajutoarelor acordate pentru celelalte întreprinderi (ex. Oţelul Roşu, COS Târgovişte) însemnă că problemele lor sunt rezolvate. Ele pot reprezenta doar o amânare a ajutoarelor care vor fi incluse în programările pentru perioada următoare 2010.

În sectorul minier nivelul ajutoarelor de stat s-a redus constant începând cu 1997. Continuând tendinţele actuale nu este de aşteptat să pună probleme prea mari în negocieri.

Una din sursele principale a dificultăţilor negocierilor de aderare sunt diferenţele legislative de reglementare a mediului de afaceri între cei doi parteneri: România şi UE. Legislaţia privind concurenţa neloială şi contractele economice este încă nearmonizată cu normele comunitare.

Dificultăţile de negociere sunt numeroase; ele rezultă din modul cum s-a făcut şi se face reforma şi din nerespectarea integrală şi la timp a angajamentelor asumate. Ele însă nu sunt insurmontabile; o dovedeşte incheierea negocierilor şi calendsrul integrării, chiar dacă prin Tratatul de Aderare au fost introduse caluze de slavgardare.

Dificultăţi au avut şi ţările care s-au integrat iar dificultăţile în timpul negocierii dar mai ales după aderare ceea ce a dterminat o abordare mai atentă şi mai serioasă a integrării.

Semnalarea şi conştientizarea dificultăţilor reprezintă, pentru noi, un stimulent în definirea şi promovarea politicii de integrare; dificultăţile pot avea un rol pozitiv dar nu trebuie nici să le exagerăm dar nici să le subestimăm.

CAP. 3
PRIORITĂŢI ÎN NEGOCIERILE DE ADERARE A ROMÂNIEI LA UNIUNEA EUROPEANĂ

3.1 Priorităţi în negociere

Sintetizăm priorităţile negocierilor de aderare ale României aşa cum reies din necesitatea îndeplinirii criteriilor şi dificultăţilor de negociere astfel:

Liberalizarea
1. Demonstrarea stabilităţii sistemului bancar pe termen lung;
2. Liberalizarea comerţului cu produse agricole;

Stabilitatea macroeconomică
1. Menţinerea creşterii economice;
2. Creşterea exporturilor;
3. Reducerea inflaţiei;
4. Reducerea arieratelor financiare;

Concurenţa
1. Privatizarea sectorului energetic;
2. Mediul de afaceri.

Ele sunt stabilite pe baza necesităţii îndeplinirii criteriului unei economii de piaţa funcţionale.

Priorităţile, care considerăm noi corespund în mare măsură celor menţionate de Comisia Europeană prin Foaia de parcurs a României către aderare, rezultă din obiectivul privind menţinerea unui trend de stabilitate economică prin continuarea procesului dezinflaţionist şi disciplină financiară:
1. limitarea cheltuielilor salariale în sectorul de stat;
2. monitorizarea masei monetare şi a creditelor;
3. întărirea disciplinei fiscale;
4. reducerea arieratelor consumatorilor de energie;
5. finalizarea privatizării sectorului bancar şi implementarea cadrului legal de supraveghere.

Privatizarea sectorului bancar şi asigurarea cadrului legal de supraveghere bancară este doar o sub-componentă a unui obiectiv mai amplu determinat de necesitatea asigurării stabilităţii şi creşterii credibilităţii sistemului bancar. România a cunoscut perioade marcate de crize bancare (falimente şi insolvabilităţii) şi financiare, din care poate cel mai cunoscut este cel al Fondului Naţional de Investiţii (FNI), care a determinat o scădere drastică a credibilităţii populaţiei în acest sistem şi desigur a atras o neîncredere a Comunităţii. Cerinţa legată de privatizarea sistemului bancar, înseamnă de fapt în practică, privatizarea a două bănci cu capital majoritar de stat: Banca Comercială Română şi Casa de Economii şi Consemnaţiuni (CEC). Este un obiectiv punctual specific perioadei prezente.

Includerea obiectivului creşterii economice între priorităţile negocierilor de aderare ar putea părea surprinzătoare în condiţiile în care România a înregistrat an de an (după 2000) niveluri notabile de creştere economică puţin mai mari decât în Uniune. Însă toate criteriile stabilite de Uniune, însăşi integrarea economică este subordonată obiectivului general al creşterii economice, iar România trebuie să demonstreze în negocieri posibilitatea menţinerii acestui trend crescător. Iar desigur principala sursă de creştere economică căreia trebuie să i se asigure o importanţă deosebită în negocieri şi în procesul de pregătire pentru aderare este creşterea comerţului exterior, în principal al nivelului exporturilor.

Prioritatea reducerii arieratelor întreprinderilor private este strâns legată de îndeplinirea cerinţei privind deficitul bugetar pe care România a respectat-o în perioadele anterioare şi şi-a programat o limitare a cheltuielilor astfel încât deficitul bugetar să nu fie depăşit. Problema este identificată în ineficienţa colectării veniturilor bugetare în special cele provenind din contribuţiile sectorului privat ca urmare a neaplicării unei discipline fiscale.

Reducerea inflaţiei este un obiectiv care a fost şi a rămas prioritar în negocierile de aderare. Este un obiectiv greu de realizat şi greu de controlat în condiţiile în care s-a plecat de la niveluri ale inflaţiei galopante de peste 100% şi care trebuie să ajungă înaintea aderării la un nivel cunoscut de cele mai performante economii Europene (3-4%). Este un obiectiv care este legat într-o oarecare măsură de cel al privatizării sectorului energetic.

Reducerea inflaţiei este o prioritate la realizarea căruia concură mai mulţi factori.
Factorii favorabili:
-    încetinirea deprecierii nominale a monedei naţionale faţă de coşul euro-dolar;
-    reducerea amplitudinii corecţiilor preţurilor administrate;
-    stabilitatea cadrului fiscal;
-    evoluţia favorabilă a preţurilor de import pentru bunuri industriale şi de consum;
Factori nefavorabili:
-    majorări salariale în industrii nerestructurate;
-    majorarea cererii de consum;
-    reducerea economisirilor populaţiei;
-    acumularea arieratelor în economie.
O analiză, pe verticală, a acestor priorităţi se impune de la sine. Determinanţii si factorii de risc ai priorităţilor de negociere şi soluţiile guvernamentale pentru finalizarea lor practică constitue după noi, ordinea logică a tratării.

3.2 Analiza factorilor de risc

Stabilitatea sistemului bancar este deosebit de importantă, fapt ce rezultă din necesitatea asigurării unui cadrul solid de intermediere financiară pentru susţinerea proiectelor de dezvoltare economică.

În conformitate cu criteriile de evaluare a Uniunii Europene (proporţia în PNB, depozitele băncilor, împrumuturile băncilor, capitalizarea, piaţa acţiunilor) , sistemul financiar al României este mic şi foloseşte un număr redus de instrumente iar dispersia intermedierii și a pieței de capital este mare. Instrumentul financiar folosit în proporție de 47.6% PNB sunt depozitele interbancare.

Un indicator privind gradul și eficiența intermedierii financiare este proprietatea străină în sistemul bancar național. Ea este importantă în perspectiva a cel puțin 3 aspecte:

- facilitează implementarea unor practici mai bune în sistemul bancar;
- întărește concurența prin favorizarea imitării comportamentului băncilor din străinătate;
- favorizează procesul de restructurare.

În România, băncile străine dețin o parte de piață de 55,2% din total. Ponderea este destul de importantă pentru a exercita un impact pozitiv asupra sistemului bancar românesc. Însă băncile străine au fost și cel mai important contribuant în crearea unui sistem bancar privat în România. Proporția sistemului bancar privat în valoarea activelor bancare este de 58,2%, restul de 41,8% aparținând celor două bănci, BCR și CEC, din care una este în totalitate deținută de stat (CEC) iar cealaltă având încă o parte majoritară în posesia statului.

Intreprinderi financiare majoritar de stat

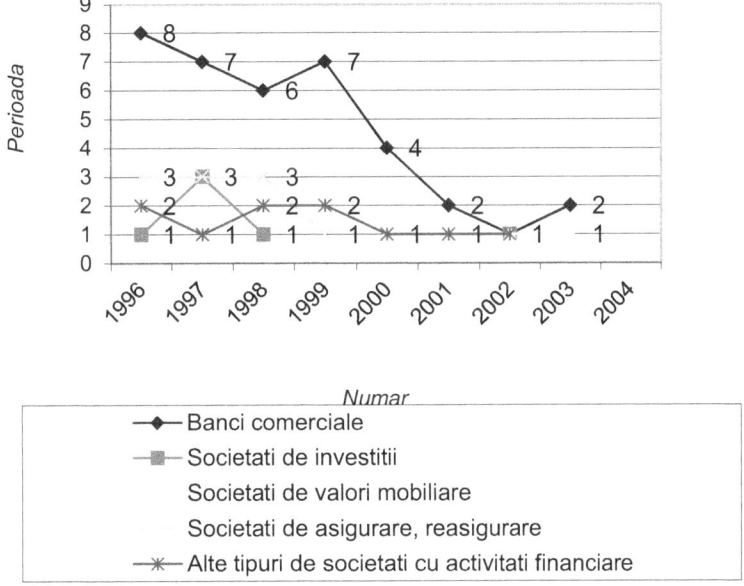

Sursa datelor: Anuarul Statistic al României, 2004

89

Intreprinderi financiare majoritar private

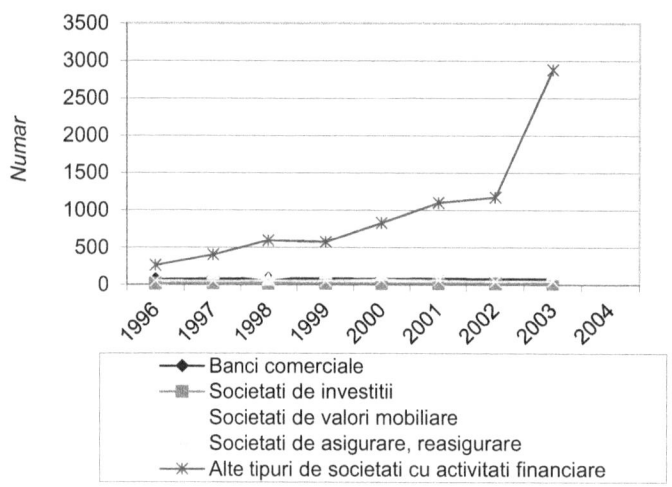

Sursa datelor: Anuarul Statistic al României, 2004

Eficientizarea activitatii de intermediere financiră depinde, într-o economie cum este cea a României, în mod hotărâtor de proporţia sectorului privat în sistemul bancar.

Din analiza grafică anterioară se poate vedea dominanţa sectorului privat în siatemul bancar românesc. Aşa cum am remarcat, pronderea prea mare în valoarea activelor bancare, a doar două bănci de stat este un aspect negativ indicând nu numai o cotă încă importantă a sectorului de stat dar şi o distorsionare a concurenţei în sector.

Aşadar contraponderea investiţiilor străine în sistemul bancar pare să fie reprezentată doar de cele două bănci majoritare de stat: BCR şi CEC.

Concentrarea de piaţă este foarte ridicată: 5 bănci oferă 50% din resursele comercializate şi preiau 40% din depozitele interbancare.

În literatura de specialitate, proporţia prea mare a proprietăţii străine în sectorul bancar este considerată un dezavantaj, în ciuda unor efecte benefice. Reversul poate apărea atunci când sectorul bancar străin deţine 2/3 din sistemul bancar naţional. Odată atins acest prag, în ţările candidate există şi posibilitatea depăşirii prin finalizarea privatizării.

În plus, cele mai importante funcţii sunt transferate la societăţile mamă iar sistemul naţional devine mai vulnerabil la reglementările şi funcţionarea instituţiilor naţionale.

Recesiunea economică a condus la practici de acordare a unor împrumuturi neinspirat alocate în sectorul corporatist. În aceste condiţii, practica nerestituirii a devenit frecventă şi a dus la reducerea portofoliului de împrumuturi a băncilor. Consecinţa a fost apariţia unor crize bancare care au redus activele băncilor şi a afectat comportamentul de împrumut. S-au diminuat împrumuturile către agricultură şi sectoarele alimentare procesatoare şi au crescut cele către gospodării (ipoteci şi credite de consum). Cea mai mare problemă pare să fie însă condițiile de acordare a împrumuturilor către IMM care nu au o istorie bancară a împrumuturilor gestionate.

Cauza creditelor nerațional alocate a fost, prevederile inadecvate pentru împrumuturile de portofoliu și evaluarea colaterala nerealistă.

Stabilitatea sistemului bancar este demonstrată în primul rând prin soliditatea acestuia care se poate evalua pe baza indicatorilor de prudențialitate: nivelul solvabilității, lichiditatea și nivelul gestionabil al creditelor.

Rata solvabilității bancare este la un nivel înalt de 19% față de 125 cât este permis. Însă trebuie să remarcăm că nivelul său este în scădere de la 23,3% în 2003 și 25,1% în 2002. În Programul Economic de Pre-aderare din 2004 se remarcă existența unei rate de lichiditate de peste 2 și un nivel gestionabil bun al creditelor neperformante (mai puțin de 1% din portofoliul creditelor băncilor). Rata de lichiditate este în creștere de la 1,4 în 2003 și se situează peste nivelul minim admis (1) iar nivelul creditelor neperformante reprezenta 2% din portofoliul de credite în 2003 față de 0,3% în 2001.[71]

Îmbunătățirea activității financiar-bancare s-a realizat pe fondul unei creșteri a încrederii populației în sistemul bancar reprezentat de ritmurile înalte de creștere a creditelor neguvernamentale care au avut ritmuri de evoluție de la 53% în 2002 la 69,5% în 2003. Însă și mai spectaculoasă a fost creșterea creditelor acordate populației de 215% în termeni reali în 2003.[72]

Liberalizarea comercializării produselor agricole este principalul motor al integrării agricole europene dar este și foarte greu de realizat. În situația României cauzele identificate sunt decalajele existente față de UE. Subdezvoltarea agriculturii românești este cunoscută de UE și recunoscută de partea română. Însă modificarea situației este greu de realizat. Agricultura se confruntă cu o fărmițare excesivă a terenurilor și o dotare tehnică primitivă a fermelor. La această situație de fapt a agriculturii se adaugă o serie de deficiențe administrative care îngreunează situația: lipsa creditului agricol și sprijinul insuficient din partea statului. Cu referire la conjunctura generată de integrarea în UE este de menționat concurența neloială din partea producătorilor străini care primesc subvenții masive.

Cu o populație ocupată în agricultură de aproximativ 40% din total, productivitatea scăzută și excesul de forță de muncă rurală au rămas problemele fundamentale ale economiei românești. Dificultățile de negociere sunt cauzate în special de slaba competitivate a produselor agricole românești de unde și consecințele negative ale aplicării PAC.

Liberalizarea comerțului cu produse agricole va fi afectată în primul rând, de adoptarea Tarifului Vamal Comun în urma căruia:

- o parte din partenerii comerciali care beneficiau de CNR își vor pierde acest statut;
- se va crea posibilitatea modificării termenilor vechiului tratament preferențial;
- noi parteneri vor căpăta CNF.

Principalul efect așteptat va fi însă modificarea orientării fluxurilor comerciale.

Efectele mai sus menționate, dar și altele nu mai puțin importante, ies mai bine în evidență dacă apelăm la un scenariu de liberalizare a comerțului cu produse agricole între

---

[71] Guvernul României, _Programul Economic de Pre-aderare_, 2003, p.93

[72] Op. Cit., 2004

România şi UE. În mod deliberat am ales piaţa vinului, pentru că este un produs cu pondere însemnată şi în producţie, şi în consum; deci în cererea de pe piaţă. Sigur nu avem pretenţia că scenariul nostru epuizează toate efectele posibile determinate de liberalizarea comercială, dar este un prim indicator legat de posibilele efecte şi posibilele soluţii de negociere.

Simulările sunt făcute pe baza modelului Armington, pentru o ţară cu importuri din două surse. Considerăm cazul importurilor de vin ale Uniunii Europene din România şi Bulgaria. Importurile din Bulgaria sunt cele ale unor produse competitive pentru industria romanească a vinului. Introducerea în simulări şi a importurilor ţării competitoare ne oferă posibilitatea să prezentăm efectele de „diversiune de comerţ" determinate de crearea uniunii vamale. „Diversiunea de comerţ" este echivalentă cu reorientarea fluxurilor comerciale prin deschiderea pieţei interne.

Rezultatele simulării sunt următoarele:

Datele	Caz 1	Caz 2	Caz 3
Consumul de vin in UE	179.117	179.117	179.117
Exporturile Romaniei catre UE	3.43038	3.43038	3.43038
Exporturile Bulgariei catre UE	0.892546	0.892546	0.892546
Consumul total (Origine nationala si importurile)	183.439926	183.439926	183.439926
Elasticitatea compozita a cererii	3	3	3
Elasticitatea ofertei nationale	5	5	5
Elasticitatea ofertei de import a Romaniei	3	3	3
Elasticitatea de import a Bulgariei	3	3	3
Elasticitatea de substitutie	3.49	3.49	3.49
Tariful initial asupra importurilor Romaniei	40	40	40
Tariful initial asupra importurilor Bulgariei	40	40	40
Tariful final asupra importurilor Romaniei	40	40	40
Tariful final asupra importurilor Bulgariei	40	40	40
Tariful initial echivalent cotei pentru importurile provenind din Romania	14.00%	14.00%	14.00%
Tariful initial echivalent cotei pentru importurile provenind din Bulgaria	10.00%	10.00%	0.00%
Tariful final echivalent cotei pentru importurile provenind din Romania	14.00%	14.00%	14.00%
Tariful final echivalent cotei pentru importurile provenind din Bulgaria	8.00%	10.00%	0.00%
Rezultatele Simularii			
Efectele asupra venitului national: modificarile in noul regi fata de cel vechi			
Estimarea triunghiurilor bunastarii	18351.75	18351.75	-52440.08

Efectele termenilor de schimb	-10006.79	-10006.79	-0.45
Transferul rentelor din cota	-6921.37	-6921.37	-0.31
Efecte secundare legate de diversiunea de comert	5282.53	5282.53	5659.85
Efectele nete ale bunastarii	*6706.12*	*6706.12*	*7083.44*
Modificarea in veniturile din aplicarea tarifelor	*25129.25*	*25057.86*	*25435.19*

Pe baza tabelului putem analiza influenţa creşterii cotei asupra bunăstării naţionale, cazurile 1 şi 2, urmată de situaţia eliminării complete a cotelor corespunzător cazului unei liberalizări comerciale complete. Este evident că o diminuare discriminatorie a cotei de vin pentru România şi Bulgaria (mai întâi considerăm cazul diminuarii tarifului echivalent cotei aplicate Bulgariei într-o măsură mai mare decât României- caz 1- urmată de o reducere similară pentru ambele ţări- caz 2) nu afectează în mod diferit bunăstarea netă. Însă în considerarea efectelor asupra bunăstării nete pierdem din analiză efectele diminuării protecţionismului asupra funcţiei individuale de bunăstare a celor două ţări care pot fi care sunt negative. Considerăm că acestă situaţie ar corespunde uneia de urmărire unilaterală a propriilor interese în politica comercială. Modificarea bunăstării nete este echivalentă cu situaţia negocierii pentru maximizarea funcţiei comune a bunăstării naţionale a celor două guverne în negocieri.

Efectele de bunăstare – diminuare discriminatorie a cotelor

	Vechiul regim	Noul regim
Triunghiurile bunastarii	-52440.08	-34088.34
Efectele termenilor de schimb	-0.45	-10007.24
Transferul rentelor din cota	-0.31	-6921.68
Efecte secundare	*	5282.53
Total	-52440.85	-45734.73

Efectele de bunastare - descompunere

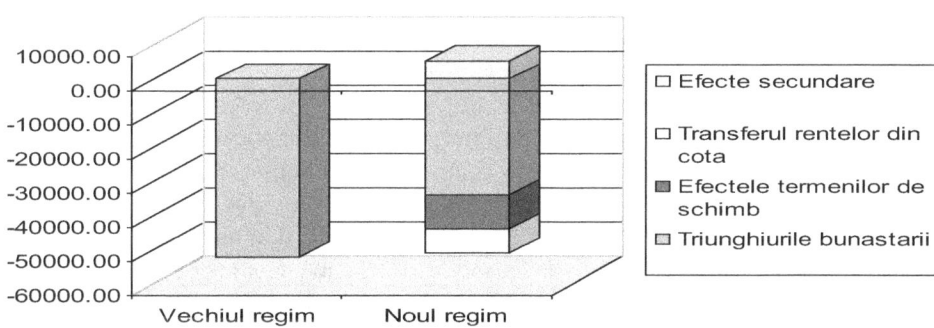

93

Efectele diminuării discriminatorii a tarifului echivalent cotei asupra bunăstării nete exprimată în termeni de venit național sunt aceleași cu o diminuare a tarifului echivalent în aceeași măsură pentru ambele țări. Diferențele care apar rezultă din modificarea veniturilor UE din aplicarea tarifelor în sensul creșterii în condițiile diminuării globale a tarifului echivalent unde prin diminuare globală înțelegem diminuarea tarifelor echivalente pe ansamblu indiferent dacă această diminuare este discriminatorie. Creșterea veniturilor din tarife este determinată de creșterea importurilor din țara partener comercial.

Efectele de bunăstare – diminuare similară a cotelor

	Vechiul regim	Noul regim
Triunghiurile bunastarii	-52440.08	-34088.34
Efectele termenilor de schimb	-0.45	-10007.24
Transferul rentelor din cota	-0.31	-6921.68
Efecte secundare	*	5282.53
Total	-52440.85	-45734.73

Efectele de bunastare - descompunere

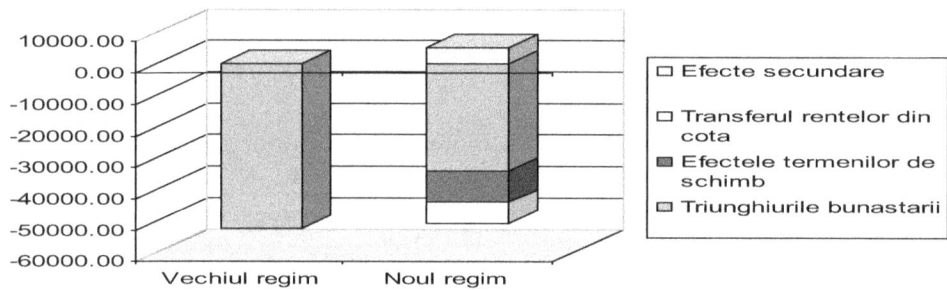

Prin descompunerea efectelor de bunăstare între vechiul și noul regim (după diminuarea cotelor) putem să vedem de unde provine câștigul net de bunăstare dar mai ales care sunt pierderile determinate de diminuarea cotei. În vechiul regim, nivelul existent al cotelor reprezenta o pierdere de bunăstare pentru UE care prin reducerea cotelor față de importurile de vin din România s-a diminuat. Acesta este un câștig în nivelul de bunăstare a UE care poate fi folosit de România ca argument de negocicre în favoarea eliminării barierelor protecționiste. Un alt câștig de bunăstare și totodată avantaj de negociere pentru România este și apariția efectelor secundare determinate de diminuarea cotelor. Acesta se concretizează în efecte de „diversiune de comerț", prin orientarea importurilor UE către alte debușee care oferă produse competitive la prețuri mai mici (produsele românești devin mai ieftine prin eliminarea sau diminuarea protecției).

Pierderile determinate de diminuarea cotei rezultă din rentele câștigate de exportatori și din modificarea termenilor de schimb. În general în literatura de specialitate se presupune că rentele sunt reținute de exportatori. Însă în cazul negocierilor comerciale între România și UE acestea pot fi transferate importatorilor sub formă de transferuri internaționale pentru a compensa pierderile provenite din modificarea termenilor de comerț. În acest caz pierderile sunt transformate în câștiguri care se adugă la cele nete de bunăstare. Pierderile din modificarea termenilor de schimb se datorează diminuării prețului intern UE ca urmare a integrării unei țări cu un preț intern mai mic. Sunt efectele cunoscute ale formării unei uniuni vamale.

În final, dacă considerăm că rentele sunt transferate în întregime partenerilor din UE prin transferuri internaționale și adăugăm la aceasta efectele pozitive obținute din „diversiunea de comerț", rezultatul este un câștig total de bunăstare fără efecte negative pentru UE. Deci diminuarea cotelor, fie și discriminatorie, nu creează pierderi nete și este un avantaj de negociere pe care România îl poate invoca în negocierile comerciale cu UE

În condițiile unei diminuări totale a tarifelor echivalente cotei (caz 3), apare nu numai o creștere veniturilor rezultate din aplicarea tarifelor ci și o creștere a bunăstării nete.

Efectele de bunăstare – eliminare completă a cotelor

	Vechiul regim	Noul regim
Triunghiurile bunastarii	-52440.08	-34088.34
Efectele termenilor de schimb	-0.45	-10007.24
Transferul rentelor din cota	-0.31	-6921.68
Efecte secundare	*	5659.85
Total	-52440.85	-45357.41

Efectele de bunastare - descompunere

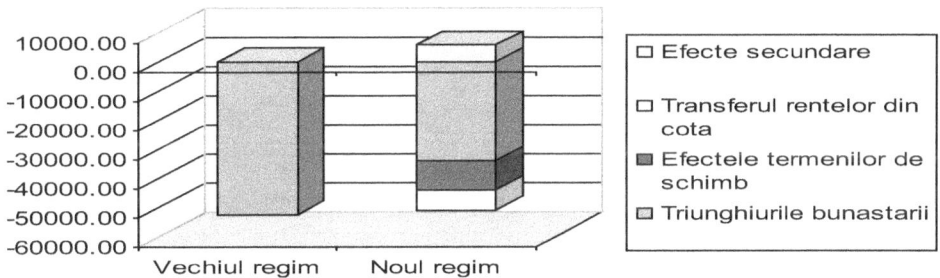

Față de situația anterioară remarcăm o creștere a bunăstării nete rezultate dintr-o creștere a efectelor pozitive produsă de „diversiunea de comerț". Concluziile anterioare nu se modifică.

Precizam că elasticitatea de substituție este cea propusă de Armington pentru sectorul vinului. Celelalte valori ale elasticității sunt aleatoare, iar tariful echivalent cotei este calculat pe baza formulei propuse de Alan V. Deardorff și Robert M. Stern (1997). Ca urmare a dificultăților rezultate din obținerea informațiilor privind prețurile (formula presupune utilizarea prețului de facturare c.i.f pentru vin care poate fi obținut numai din facturile utilizate în vamă), am ales valori aproximative care ar putea fi considerate reale. Este evident un câștig de bunăstare global rezultat din eliminarea cotei de vin.

În literatura asupra protecționismului există multiple argumente care susțin idea unui protecționism costisitor pentru țările care îl aplică. Același rezultat l-am obținut și noi prin aplicarea modelului Armington pentru produse imperfect substituibile așa cum a fost dezvoltat de Francois (1997). Existența unor costuri rezultate din aplicarea unei cote pentru protejarea sectorului viticol din UE nu poate fi decât un avantaj de negociere care poate fi folosit în negocierile de aderare. Argumentul poate fi folosit de România în negocierile asupra barierelor protecţioniste. Apare însă riscul unei reorientări a importurilor UE dinspre România spre alte ţări (în acest caz Bulgaria) furnizoare a aceluiaşi produs cu caracteristici asemănătoare chiar dacă imperfect substituibil. Totodată amintim apariţia efectului „Henning conundrum" de creştere a consumului de produse naţionale.

În marea majoritate a cazurilor, cotele coexistă cu tarifele, iar o eliminare a lor nu are efectul scontat decât dacă este corelată cu situaţia menţinerii sau diminuării concomitentă a tarifelor. În tabelul următor prezentăm rezultatele simulărilor pentru situaţia în care UE a eliminat complet cotele şi se trece şi la o eliminare graduală a tarifelor până la înlăturarea lor completă. Ne referim de asemeni la o situaţie de eliminare discriminatorie prin compararea efectelor cu situaţia liberalizării complete a schimburilor.

Datele	Caz 1	Caz 2	Caz 3
Consumul de vin in UE	179.117	179.117	179.117
Exporturile Romaniei catre UE	3.43038	3.43038	3.43038
Exporturile Bulagariei catre UE	0.892546	0.892546	0.892546
Consumul total (Origine nationala si importurile)	183.4399	183.4399	183.4399
Elasticitatea compozita a cererii	3	3	3
Elasticitatea ofertei nationale	5	5	5
Elasticitatea ofertei de import a Romaniei	3	3	3
Elasticitatea de import a Bulgariei	3	3	3
Elasticitatea de substitutie	3.49	3.49	3.49
Tariful initial asupra importurilor Romaniei	40	40	40
Tariful initial asupra importurilor Bulgariei	30	20	0
Tariful final asupra importurilor Romaniei	40	40	40
Tariful final asupra importurilor Bulgariei	20	20	0
Tariful initial echivalent cotei pentru importurile provenind din Romania	14.00%	14.00%	14.00%
Tariful initial echivalent cotei pentru importurile provenind din Bulgaria	0.00%	0.00%	0.00%
Tariful final echivalent cotei pentru importurile provenind din Romania	14.00%	14.00%	14.00%
Tariful final echivalent cotei pentru importurile provenind din Bulgaria	0.00%	0.00%	0.00%
Rezultatele Simularii			
Efectele asupra venitului national: vechiul regim			
Estimarea triunghiurilor bunastarii	18351.75	18351.75	18351.75
Efectele termenilor de schimb	-10006.79	-10006.79	-10006.79
Transferul rentelor din cota	-6921.37	-6921.37	-6921.37

Efecte secundare legate de diversiunea de comert	3047.54	3301.58	0.0
Efectele nete ale bunastarii	*4471.13*	*4725.17*	*1423.59*
Modificarea in veniturile din aplicarea tarifelor	*23076.86*	*23076.92*	*19775.34*

Prin comparaţie cu tarifele, cotele îşi demonstrează eficienţa în situaţia optării pentru o liberalizare descriminatorie între România şi Bulgaria, mai precis o liberalizare mai mare a comerţului cu Bulgaria comparativ cu cel al României. O liberalizare continuă a comerţului între România şi UE aduce o creştere în bunăstarea netă chiar şi în cazul unei liberalizări discriminatorii.

Efectele de bunăstare- diminuare discriminatorie a tarifelor

	Vechiul regim	Noul regim
Triunghiurile bunastarii	-52440.08	-34088.34
Efectele termenilor de schimb	-0.45	-10007.24
Transferul rentelor din cota	-0.31	-6921.68
Efecte secundare	*	3047.54
Total	-52440.85	-47969.71

Efectele de bunastare - descompunere

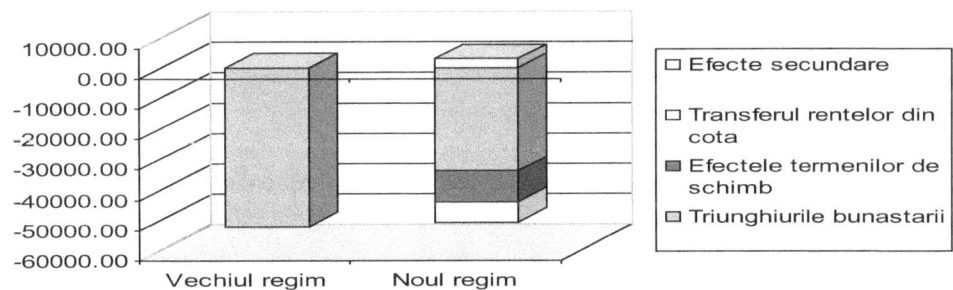

Diferenţa faţă de situaţia precedentă este dată de diminuarea efectelor rezultate din „diversiunea de comerţ". Diminuarea tarifului impus de UE importurilor de vin din Romania şi Bulgaria conduce la o reducere a preţului intern al UE astfel încât România pierde din competitivitatea prin preţ.

Efectele de bunăstare – diminuare similară a tarifelor

	Vechiul regim	Noul regim
Triunghiurile bunastarii	-52440.08	-34088.34
Efectele termenilor de schimb	-0.45	-10007.24
Transferul rentelor din cota	-0.31	-6921.68

Efecte secundare	*	3301.58
Total	-52440.85	-47715.68

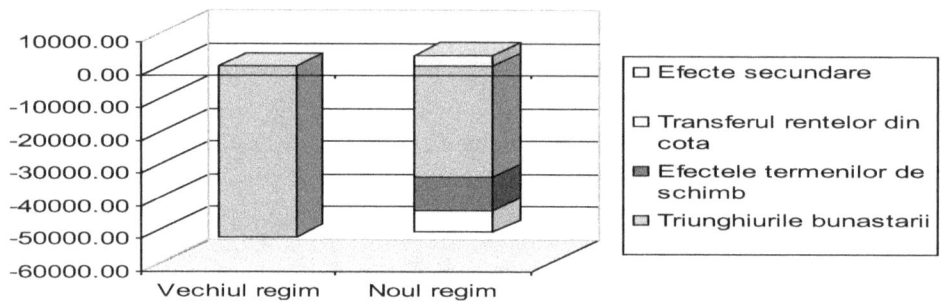

O eliminare completă a tarifelor ce coincide cu situaţia unui comerţ liber aduce o dispariţie a efectelor de diversiune de comerţ, o diminuare normală a veniturilor din aplicarea tarifelor dar ramâne în continuare posibilitatea unui caştig net de bunăstare.

Efectele de bunăstare – eliminare completă a tarifelor

	Vechiul regim	Noul regim
Triunghiurile bunăstarii	-52440.08	-34088.34
Efectele termenilor de schimb	-0.45	-10007.24
Transferul rentelor din cota	-0.31	-6921.68
Efecte secundare	*	0.00
Total	-52440.85	-51017.26

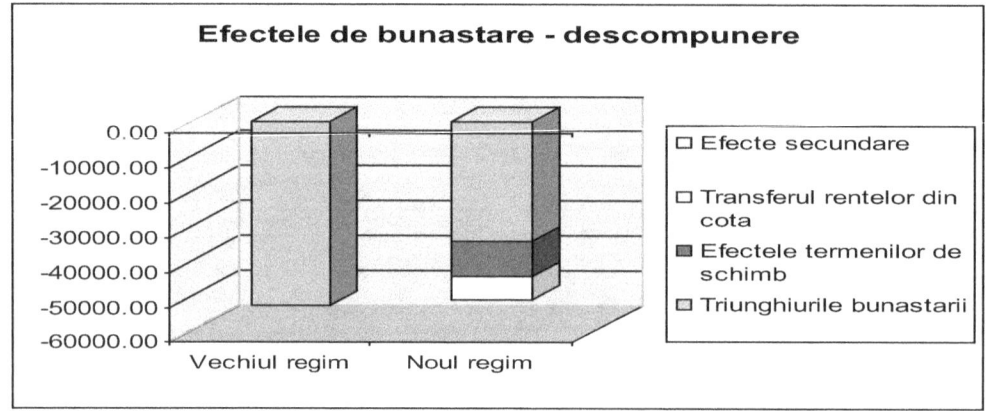

Pe ansamblu, o eliminare a cotelor de vin a Uniunii Europene este posibilă şi dezirabilă. În literatura de specialitate, existenţa costurilor utilizării unor instrumente protecţioniste este cunoscută. Cu toate acestea, protecţionismul este utilizat în legăturile comerciale între ţări în special pentru sectorul sensibil al agriculturii. Rezultatele simulărilor arată că în negocierile comerciale pentru integrarea economică, există posibilitatea obţinerii unui acordasupra nivelului cotelor. Vom arăta că situaţia actuală de continuă lărgire a pieţei interne a UE prin acceptarea unor noi membri permite obţinerea uni acord asupra nivelului cotelor comerciale cu statele candidate ramase sau alte ţări terţe. Dacă adăugăm la aceasta şi faptul că o creştere a cotei, chiar dacă nu se are în vedere o eliminare completă a acesteia, reprezintă un câştig net de bunăstare pentru ţările implicate în negociere, concluzionăm că România trebuie şi poate să solicite şi să obţină o eliminare completă a cotelor sau cel puţin reducerea la un nivel care să asigure o maximizare a propriei bunăstări.

Din aplicarea acquis-ului comercial, se aşteaptă apariţia unor costuri sectoriale de tipul investiţiilor în infrastructura de transport, costuri derivate din liberalizarea circulaţiei mărfurilor, serviciilor şi capitalurilor şi efectele asupra competitivităţii firmelor.

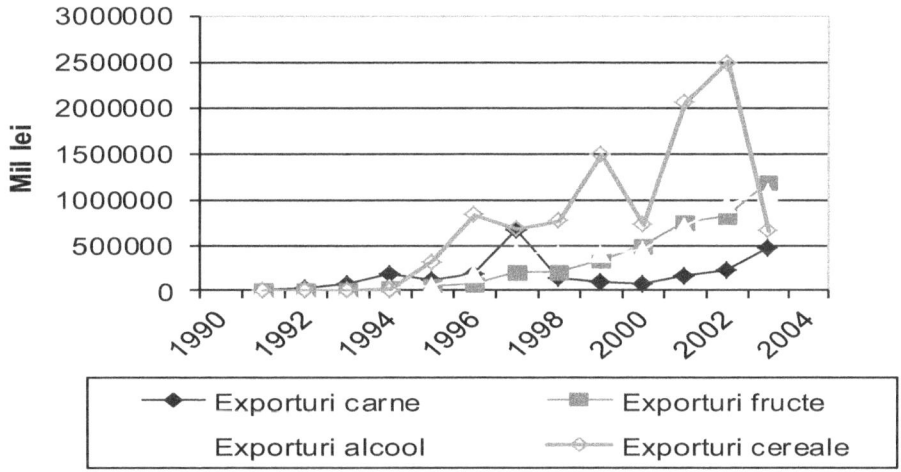

Exporturile principalelor produse agricole ale Romaniei

Sursa datelor: Anuarul Statistic al României, 2004

România exportă pe piaţa mondială în principal cereale după o perioadă de început a liberalizării economiei în care se exporta cu precădere carne. Primul loc în categoria produselor agricole exportate de România pe pieţele mondiale în perioada 1995-2003 este ocupat de exporturile de cereale. Declinul exporturilor de carne din perioada prezentă este explicat de dificultățile legate de reformarea sectorului zootehnic.

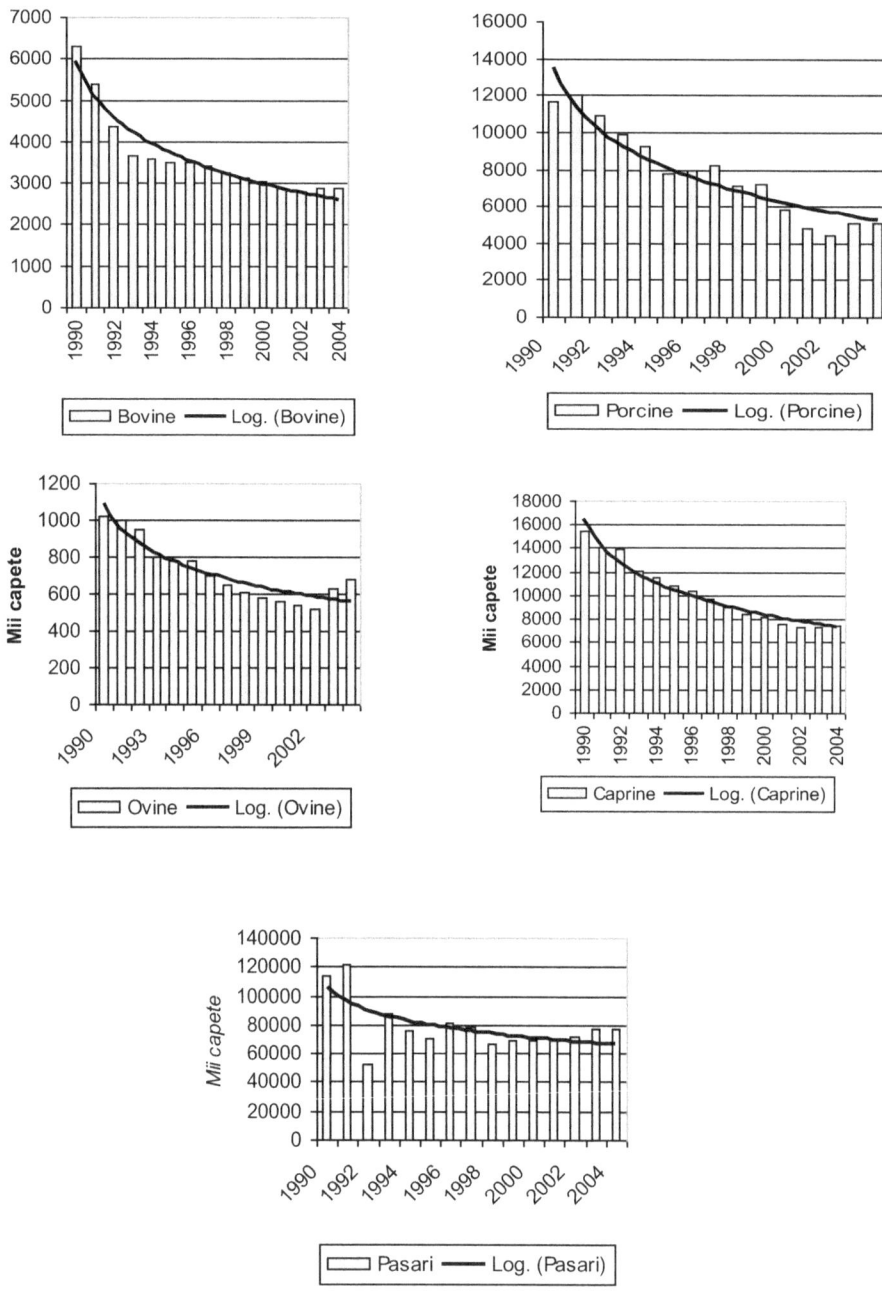

Multe din fermele agricole au fost desființate după 1990, iar cele care au fost create sunt de dimensiuni mici cu un număr redus de efective animaliere. Efectivele sectorului zootehnic (Bovine, Porcine, Ovine, Caprine și Păsări) au scăzut pe tot parcursul perioadei.

Redresarea sectorului zootehnic este o prioritate a agriculturii românești, iar România beneficiază de sprijinul UE în realizarea acesteia. Înființarea de noi ferme zootehnice, sporirea dimensiunii sau a efectivului de animale, beneficiază de susținere financiară europeană prin programul SAPARD destinat statelor candidate la integrare. Nu este deci întâmplătoare orientarea exporturilor de carne (atât cât există) în principal către piața europeană.

Exporturile pricipalelor produse agricole catre UE

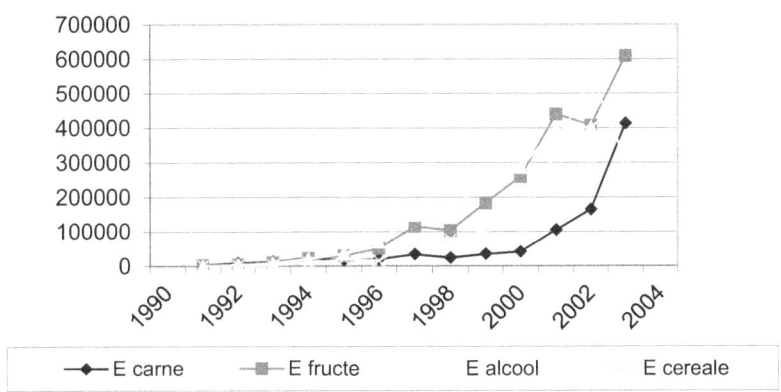

Sursa datelor: Anuarul Statistic al României, 2004

Așa cum lesne se poate observa, în perioada dată, exporturile de carne și de alocool înregistrează, în special după 2000, traiectorii ascendente semnificative; o traiectorie mai accentuată în cazul alocoolului decât a cărnii; îmbucurătoare cel puțin sub aspect tendențial, este faptul că și celelalte grupe de produse își fac din plin simțită prezența la export după 2000.

Este interesant să remarcăm că performanțele bune în domeniul exporturilor de cereale nu sunt determinate în principal de către exporturile spre de piață europeană. Exporturile și importurile de cereale ale României se îndreaptă în special către restul lumii. Ne putem aștepta așadar ca o liberalizare a comerțului cu cereale între România și UE nu va modifica în mod semnificativ evoluțiile actuale.

Dinamici și tendințe oarecum diferite se constată însă la importul de produse agricole. Importurile sunt și cantitativ și tendențial mai mari decât exporturile; îmbucurătoare este realitatea că importurile de carne scad însă nu acelși lucru se poate spune despre importurile de cereale. Ultimile evoluțiile ale exporturilor și importurilor de cereale pot fi însă conjuncturale.

Datele din graficul de mai jos sunt cât se poate de relevante pentru concluziile prezentate.

Importurile principalelor produse agricole din UE

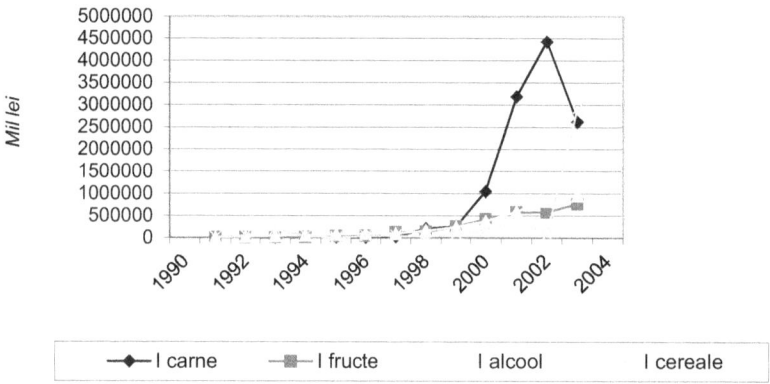

Sursa datelor: Anuarul Statistic al României, 2004

Datele şi graficele prezentate ar putea sugera că liberalizarea comercială are un impact pozitiv asupra creşterii productivităţii sectoriale, iar pentru sectorul agricol românesc lipsa performanţelor în aceste domeniu pare să fie deficienţa principală. Agricultura are o pondere importantă în economia românească dar o contribuţie slabă la creşterea economică. În acest sens o analiză sectorială din prisma productivităţii surprinzând totodată efectele liberalizării comerciale cu UE ar putea fi utilă.

Productia de cereale la hectar in perioda 1990-2004

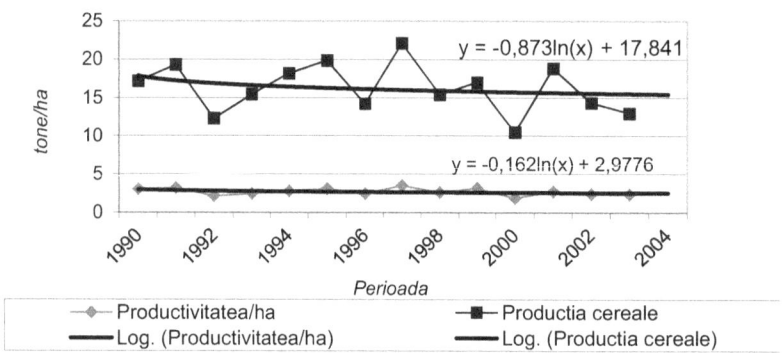

În sectorul cerealier, productivitatea a scăzut pe parcursul perioadei 1990-2004, pe fondul unei evoluţii oscilante a potenţialului productiv şi a unei tendinţe descrescătoare a acestuia. Astfel pot fi explicate perfromanţele slabe ale României în domeniul exporturilor de cereale. Şi totuşi persistenţa acestora la export şi ritmul ascendent în condiţiile unui potenţial productiv oscilant descrescător şi a unei productivităţi în scădere este un indicator privind rolul şi importanţa acestui sector în agricultura românească.

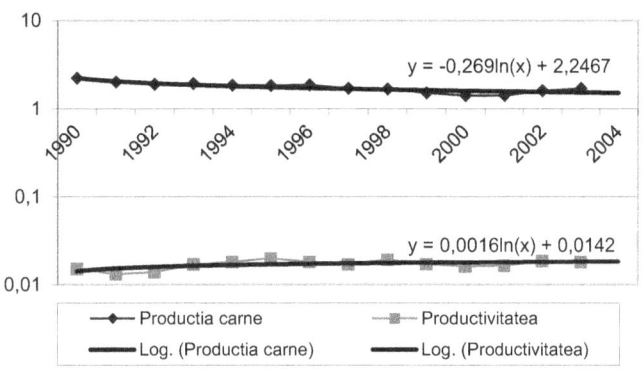

În ce priveşte producţia de carne, performanţele României în domeniul exporturilor sunt extrem de bune. Ele s-au produs pe fondul unei reduceri a dimensiunii sectorului ca urmare a restructurării. Redimensionarea sectorului însă a adus performanţe bune în ce priveşte productivitatea, ceea ce ne sugerează încadrarea acestuia în direcţia unei dezvoltări pe baze solide.

În schimb nivelul ridicat al exporturilor de fructe a fost susţinut prin nivelul înalt al producţie fără un corespondent în nivelul productivităţii, care a scăzut. Aşadar nivelul exporturilor este vulnerabil la oscilaţiile productive din sector.

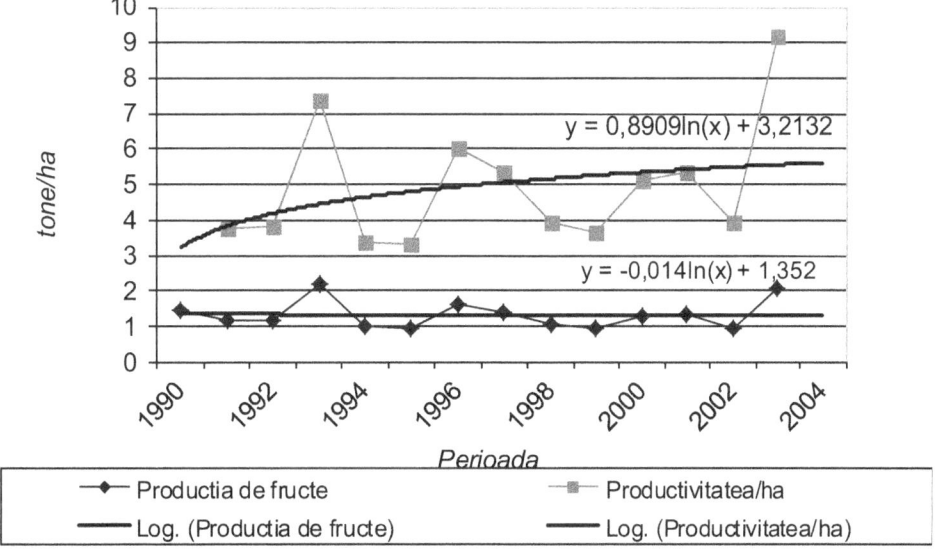

Producția de struguri este cel mai bine reprezentată la export prin alcool prin aceea că exportul de alcool este susținut de o dezvoltare satisfăcătoare în sector (producție și productivitate în creștere).

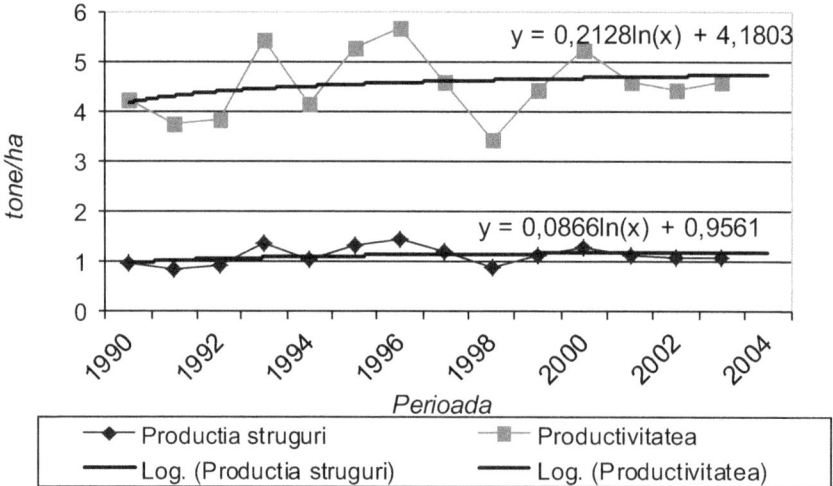

În general productivitatea a crescut în sectorul vini-viticol și cel al producției de carne. De remarcat este ca sunt sectoarele care reprezintă surse ale principalelor produse exportate și respectiv importate din UE. Am putea argumenta că, înăspriea concurenței în sector generată de liberalizarea comercială, a condus la o îmbunătățire a productivității și la o creștere a eficienței economice sectoriale. Sectorul cerealelor, a cărui exporturi se îndreaptă către restul lumii, iar importurile din UE nu sunt semnificative, nu cunoaște a evoluție semnificativă în ceea ce privește productivitatea. Acesta a rămas pe tot parcursul perioadei aproximativ constantă.

Principala consecință a liberalizării comerciale și aplicării politicii comerciale comune este necesitatea orientării eforturilor spre ridicarea nivelului competitiv al tuturor sectoarelor economice românești, iar principalul instrument de realizare a acestui imperativ sunt investițiile. Principala dificultate legată de necesitatea realizării investițiilor este existența fondurilor financiare de susținere a acestui proces.

Menținerea *creșterii economice* este principala cerință a Uniunii în negocierile de aderare și prin urmare principalul argument de negociere a țărilor candidate. În aceste condiții demonstrarea potențialului de menținere a creșterii economice este o prioritate a negocierilor de aderare a României. O abordare firească este o analiză a evoluției indicatorilor de creștere din anul deschiderii negocierilor până în prezent.

Principalul indicator utilizat în evaluarea creșterii economice este creșterea Produsului Intern Brut. Pentru analiză însă, foarte importantă este decompunerea acestuia pe subcomponente care contribuie la creșterea PIB. În general se consideră că, creșterea economică în România a fost prea mult susținută prin creșterea consumului final al populației în detrimentul unor performanțe mai bune în ce privește creșterea investițiilor și a exporturilor.

Evoluția principalilor indicatori economici în perioada 2000-2004 care au contribuit la creșterea PIB a fost:

- modificare procentuală față de anul anterior[73] -

	2000-estimat	2000-realizat	2001-estimat	2001-realizat	2002-estimat	2002-realizat	2003-estimat	2003-realizat	2004-estimat
CREȘTEREA PIB (%)	**+1,8**	**+2,1**	**+5,3**	**+5,7**	**+4,9**	**+5,1**	**+4,8**	**+5,2**	**+8,3**
Consum final	**1,0**	**1,5**	**4,9**	**6,3**	**2,5**	**4,9**	**n/a**	**6,9**	**10,3**
Consumul individual efectiv al gospodăriilor	0,1	0,2	5,0	6,8	2,4	4,8	3,8	7,2	10,8
Consumul colectiv efectiv al adm. publice	0,9	20,5	-0,1	-0,2	0,1	6,0	n/a	4,6	4,6
Formarea brută a capitalului	**3,3**	**7,7**	**3,7**	**11,7**	**1,7**	**6,6**	**n/a**	**9,2**	**10,2**
Formarea brută de capital fix	0,8	5,5	1,3	10,1	1,7	8,2	n/a	9,1	10,1
Variația stocurilor	2,5	2,2	2,4	1,6	0,0	-1,6	n/a	0,1	0,1
Cererea internă	**4,3**	**4,3**	**8,4**	**8,4**	**4,2**	**3,9**	**6,9**	**7,4**	**10,2**
Export net	**-2,5**	**-2,3**	**-3,1**	**-3,1**	**0,7**	**0,9**	**n/a**	**-2,7**	**-2,8**
Exportul de bunuri si servicii	n/a	41,3	n/a	12,9	5,6	15,0	n/a	6,4	21,3
Importul de bunuri si servicii	n/a	43,4	n/a	22,1	-4,9	8,6	n/a	12,3	24,0

Sursa: Programul economic de Pre-aderare, 2003-2004

Se observă că de-a lungul perioadei 2000-2004, România a reușit o creștere economică susținută, obținând în fiecare an, performanțe mai bune decât cele programate prin Programul Economic de Pre-aderare.

Plecând de la determinanții PIB pe baza metodei cheltuielilor, o simplă regresie ne permite să realizăm o ierarhizare a aportului fiecărui element la creșterea economică a României.

$$PIB = \beta_1 + \beta_2 CF + \beta_3 FBCF + \beta_4 SoldCom + \varepsilon$$

PIB=produsul intern brut
CF=consumul final al populației

___

[73] Guvernul României, *Programul Economic de Pre – aderare*, 2003-2004, p. 32

FBCF=formarea brută a capitalului fix
SoldCom=soldul comercial

Rezultatele regresiei indică
Tabelul 1 conține rezultatele regresiei.

Tabel 1

	Coeficienți Standardizați	t	Sig.
	Beta		
Formarea brută a capitalului fix	0.998 (0.043)	57.017	.000
Număr observații: 13			
Regresie OLS			

a Variabila dependentă: Zscore(LOGPIB)
În paranteze sunt erorile standard.

Din cauza coliniarității celelalte variabile au fost eliminate. Rezultă totuși că, principalul aport la creșterea economică în periaoda 1990-2004, l-a avut formarea brută a capitalului. Creșterea economică pe baza sporirii investițiilor este un aspect pozitiv în evoluiția economică a României.

Tabel 2

Model	R	R²	Adjusted R²	Eroarea Standard a Estimatului
1	.998(a)	.996	.996	.16221

a Variabile Independente: (Constant), Zscore(LOGCAP)
b Variabilă Dependentă: LOGPIB

Cu toate că nu am reușit prezicerea creșterii decât pe baza formării brute a capitalului fix, variabila utilizată explică creșterea economică în România în proporție de 99%.

Variabilele rămase își au propria contribuție la creșterea economică. Din cauza aceleași coliniarități nu pot fi extrase concluzii nete privind aportul fiecăreia în raport cu formarea brută a capitalului.

Creșterea economică pe seama sporirii consumului intern, neacoperit corespunzător de producția internă, a condus la o mărire a importurilor peste nivelul exporturilor, ceea ce a atras creșterea deficitului contului curent și totodată acutizarea presiunilor inflaționiste. Rezultatele regresiei însă, nu indică o susținere excesivă a creșterii economice pe baza sporirii consumului intern.

Tabel 3: Variabilele excluse(b)

Model		Beta In	t	Sig.
1	**Soldul commercial**	-.065(a)	-.510	.619
	Consumul final al populației	-.052(a)	-1.377	.194

a Predictorii în model: (Constant), Zscore(LOGCAP)

b Variabilele excluse : Zscore(LOGSoldCom), Zscore(CF) sunt date corectate pentru heteroskedasticitate și transformate pentru a obține linearitate

c Variabila dependentă: LOGPIB

Se poate vedea totuși contribuția negativă a creșterii consumului final și a soldului comercial la creșterea economică (ordinea importanței fiind ordinea precizată). Deficitul comercial nu a avut un impact negativ atât de puternic pe cât se consideră. Principalele elemente de susținere a creșterii economice în România au fost consumul final și formarea brută a capitalului fix, cu o contribuție mai mare a ultimului.

Funcție de sectoarele care au contribuit cel mai mult la creșterea economică, o regresie similară demonstrează contribuția principală a transporturilor.

$$PIB = \beta_1 + \beta_2 TP + \beta_3 IND + \beta_4 AGRIC + \beta_5 COMERT + \beta_6 CONSTR + \beta_7 Hotelier + \beta_8 Pescuit +$$
$$+ \beta_9 Intermedieri + \beta_{10} \operatorname{Im} obiliar + \beta_{11} Ad \min istratie + \beta_{12} Sanatate + \beta_{13} Invatamant + \varepsilon$$

unde
TP=contribuția transporturilor la formarea PIB
IND= contribuția industriei
AGRIC=contribuția agriculturii
COMERT=contributia comerțului
CONSTR=contribuția construcțiilor

Tabel 4

	Coeficienți Standardizați	t	Sig.
	Beta		
TRANSPORTURI	0.999 (0.037)	65.706	.000
Număr observații: 13			
Regresie OLS			

a Variabila dependentă: LOGPIB

b. Variabila independentă: Zscore(LOGTP), variabila Trasporturi este corectată pentru heteroskedasticitate și linearizată

În paranteze sunt erorile standard.

Analizând variabilele excluse ca urmare a multicoliniarității remarcăm că singurele contribuții positive la creșterea economică au mai avut-o sectoarele Agricultură, Construcții și Intermedieri. Însă nici una din contribuții nu este statistic semnificativă. În chimb activitatea comercială, hotelieră, imibiliară, sănătate și învățământ au avut contribuții negative la creșterea economică și statistic semnificative.

Tabel 5: Variabile Excluse(b)

Model		Beta In	T	Sig.
1	AGRIC	0.111(a)	0.717	.494
	IND	-0.152(a)	-0.597	.567
	PESCUIT	-0.008(a)	-0.089	.931
	CONSTR	0.005(a)	0.032	.975
	COMERT	-0.251(a)	-1.644	.139
	HOTELIER	-0.174(a)	-1.097	.304
	INTERMEDIERI	0.060(a)	0.750	.475
	IMOBILIAR	-0.255(a)	-1.496	.173
	ADMINISTRATIE	-0.139(a)	-0.665	.525
	SANATATE	-0.271(a)	-1.361	.211
	INVATAMANT	-0.349(a)	-1.377	.206

a Predictori: (Constanta), Zscore(LOGTP)
b Variabila dependentă: LOGPIB

Modelul prezice creșterea economică în proporție de 99%.

Model	R	R^2	Adjusted R^2	Eroarea Standard a Estimatului
1	.999(a)	.998	.998	.08274

a Predictori: (Constant), Zscore(LOGTP)
b Variabila dependentă: LOGPIB

Susținerea creșterii economice în special prin contribuția transporturilor, industriei și comerțului indică o evoluție pozitivă în dezvoltarea economiei României. Sectorul serviciilor, reprezentat de transporturi, contribuie semnificativ la creșterea economică și indică o economie cu un nivel satisfăcător de dezvoltare.

Îngrijorătoare este contribuția scăzută a agriculturii în creșterea economică. În condițiile în care agricultura este o ramură de baza a economiei românești prin potențial, populația angajată și sursă a exporturilor, contribuția la creșterea economică este sub potențial.

Pe ansamblu evoluţia este pozitivă încadrându-se în cerinţele Uniunii pentru aderare. Interesante sunt însă şi evoluţiile estimate de Comisia Naţionala de Prognoză pentru perioada 2005-2008.

- modificare procentuală faţă de anul anterior[74] -

	2005	2006	2007	2008
CREŞTEREA PIB (%)	**6,0**	**6,1**	**6,3**	**6,5**
Consum final	**7,0**	**5,6**	**5,1**	**5,7**
Consumul individual efectiv al gospodăriilor	7,4	5,8	5,3	5,8
Consumul colectiv efectiv al adm. Publice	**1,5**	2,5	3,0	4,0
Formarea brută a capitalului				
Formarea brută de capital fix	11,4	11,6	12,5	12,3
Variaţia stocurilor	-0,1	0,0	0,0	0,0
Cererea internă	**7,7**	**6,8**	**6,7**	**7,2**
Export net	**-2,5**	**-1,3**	**-1,0**	**-1,3**
Exportul de bunuri si servicii	15,7	14,8	14,3	12,0
Importul de bunuri si servicii	17,9	13,5	12,3	11,4

Sursa: Guvernul României, *Programul Economic de Pre – aderare*, 2003-2004, p. 33

Prognozele CNP indică acelaşi trend crescător al PIB însă pe fondul unei diminuări a consumului intern. Chiar dacă în fiecare din anii anteriori prognozele privind nivelul creşterii consumului intern au fost depăşite, trendul obţinut prin prognoză a rămas acelaşi. Putem aprecia aşadar, că România va obţine un nivel crescător al PIB, demonstrând prin acesta că posedă un potenţialul de creştere economică pe termen lung.

Dacă mergem mai departe, şi examinăm originile creşterii consumului, ele sunt determinate de politica guvernului de reaşezare salarială în vederea obţinerii convergenţei venitului/cap loc cu cel al Uniunii Europene. Obiectivul şi acţiunile guvernamentale sunt justificabile însă se realizează prin creşterea cheltuielilor bugetare în condiţiile în care veniturile bugetare sunt reduse, exercitând presiuni asupra menţinerii deficitului bugetar în limitele stabile. Cheltuielile salariale au fost cu 4,5%mai mari în 2002 faţă de 2001, cu 10,8% în 2003 faţă de 4,6% cât era prognozat.[75] Acest aspect însă nu are atât de multe implicaţii negative comparativ cu primul, cel al creşterii deficitului contului curent.

Nivelul scăzut al *veniturilor bugetare* este determinat de aportul modest al creşterii economice şi insuficienta colectare a veniturilor bugetare.

---

[74] Guvernul României, *Programul Economic de Pre – aderare*, 2003-2004, p. 33

[75] Guvernul României, *Programul Economic de Pre-aderare*, 2003, p. 43

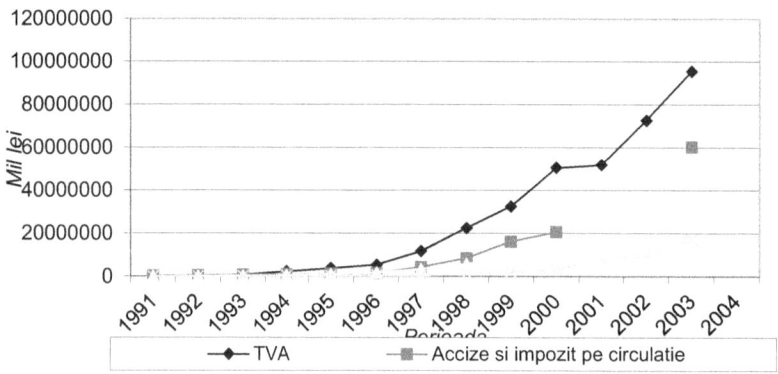

Sursa datelor: Anuarul Statistic al României, 2004

Cel mai important aport la colectarea veniturilor bugetare îl au Taxele pe Valoarea Adăugată, din categoria impozitelor indirecte şi Impozitul pe profit din categoria impozitelor directe. Creşterea veniturilor prin colectarea acestor categorii de taxe depind în mod hotărâtor de evoluţia creşterii economice a economiei. Un trend ascendent al creşterii economice aduce o dinamizarea a vieţii economice, accelerarea circulaţiei bunurilor şi serviciilor şi îmbunătăţirea încasărilor bugetare din TVA. Sporirea încasărilor bugetare, prin colectarea acestui tip de impozit după perioada 1991, coincide cu progresele realizate de România în direcţia obţinerii unei creşteri economice constante an de an. Anticipăm că veniturile din TVA vor continua să fie o sursă principală de resurse bugetare şi în perioada următoare şi vor trebui chiar să-şi mărească ponderea, pe fondul unei reduceri a încasărilor din aplicarea taxelor vamale, ca urmare a liberalizării comerciale, care sa va accentua în perioada următoare dar şi a măririi procentului TVA de la 19% la 22%.

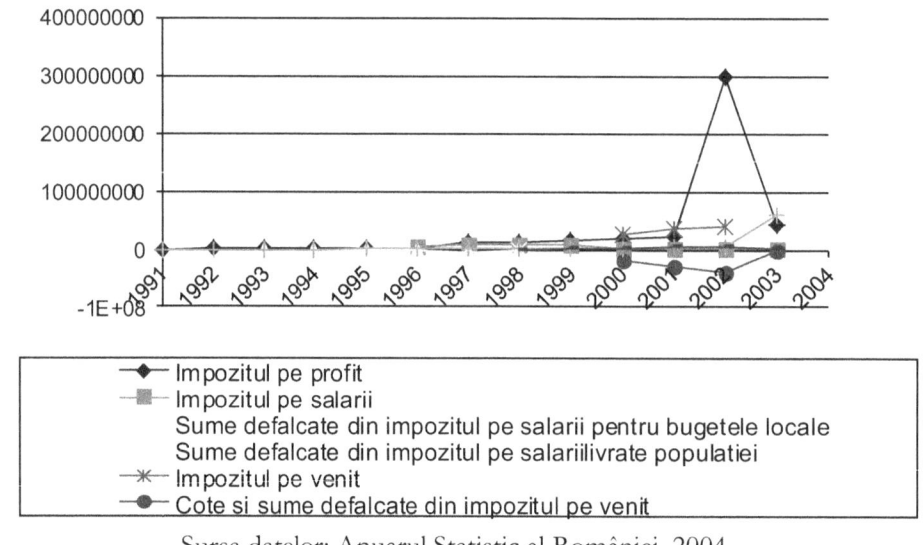

Sursa datelor: Anuarul Statistic al României, 2004

Dinamizarea activităţilor economice ca urmare a creşterii economice generale, îmbunătăţeşte mediul de afaceri şi performanţa întreprinderilor. În aceste condiţii, este de aşteptat o mărire a nivelului veniturilor bugetare prin creşterea colectărilor din aplicarea impozitului pe profit.

Nivelul scăzut al veniturilor bugetare este determinat de ineficienţa politicii fiscale în special în ce priveşte colectarea accizelor şi asigurărilor sociale. Deficitul cvasi-fiscal este mare şi este o problemă identificată în toate Rapoartele Comisiei Europene privind gradul de pregătire a României în vederea aderării. Sunt remarcabile progresele pe care guvernul le-a realizat în domeniul colectării TVA însă după ce s-a reuşit într-o anumită măsură reducerea arieratelor financiare generate de întreprinderile de stat ele au devenit prea importante ca procent din PIB în cazul întreprinderilor private.

Situaţia bugetelor sociale de stat se reflectă, de asemeni, în nivelul veniturilor bugetare realizate de guvern. După o evoluţie relativ bună (pozitivă) în perioada de început, bugetele sociale de stat au înregistrat, an de an, deficite.

Soldul bugetului asigurarilor sociale

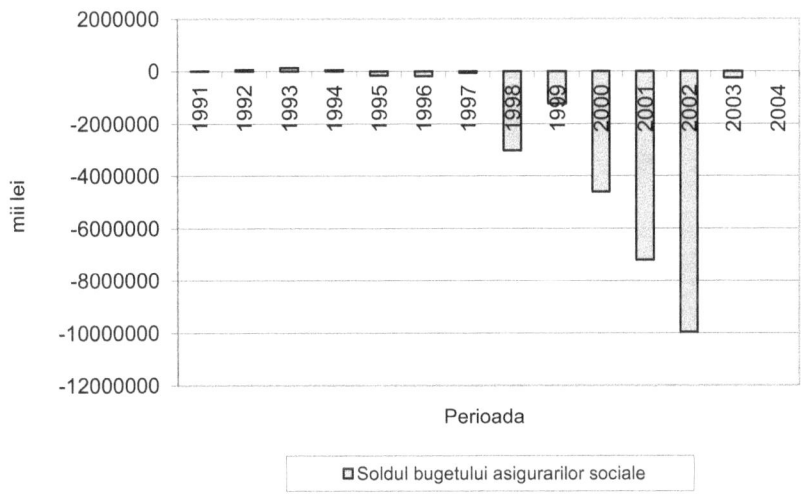

Sursa datelor: Anuarul Statistic al României, 2004

Deficitul bugetului asigurărilor sociale s-a accentuat dramatic după 1999. O oarecare revenire se poate constata după 2003. Rămâne însă de văzut dacă evoluţiile ulterioare vor confirma acest trend.

Categorii de venituri la bugetul asigurarilor sociale

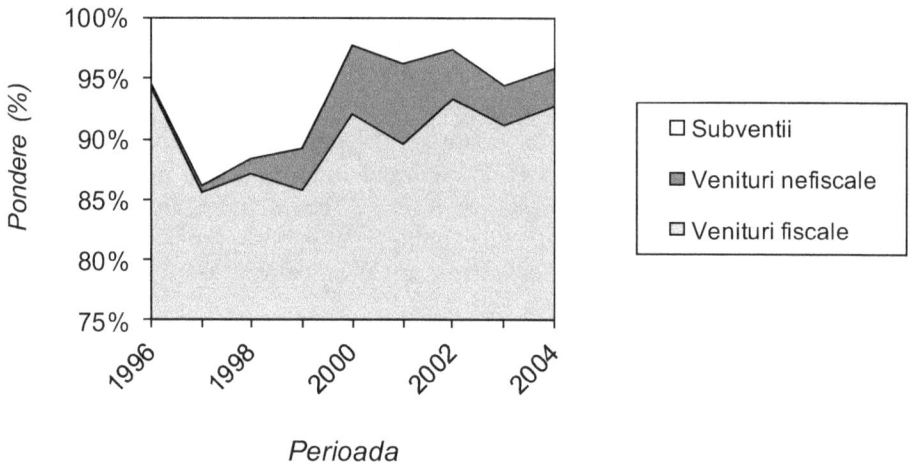

Sursa datelor: Anuarul Statistic al României, 2004

Principala contribuţie le creşterea veniturilor şi îmbunătăţirea situaţiei bugetului asigurărilor sociale, în sensul diminuării soldului negativ, o au veniturile fiscale. Din categoria veniturilor fiscale fac parte: contribuţiile la asigurările sociale de stat şi alte tipuri de venituri ale asigurărilor sociale de stat. Ultima categorie repezită o contribuţie nesemnificativă care s-a înregistrat în cadrul bugetului asigurărilor sociale numai pe perioada 1991-1995.

Prin urmare cauzele deficitul bugetar extrem de mare, din ultima perioadă de analiză, trebuie căutate în deficienţele de colectare a principalului tip de contribuţie care ar putea susţine un sold pozitiv al bugetului asigurărilor sociale - însăşi contribuţiile la asigurările sociale ale personalului angajat şi angajatorilor.

În România, contribuţia la asigurările sociale este compusă din patru elemente: contribuţia la fondul de pensii, contribuţia la fondul de şomaj, contribuţia la fondul dc sănătate şi contribuţia pentru protecţia socială a persoanelor cu handicap. Nivelul taxelor s-a modificat funcţie de cerinţele economico-sociale ale momentului.

	1996	1997	1998	1999	2000	2001	2002	2003	2004
Fondul de pensii	28	28	28	35	35	35	35	34	31.5
Fondul de somaj	6	6	6	6	6	6	6	6	4
Fondul de sanatate			10	14	14	14	14	4	
Fondul pentru protecia social a persoanelor cu handicap	1	1	1	3	3	3	2		
Fondul special de sustinere a învamintulu i				2	2	2			

Sursa: Studiu de impact, Institutul European, p. 5

Rate complete de colectare nu se realizează pentru nici una din componentele asigurărilor sociale: 77% la fondul de pensii, 99% la fondul de colectare, 80% la fondul de şomaj.

Performanţele slabe de colectare a veniturilor la fondul de pensii sunt explicabile într-o oarecare măsură prin aceea că România are cea mai mare rată de impozitare la fondurile de pensii şi şomaj din regiune. Sistemul public de pensii constituie cea mai mare parte a cheltuielilor sociale şi este în acelaşi timp o sursă de deficit bugetar. Cheltuielile sociale au atins 16.8% din PIB în 2000, şi aproape jumătate din această sumă revine cheltuielilor cu pensiile. În decursul perioadei 1995-2004 deficitul bugetar a fost în medie de 4.3% din PIB, iar deficitul sistemului de pensii a fost în medie de 1.1% din PIB.[76]

Din datele perioadei 1991-2004, rezultă că în cadrul bugetului asigurărilor sociale, veniturile şi cheltuielile cu pensiile contribuie la creşterea deficitului.

---

[76] Ciupagea, Constantin, *Analiza opţiunilor şi implicaţiilor reducerii contribuţiei de asigurări sociale în România*, p.6

Sold Venituri-Cheltuieli cu pensiile

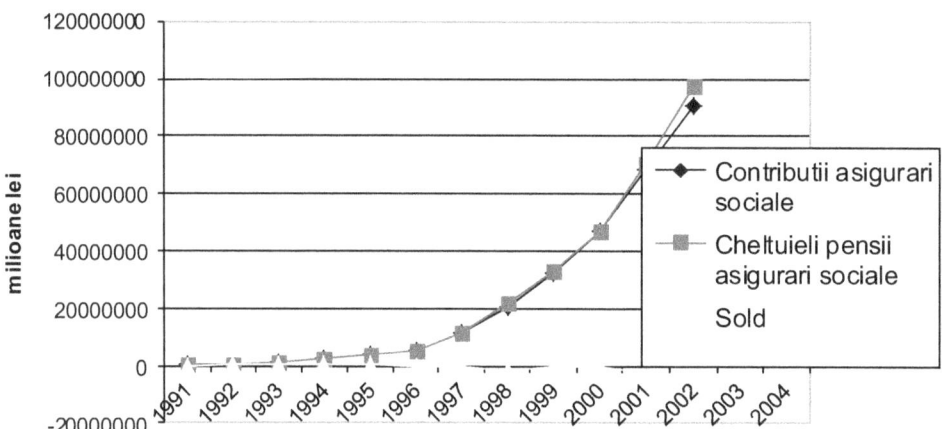

Sursa datelor: Anuarul Statistic al României, 2004

Acest dezechilibru a fost alimentat de politicile guvernamentale, cum au fost cele de promovarea a pensionării ca alternativă la şomaj.

Problemele cu care România se confruntă în acest domeniu sunt: numărul mic al contribuabililor comparativ cu cel al beneficiarilor în timp ce anumite categorii de populaţie - cum sunt ţăranii - beneficiază de asigurări, neplata la termen a datoriilor privind asigurările sociale de către agenţii economici în special a celor din sectorul de stat, neplata aceloraşi datorii de către agenţii privaţi care sunt falimentari şi evazionişti, şi poate cel mai important, întârzierea reformei sanitare care de fapt ocoleşte introducerea prin lege a obligativităţii plăţii asigurărilor sociale de către toate categoriile socio-profesionale şi de a beneficia de asistenţă numai cei care au asigurările plătite la zi.

Numărul contribuabililor la sistemul de pensii scăzuse în 1995 la 6,2 milioane de contribuabili în timp ce numărul beneficiarilor ajunsese la aceeaşi cifră în 2001. În aceste condiţii soluţia găsită a fost creşterea ratei de impozitare care şi aşa era destul de ridicată însă condiţiile legislative permisive a facilitat evaziunea şi rezultatele aşteptate nu au fost obţinute.

Reforma în domeniul sanitar ar aduce importante costuri sociale care sunt întârziate dar care se reflectă în slaba performanţa a colectării veniturilor bugetare şi implicit se introduc distorsiuni în ansamblul economiei.

De neignorat este şi impactul creşterii economice asupra formării brute a capitalului fix, observabil mai ales prin mărimea nivelului investiţional.

- modificare procentuală faţă de anul anterior[77]

-

---

[77] Guvernul României, *Programul Economic de Pre – aderare*, 2003-2004, p. 35

114

Perioada	2001	2002	2003	2004
Nivelul investiţional (%)	**6,6**	**7,4**	**8,5**	**13**
Investiţii în sectorul privat (%)	6,1	12,4	11,2	n/a
Investiţii în sectorul de stat (%)	3,4	-1,5	3,3	n/a

Sursa: Guvernul României, _Programul Economic de Pre – aderare_, 2003-2004, p. 35

Trendul crescător al ratei investiţiilor demonstrează obţinerea creşterii economice pe o bază sănătoasă realizate într-un cadru de normalitate a relaţiei consum - economisire – investiţii.

- % din PIB

[78]

	2002	2003	2004	2005	2006
Rata de economisire interna	17,3	18,2	19,4	20,2	20,9
Rata de investiţie	21,1	22,5	23,8	24,5	25,3

Sursa: Guvernul României, _Programul Economic de Pre – aderare_, 2003-2004, p. 35

Ultimele date sunt deasemeni foarte importante în a elimina suspiciunile privind obţinerea de către România a unor rate de creştere nesănătoase pe baza stimulării consumului intern generator de presiuni inflaţioniste. Nivelele mari ale consumului au generat rate interne de economisire mai mari, dar care pe ansamblu au fost depăşite de creşterea ratelor investiţionale.

O prioritate deosebită a negocierilor de aderare în etapa actuală este _demonstrarea potenţialului de reducere a arieratelor fiscale produse de întreprinderile private._

Aprecierea se bazează pe faptul că aceste arierate influenţează negativ deficitul bugetar şi presiunile pe care le exercită asupra inflaţiei şi privatizării sectorului energetic.

În analiză se impune a se pleca de la cauza apariţiei arieratelor financiare provocate de întreprinderile private în scopul identificării posibilelor măsurilor de luat şi luate de guvernul Român, desigur în strânsă legătură cu necesitatea îndeplinirii obiectivelor asumate prin procesul de aderare.

Cauza apariţiei arieratelor financiare ale întreprinderilor private la bugetul de stat este, după Comisia Europeană şi Rapoartele Periodice ale Comisiei şi Programele Economice de Pre-aderare ale Guvernului României, ineficienta aplicare a disciplinei fiscale. În toate prevalează o astfel de cauză şi toţi au ajuns la concluzia imperativităţii.

Analiza necesităţii îmbunătăţirii eficienţei disciplinei fiscale nu se poate realiza decât în legătură cu efectele acesteia asupra deficitului bugetar consolidat, în particular asupra componentelor acestuia: veniturile şi cheltuielile, bugetare.

---

[78] Ibidem

Deficitul bugetar total ca procent din PIB				%
	2004	**2005**	**2006**	**2007**
Venituri totale	33,7	32,9	33,2	35,3
Cheltuieli totale	35	33,6	34,1	37,2
Deficit primar	0,1	0,7	0,3	-0,8
Deficit bugetar	-1,3	-0,7	-0,9	-1,9

Sursa: www.cnp.ro

Arieratele fiscale afectează nivelul veniturilor bugetare, în sensul descreşterii, limitând cheltuielile bugetare cu consecinţe negative asupra infrastructurii instituţionale şi capitalului uman al ţării.

Resursele bugetare totale au în componenţă veniturile obţinute din colectarea impozitelor directe şi indirecte. Rapoartele Comisiei au identificat dificultăţi de colectare în ambele domenii. Din cadrul impozitelor directe s-a atras atenţia asupra eficienţei colectării contribuţiilor sociale, iar din impozitele indirecte, colectările de accize.

Trebuie să remarcăm că, partea contribuţiei salariaţilor la asigurările sociale a fost diminuată pe tot parcursul perioadei, ceea ce se va refelcta şi în scenariile de prognoză până în 2006. Contribuţiile vor scădea de la 10% din PIB în 2003 la 9,2 în 2006. Scopul guvernamental este probabil o diminuare a contribuţiei în vederea creşterii venitului nominal pe cap de locuitor în vederea atingerii unei convergenţe cu cel al UE. Însă veniturile bugetare sunt afectate cu atât mai mult cu cât ele au şi aşa un nivel scăzut, iar procentajul de neplată al acestor contribuţii de către sectorul privat este ridicat.

Obiectivul guvernului de diminuare a contribuţiilor în vederea asigurării unei convergenţe a veniturilor este indiscutabil dezirabil. Aspectul negativ este determinat de indisciplina fiscală a sectorului privat. Din perspectiva impozitelor indirecte şi a slabei eficienţe a colectării accizelor la bugetul de stat remarcăm influenţa cursului de schimb a monedei locale asupra accizelor şi situaţiei bugetului guvernamental.

În condiţiile liberalizării cursului ratei de schimb ROL/EURO este evidentă tendinţa generală de apreciere a monedei naţionale. Prognozele elaborate în 2004 prevăd o pierdere a veniturilor de aplicare a accizelor în cazul unei aprecieri rapide a cursului ROL/EURO de peste 14,000 de miliarde de lei în anul 2007. Cauza s-ar regăsi în pierderile de productivitate ale agenţilor economici generate de încetinirea ritmului de creştere economică. [79]

Rata inflaţiei

Este unul din indicatorii principali urmăriţi de Comisia Europeană în îndeplinirea criteriului unei economii de piaţă funcţionale. Cerinţele Uniunii sunt stabilizarea acesteia la un nivel care să nu depăşească cu mai mult de 0,5% rata medie a inflaţiei a primelor trei ţări cu cele mai bune performanţe în Uniune. În condiţiile economice ale anului 2005 România nu -şi poate propune atingerea acestui obiectiv.

Rata inflaţiei în 2004 a fost de 11.9% reprezentând o continuare a procesului dezinfalţionist din România. În 2004, faţă de anul 2003, preţurile au crescut în total cu 9,3% şi cu numai 0,3% peste de obiectivul de inflaţie pe 2004. Cel mai mult s-au diminuat

---

[79] www.cnp.ro

prețurile serviciilor -8,1% dar și prețurile la mărfurile nealimentare, care au coborât la 12,1% și la cele alimentare la 9,8%. Conform datelor Institutului Național de Statistică, alimentele care s-au scumpit cel mai mult sunt ouăle (21,5%), legume și conserve de legum (1,7%). Din grupa mărfurilor nealimentare cel mai mult s-au scumpit combustibilii (7,5%), energia electrică (5%) și combustibilii (1,5%), iar la servicii cel mai mult au crescut tarifele hoteliere (3,1%%), transportul urban (2,8%), îngrijire medicală (2,6%) și apă, canalizare și salubritate (2,6%).[80]

Evolutia generala a inflatiei

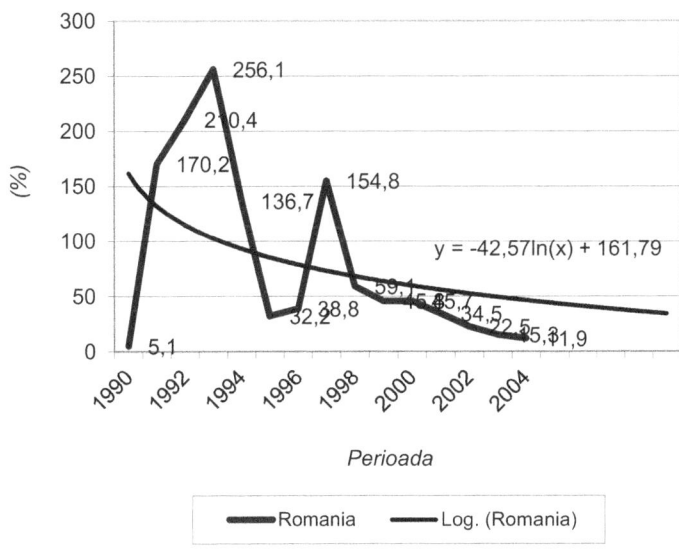

Se estimează că trendul descrescător al ratei infției va continua.

Prin angajamentele Băncii Naționale ale României se dorește obținerea în 2005 a unei ținte de inflație de 7%. Care sunt factorii de risc care pot afecta îndeplinirea acestei dezirabilități? În primul rând prețurile reglementate, creșterile salariale și instrumentul de control reprezentat de politica monetară.

Pe parcursul perioadei 2000-2004 fenomenul inflaționist a fost alimentat în mare măsură prin intermediul menținerii *prețurilor reglementate*. Un număr de 18 prețuri sunt încă administrate, dintre care 2 sunt la energia electrică și termică, gazele naturale, tarifele serviciilor poștele și prețul medicamentelor de uz uman. Desigur nu ne putem aștepta că această reglementare va fi complet eliminată într-o perspectivă imediat următoare. De aceea este foarte important susținerea acestui proces prin intermediul politicii monetare și fiscale și cea a veniturilor bugetare.

Contribuția indicelui general al prețurilor de consum la scăderea inflației se prezintă astfel:

---

[80] http://finaciar.rol.ro

117

Evolutia indicilor preturilor de consum

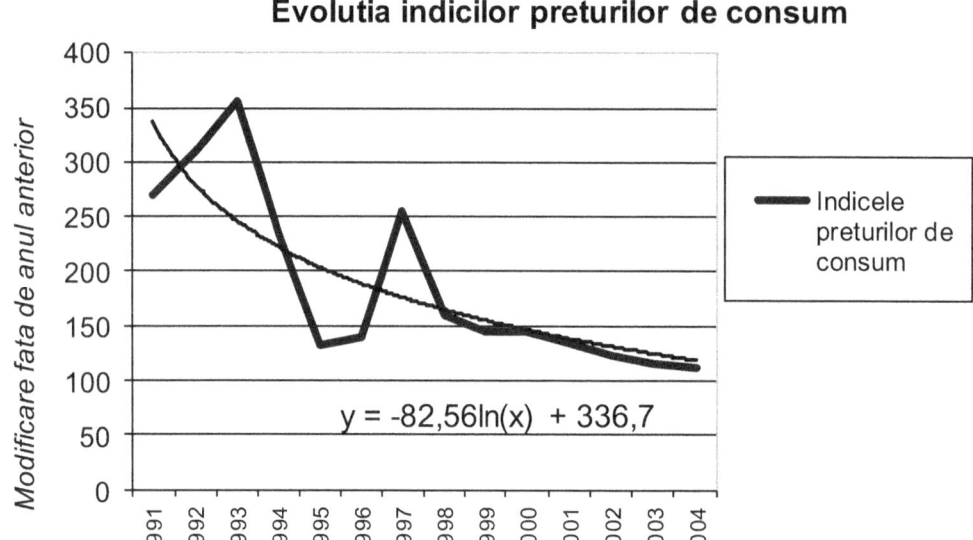

$$y = -82{,}56\ln(x) + 336{,}7$$

Reducerea inflaţiei s-a realizat printr-o reducere mai acceatuată a preţurilor de consum.

Pe grupe de mărfuri, cea mai mare contribuţie în scăderea indicilor preţurilor de consum şi implicit a inflaţiei, a avut-o scăderea preţurilor la mărfurile alimentare.

Dinamica indicilor preturilor de consum pe grupe de produse

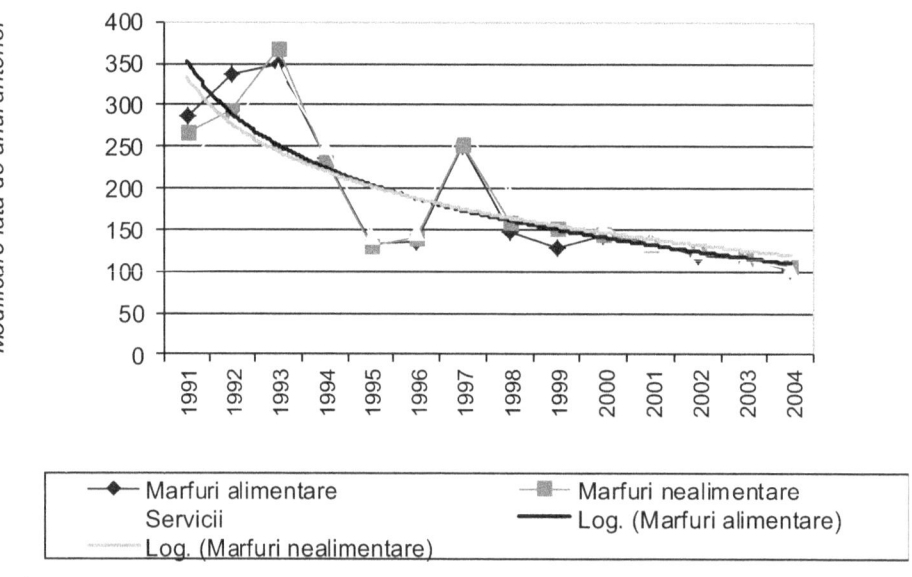

În sectorul serviciilor sunt cele mai mari preţuri şi s-a inregistrat cea mai mică scădere pe perioada analizată.

Din punctul de vedere a politicii monetare fenomenul inflaţionist a fost susţinut prin *deprecierea cursului* ROL/EURO. Liberalizarea cursului valutar de la sfârşit anului 2004 a modificat evoluţia cursului ROL/EURO în sensul unei aprecieri continuii a cărui trend se estimează că va continua.[81]

Pentru a contracara procesul de erodare a capitalurilor împrumutate, băncile au mărit dobânda astfel încât să fie mai mare decât rata inflaţiei. În condiţiile unei rate a inflaţiei ridicate, şi nivelul dobânzilor practicat a fost ridicat, astfel încât cerinţele UE legate de rata dobânzii nu au putut fi îndeplinite. Deprecierea care a rezultat din inflaţie a contracarat creşterea costului unitar al datoriei la datoriile contractate anterioar însă ea a avut consecinţe negative pentru economie.

Controlul inflaţiei prin intermediul politicii fiscale şi a veniturilor bugetare este legat de controlul creşterilor salariale care trebuie să se producă în limite ne-inflaţioniste. *Creşterea salariului* mediu trebuie corelată cu creşterea productivităţii muncii calculată comparabil cu indicatori specifici pentru fiecare sector. În PEP (2004) se estimează mărirea salariului mediu brut pe economie care va fi cu 60% mai mare decât la sfârşitul anului 2004.

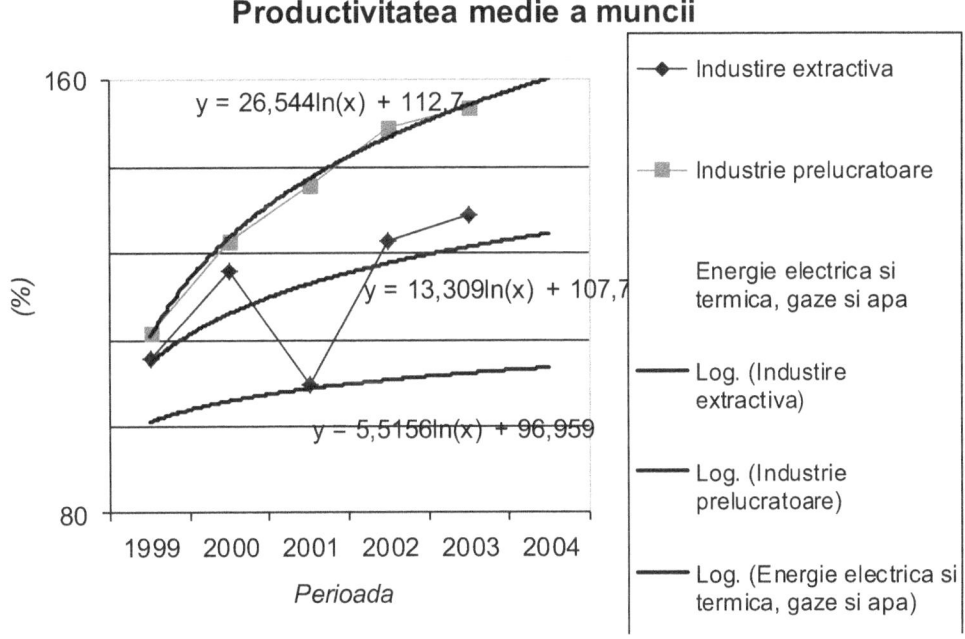

[81] Guvernul României , *Programul Economic de Pre-aderare*, 2004

Cresterea indicilor preturilor productiei industriale

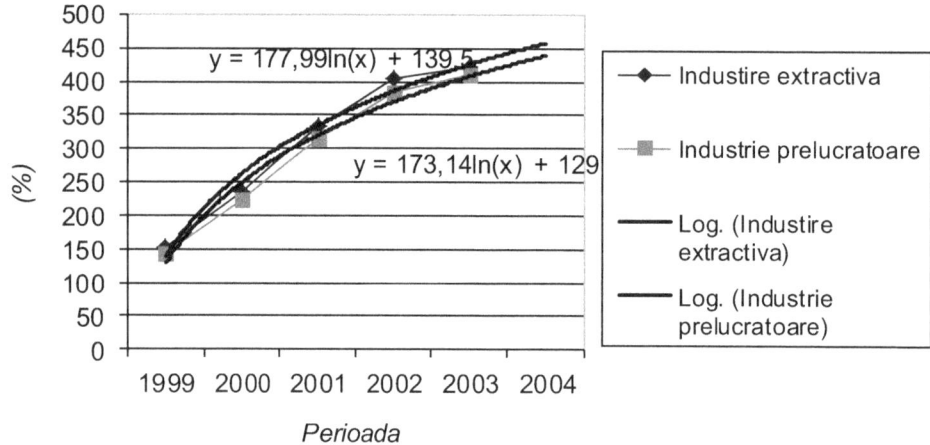

Comparând ecuaţiile de caracterizarare a preţurilor şi productivităţii, se remarcă creşterea mai accelerată a preţurilor faţă de productivitate.

Productivitatea	Creşterea preţurilor
y = 26.544Ln(x) + 112.7	y = 177.99Ln(x) + 139.5
y = 13.309Ln(x) + 107.78	y = 173.14Ln(x) + 129.6
y= 5.5158Ln(x) + 98.958	y = 171.84Ln(x) + 130.22

Consecinţa, a fost o alimentare a procesului inflaţionist prin creştrea preţurilor. Principalul sector care a generat creşterea preţurilor şi alimentarea inflaţiei a fost industria extractivă.

Creşterea preţurilor a fost posibilă prin includerea în costurile de producţie ale firmelor, fără nici un control, a tuturor scumpirilor factorilor (muncă, materii prime, capital) şi a tuturor „dezeconomiilor". Între acestea, cea mai mare pondere o are costul firmelor cu forţa de muncă, variind de la 65,4% în industria hotelieră şi restaurante la 72,8% în învătământ într-un total de 67,1% şi respectiv 74,2%

Cantitatea de monedă în economia românească a crescut mai ales ca urmare a exceselor de credite şi fără a avea acoperire în producţia de bunuri şi servicii.

În primii ani ai liberalizării economiei româneşti evoluţia masei monetare nu a fost totuşi de natură să alimenteze creşterea inflaţiei.

Miliarde lei	1990	1991	1992	1993	Dinamica 1900-1993
PIB	857.9	2203.9	6029.2	20035.7	
		156.8947	173.5696	232.3111	2335.435
Masa monetara	513	1033	1856	4472	
		101.3645	79.67086	140.9483	871.7349
Diponibilitati banesti ale populatiei	92	176	411	1049	
		91.30435	133.5227	155.2311	1140.217
din care depuneri	157	520	617	1182	
		231.2102	18.65385	91.57212	752.8662

Miliarde lei	1990	1991	1992	1993	1994	1995	1996	1997	1998	1999	2000	2001	2002	2003	2004	Dinamica 1990-2004
PIB	857.9	2203.9	6029.2	20035.7	49773.2	72135.5	108391.6	252926.7	371194.8	545730.2	803773.1	1167687	1516126.8	1890778.3	1588539.3	
		156.8947	173.5696	232.3111	148.4226	44.9284	50.26111	133.3453	46.75983	47.01989	47.28397	45.2757	29.84017	24.71109	-15.98489	185166.0
Masa monetara	513	1033	1856	4472	10649	18278	30335	62150	92530	134123	185060	270512	373713	460741	568002	
		101.3645	79.67086	140.9483	138.1261	71.64053	65.96455	104.8789	48.88174	44.95083	37.97783	46.17529	38.15024	23.28738	23.28010	110721.6
% PIB	59.79718	46.87146	30.78352	22.32016	21.39505	25.33843	27.98649	24.57234	24.92761	24.5768	23.02391	23.16648	24.64919	24.36779	35.75624	

Diponibilit ati banesti		Din care depuneri
92		157
176	91.30435	520
411	133.5227	617
1049	155.2311	1182
2201	109.8189	2333
3760	70.83144	3323
5383	43.16489	5791
9200	70.90842	9531
11525	25.27174	10585
17372	50.73319	12297
25742	48.18098	20589
35635	38.43136	28674
45578	27.902343	42426
57978	27.2061082 1	n/a
70387	21.4029459 5	n/a
76507.61	76507.61	27022.92

În perioada 1990-1993, disponibilităţile băneşti ale populatiei au crescut de 1140 de ori, mai puţin decât creşterea PIB a economiei româneşti care a fost de 2335 de ori mai mare însă peste nivelul masei monetare în circulaţie. În aceste condiţii doar dinamica scăzută a depunerilor (o creştere de numai 752 de ori) ar fi putut determina ca disponibilităţile băneşti ale populaţiei să fi stimulat consumul peste ofertă şi astfel creându-se premisele unui trend crescător a ratei inflaţiei. Din datele prezentate anterior se pot remarca nivelurile mari ale ratei inflaţiei din perioada imediat următoare după 1989.

Însă pe toată perioada analizată, până aproape de prezent, echilibrul tinde să se restabilească. Evoluţia disponibilităţilor băneşti ale populaţiei în numerar (76507.61) a rămas în urma dinamicii PIB (185166.0). Creşterea masei monetare în circulaţie în perioada 1990-2004 a fost de 110721.6 şi a depăşit-o pe cea a creşterii diponibilităţilor în numerar (76507.61). În aceste condiţii inflaţia a scăzut şi în 2004 a atins pntru prima dată o singură cifră (9%).

În acest caz a fost iniţiat un proces de dezinflaţie care este de aşteptat că va continua pe perioadele următoare până la atingerea ţintei de 3-4% în 2007, în vederea îndeplinirii criteriului economic impus de UE în legătură cu nivelul acceptat al inflaţiei. Îngrijorările guvernamentale sunt legate de costurile economice şi sociale determinate de acest proces, în condiţiile existenţei unui comportament social inflaţionist anticipator.

Evoluţia *comerţului exterior* este importantă din cel puţin două puncte de vedere al negocierilor de aderare a României. Contribuţia exporturilor la creşterea economică şi rolul lor în diminuarea deficitului contului curent.

Balanta comerciala

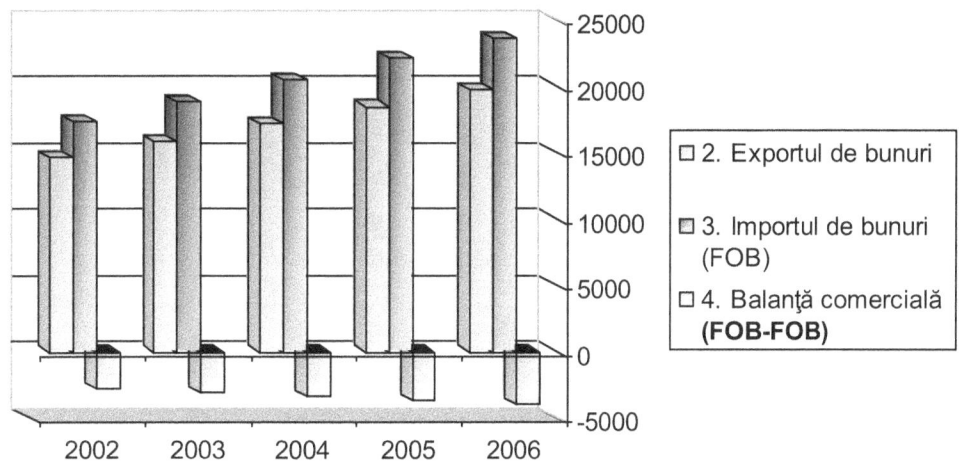

Din figură se remarcă tendinţa pozitivă de creştere a importurilor şi exporturilor României însă într-un ritm mai rapid a importurilor. Evoluţia este negativă şi a determinat o deteriorare continuă a balanţei comerciale începând cu 2002, iar prognozele realizate în cadrul PEP sugerează o continuă înrăutăţire a acesteia. Rezultatele sunt obţinute pe fondul unei creşteri continue a nivelului importurilor peste nivelul exporturilor.

O motivaţie absolut riguroasă privind cauzele acestor evoluţii nu este uşor de realizat. Ea poate fi generată de reformele iniţiate, care a determinat diferite modificări structurale şi de compoziţie în exporturile României. O altă cauză ar putea fi reprezentată de deschiderea comercială prea mare a economiei româneşti în condiţiile păstrării unui nivel înalt al protecţiei de către economiile partenere. Este cazul exporturilor de produse agricole ale României către UE, principalul său partener comercial dar şi cu cel mai mare nivel protecţionist în acest domeniu, în condiţiile în care noi ne-am deschis considerabil pieţele faţă de situaţia iniţiala ca urmare a acordurilor comerciale încheiate în vederea aderării şi a unui anumit grad de necompetitivitate internă a produselor sale faţă de produsele provenite din importuri. O analiză a structurii exporturilor şi importurilor este de natură să întărească cele afrimate şi să pună în lumină şi alte concluzii.

În figura care urmează sunt reprezentate principalele grupe de produse exportate (notate cu litere romane mari, Anexa II) de România pe perioada a trei ani. Este evident parcursul crescător, de la an la an, pentru fiecare din aceste grupe de produse şi că detaşarea evidentă a materalelor şi textilelor faţă de toate celelalte. Urmează cu un volum mai semnificativ al exporturilor Grupa de produse maşini şi aparate mecanice şi electrice (Grupa O) şi produse minerale (Grupa E). Este surprinzător faptul că nu găsim în topul exporturilor româniei Grupa de produse agro-alimentare (reprezentată de suprafeţele A,B,C,D) în condiţiile în care agricultura este ramura de bază a economiei României.

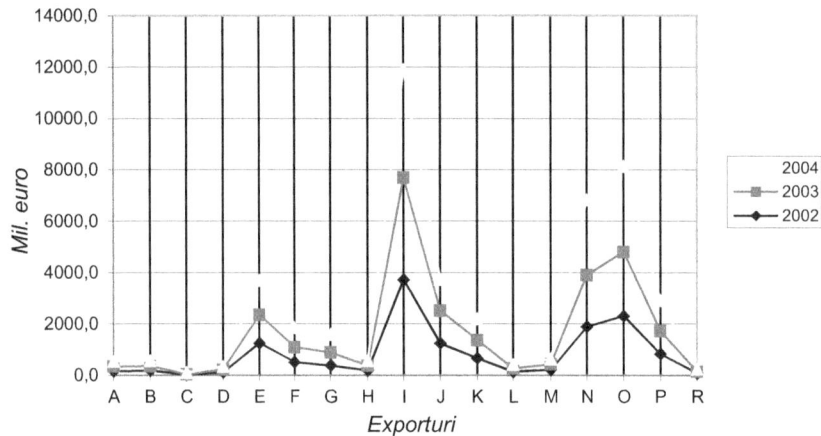

Exporturi

De remarcat că principalul grup de produse exportat face parte din categoria produselor industriale, aşadar argumentul referitor la obţinerea unor performanţe slabe ale exporturilor româneşti (reflectate prin deficitul balanţei comerciale) ca urmare a reformei structurale a economiei româneşti nu poate fi susţinut. În condiţiile în care în perioadele anterioare, întreprinderile din sectorul industrial au fost cele mai neperfomante şi cauzatoare de arierate financiare, acesta a fost şi sectorul cel mai afectat de reforma structurală dar este şi sectorul care susţine un ritm de creştere a exporturilor româneşti.

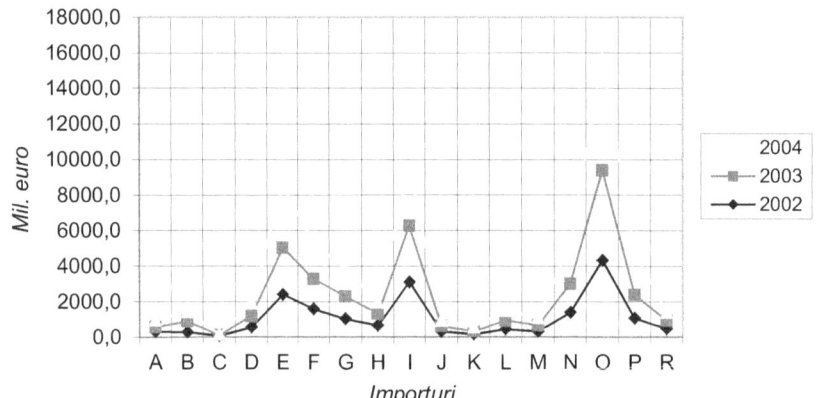

Importuri

Grupa de produse cu cea mai mare pondere în importurile României este tot Maşini şi aparate mecanice şi electrice indicând un sector industrial cu o deosebită activitate.

Analiza balanţei comerciale pe grupe de produse în scopul determinării contribuţiei la soldul general, arată oarecum paradoxal că cea mai mare contribuţie la deficitul comercial o are chiar grupa de produse cu cele mai bune performanţe în domeniul exporturilor. Depăşirea importurilor de către exporturi poate fi explicată, într-o anumită măsură, prin posibilitatea obţinerii de la extern a unor produse de o calitate mai bună sau doar de marcă mai bună. Dezechilibrul apare pe fondul exportării unor produse cu valoare încorporată mai mică şi a importului unor produse cu valoare încorporată mare.

Aceeaşi contribuţie negativă o au şi produsele agroalimentare, confirmând, într-o anumită măsură, ipoteza unei deschideri prea mari a pieţei româneşti pentru exporturile de produse similare străine.

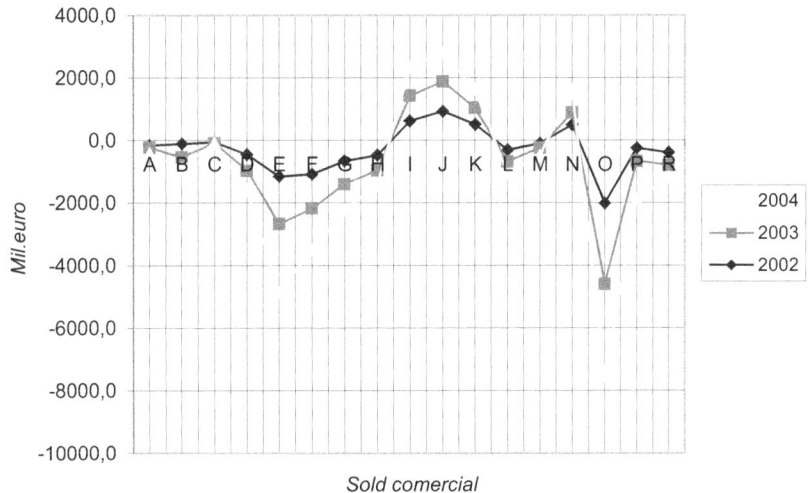

Se remarcă însă contribuţia pozitivă la soldul balanţei comerciale a produselor din Grupele Materii şi produse textile, Încălţăminte, pălării, umbrele, Lemn şi produse din lemn, Metale comune şi articole (Grupa I, J, K, N).

Privatizarea sectorului energetic sunt o precondiţie a liberalizării pieţelor acestor tipuri de servicii. Este cu atât mai mult necesară cu cât integrarea în acest domeniu a ajuns, în Uniune, la un anumit standard de dezvoltare, reprezentat de politica energetică comunitară.

În sectorul energetic privatizarea poate fi discutată în legătură cu 4 companii energetice: Electrica, Termoelectrica, Transelectrica, Nuclearelectrica. Toate aceste companii au fost reorganizate în vederea privatizării.

Cheltuielile şi veniturile bugetare pentru realizarea restructurarii în sectorul industrial

- mil. Euro[82]-

	2005	2006	2007	*Total*
Cheltuielile bugetare pentru realizarea restructurarii in sectorul industrial	142,7	138	39,7	*320,4*
Energie electrica si termica	47,3	89.8	-	
Mine si geologie	49,4	48,1	39,7	
Petrol si gaze	20,5	-	-	
Aparare	25,5	-	-	
Veniturile bugetare din privatizarea sectorului industrial	321,3	7,8	5,6	*334,7*

Sursa: PEP, 2004 şi propriile calcule

Din proiecţiile financiare PEP (2004), privatizarea energetică este pe cât de importantă, pe atât de greu este de realizat, ca urmare a implicatiilor financiare care le presupune. Cheltuielile bugetare totale estimate a fi necesare pentru restructurarea sectorului energetic depăşesc veniturile estimate pentru aceeaşi perioadă.

Cu toate acestea, în 2000, Compania naţională de electricitate a fost restructurată pe domeniile de activitate (producţie, transport şi distribuţie), în vederea privatizării. Producţia este reprezentată de Termoelectica, Nuclearelectrica şi Hidroelectica, Transelectica, asigură funcţionarea şi administrarea reteli naţionale de transport şi Electrica, distribuţia de energie. În sectorul gazelor naturale, Romgaz a fost restructurată, creându-se principalul oprator în acest sector: SNP Petrom. Guvernul a reuşit deja privatizarea acestuia din urmă, iar în 2003-2004 s-a reuşit şi privatizarea a altor 4 agenţi economici din 7 nominalizati în programul de privatizare PSAL: Electrica Banat S.A., Electrica Dobrogea S.A., S.A., Distrigaz Nord S.A si Distrigaz Sud S.A[83]

Crearea unui sistem concurenţial eficient este în strânsă legătură cu *mediul de afaceri* în care întreprinderile acţionează. În România, mediul de afaceri nu are acelaşi dinamism pe care îl cunoaşte cel din Uniunea Europeană. Principalcle diferenţe constau în nivelul competitivităţii întreprinderilor, utilizarea sau nu a unui cod de etică, proceduri administrative simplificate.

Dinamizarea mediului de afaceri din România presupune o serie de condiţii adiţionale celor specificate. Ele sunt specifice stadiului de dezvoltare a economiei româneşti;

- ajustarea structurală;
- privatizarea marilor întreprinderilor şi stimularea IMM-urilor;
- atragerea investiţiilor străine;

---

[82] Guvernul României, *Programul Economic de Pre-aderare*, 2004 şi propriile calcule
[83] Guvernul României, *Programul Economic de Pre-Aderare*, 2004, p. 76

-   creşterea exporturilor.

În mediul de faceri românesc rolul patronatelor şi asociaţiilor profesionale este mult diminuat comparativ cu cel al organizaţiilor similare din Uniune. O activitate eficientă a acestor organizaţii ar avea consecinţe benefice mai ales din punctul de vedere al creării unui cadru etic de desfăşurare a afacerilor, iar Uniunea Europeană are o lungă tradiţie în susţinerea unor preocupări pentru impunerea unui cadru etic de desfăşurare a afacerilor pe toate palierele sale. Eforturile s-au concretizat în elaborarea unui „Cod de etică al investitorului', care are o importanţă deosebită în contextul actual al economiei româneşti a cărei principală preocupare trebuie să fie atragerea unui număr cât mai mare de investitori străini. Se impune aşadar adoptarea dar mai ales aplicarea unui asemenea cod în mediul de afaceri românesc.

Obiectivul Uniunii de a face din Europa ce mai competitivă economie a lumii este unul la care România trebuie să contribuie. Deocamdată argumentele de negociere ale României sub acest aspect sunt puţine. Ea înregistrează deficienţe legate de toate componentele mediului de afaceri:

-   România nu are o politică a comerţului internaţional care să se înscrie clar într-o opţiune comercială pentru liberalism sau protecţionism;
-   Un mediu juridic precar este o barieră principală în calea atragerii unor parteneri de afaceri străini;
-   Situaţia economică de ansamblu s-a îmbunătăţit senibil însă mai există încă posibilitatea unor interpretări negative privind evoluţia sa în ceea ce priveşte rata inflaţiei, nivelul şomajului, tendinţa balanţei de plăţi. O barieră ar putea fi chiar lipsa datelor statistice care se cer a fi analizate de investitori înainte de a lua o decizie de investire;
-   Prin poziţia geografică România, se regăseşte la graniţa extremă Est a Uniunii Europene şi poate fi considerată un impediment din punct de vedere a accesibilităţii fizice a pieţei sale interne. În plus infrastructura aeriană, rutieră sau fluvială nu este la nivelul celei din Uniune şi necesită importante investiţii şi susţinere financiară Europeană. Resursele naturale sunt o bogăţie a României care poate fi exploatată pentru îmbunătăţirea mediului de afaceri.
-   Populaţia României este un avantaj pe care se poate miza în crearea unui mediu de afaceri atractiv. Este una din ţările relativ mari ale Europei. Aspectele negative sunt legate de potenţialul consumator al acestei populaţii: un nivel al veniturilor redus şi angajarea unei mari părţi a populaţiei în mediul rural, care determină un anumit comportament de consum şi influenţează structura bunurilor comercializate.
-   În ciuda unui grad redus de dezvoltare tehnologică a întreprinderilor româneşti, consumatorii sunt dispuşi să introducă în schemele lor de consum cele mai performante produse, stimulând astfel oferta firmelor naţionale sau străine care oferă astfel de produse. Nivelul redus al veniturilor stimulează promovarea unor variante simplificate de unde şi consecinţele negative asupra nivelului de dezvoltare tehnologică.
-   Mediul cultural românesc nu diferă de cel European astfel încât nu creează bariere de dezvoltare a mediului de faceri. Însă, din punctul de vedere a valorilor culturale, înţelegerea lor este mai accesibilă popoarelor de origine latină şi putem explica astfel nivelul instituţional redus al întreprinderilor cu un înalt nivel de dezvoltare tehnologică din ţările Europei de Nord, din economia românească.

Pentru analiza mediului de afaceri românesc prezintă importanţă presiunea fiscală pe care o suportă întreprinzătorii, ca factor inhibator al înfiiţării de întreprinderi sau dezvoltare a celor existente. Presiunea fiscală se reflectă şi în situaţia deficitului bugetar prin intermediul arieratelor financiare. O rată de presiune fisccală prea mare încurajează evaziunea fiscală şi neplata datoriilor către stat.

Rata de presiune fiscala

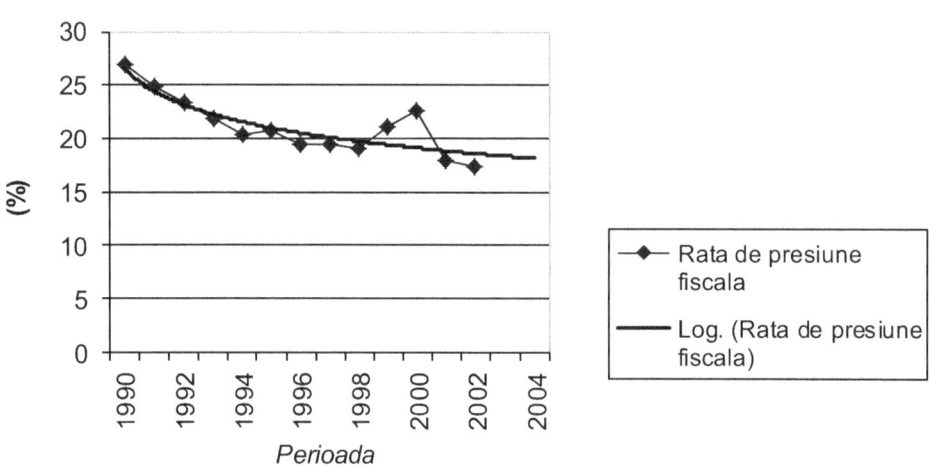

Sursa datelor: Anuarul Statistic al României, 2004

Din grafic se poate vedea ritmul descrescător al ratei de presiune fiscală. Aşadar putem argumenta că măsurile guvernamentale îndreptate către îmbunătătirea mediului de afaceri tind să-şi atingă scopul.

3.3 Soluţii guvernamentale

În *domeniul financiar – bancar* guvernul şi-a continuat măsurile de privatizare a sectorului; la sfârşitul anului 2003 sectorul privat reprezentând 93%. Procesul de privatizare a Băncii Comerciale Române se desfăşoară conform strategiei şi graficului adoptat. În ce priveşte privatizarea CEC ritmul este ceva mai lent însă măsurile de pregătire continuă.

Evoluţia ascendentă a activităţii bancare a fost determinată de crearea condiţiilor favorabile de creditare, prin creşterea şi diversificarea portofoliului de operatori bancari. BNR a întreprins măsurile necesare pentru limitarea riscului la creditul de consum şi ipotecar.[84]

---

[84] Guvernul României, *Programul Economic de Pre-Aderare*, 2004,p. 93

Banca Naţională a României este organismul responsabil cu implementarea măsurilor de reglementare bancară şi supraveghere. Reglementările emise vizează:[85]

1. creşterea exigenţei în autorizarea conducătorilor, administratorilor şi acţionarilor băncilor;
2. întărirea cooperării între instituţiile implicate în terorismul internaţional prin relaxarea prevederilor referitoare la sistemul bancar;
3. îmbunătăţirea posibilităţii de protecţie a deponenţilor prin posibilitatea declanşării falimentului unor bănci insolvabile înainte să se înregistreze un patrimoniu net negativ.

BNR a continuat măsurile de consolidare a sistemului bancar prin reglementări referitoare la limita minimă a capitalului social şi fondurilor proprii, cunoaşterea clientelei şi clasificarea creditelor şi plasamentelor. În plus s-au făcut eforturi reuşite de armonizare a cadrului legal de funcţionare a organizaţiilor cooperatiste de credit cu acquis-ul comunitar şi armonizarea legislaţiei contabile din domeniul bancar.

Acţiunile Guvernului în domeniul pieţelor financiare ţintesc în mod specific consolidarea sistemului bancar şi creşterea credibilităţii acestuia fără a se preciza modul în care se realizează acest obiectiv. Credibilitatea şi stabilitatea sistemului bancar pot fi totuşi văzute în legătură cu stabilitatea pieţelor financiare. Iar măsurile Guvernului privind dezvoltarea şi stabilizarea pieţelor financiare sunt:

- dezvoltarea pieţei de capital ca sursă de finanţare alternativă sistemului bancar;
- limitarea efectelor de evicţiune pe pieţele financiare ca urmare a finanţării deficitelor de cont curent ale trezoreriei publice;
- limitarea creării de hazard moral ca urmare a preponderenţei împrumutului public pe piaţa monetară internă;
- limitarea tendinţelor de structurare oligopolistă a pieţei bancare.

Pentru continuarea *procesului de dezinflaţie* se intenţionează adoptarea unor măsuri ce ţin în special de corectarea preţurilor administrate: majorarea periodică a preţului gazelor naturale, recalcularea preţului energiei electrice şi termice şi ajustarea periodică a tarifelor pe calea ferată. Tot în această direcţie Guvernul îşi propune accelerarea şi finalizarea privatizării întreprinderilor de stat şi restructurarea celor producătoare de pierderi mergând chiar până la închidere.

Totodată s-au promovat politici financiare selective pentru stimularea sectoarelor cu potenţial competitiv şi s-a stimulat interesul investitorilor străini de a pătrunde pe piaţa românească.

În ce priveşte soluţiile guvernului *pentru reducerea arieratelor financiare* ale întreprinderilor private pentru perioada 2005- 2008, sunt stabilite prin măsuri specifice de contracarare a factorilor de risc.:

1. reforma administraţiei fiscale pentru asigurarea unui cadru îmbunătăţit de colectare a obligaţiilor fiscale;
2. îmbunătăţirea managementului cheltuielilor publice prin îmbunătăţirea programării bugetare, prioritizare şi creşterea transparenţei;
3. accelerarea descentralizării fiscale pentru îmbunătăţirea procesului de colectare a resurselor bugetare;
4. relaxarea fiscală.

---

[85] www.bnr.ro

În 2004 a intrat în viguare Codul Fiscal care a îmbunătăţit transparenţa, predictibilitatea şi stabilitatea legislativă în acest domeniu.[86] Pentru îmbunătăţirea sistemului de creştere a veniturilor bugetare din punctul de vedere al contribuţiilor sociale şi ale accizelor s-au luat măsuri de accelerare a ritmului de diminuare a cotei de contribuţie la bugetul asigurărilor sociale. În domeniul accizelor se intenţionează luarea unor măsuri de aplicare a unor scutiri (benzine, motorine, păcura GPL, electricitate, gaze naturale), revizuirea sferei de aplicare a scutirilor pentru alcoolul etilic şi introducerea unor canale moderne de declarare şi plată.

În vederea îmbunătăţirii colectării se intenţionează mai multă fermitate în declanşarea operaţiilor de executare silită, identificarea şi aplicarea sechestrului sau folosirea procedurii de proprire.

Pentru întărirea disciplinei fiscale guvernul a suspendat în 2004 OUG 40/2002, prin care se acordau facilitaţi la plata obligaţiilor fiscale pe baza unui punctaj în funcţie de condiţiile economico-financiare ale companiilor. Relaxarea fiscală este de aşteptat să ajute la creşterea gradului de colectare a obligaţiilor fiscale. Guvernul are în vedere:

- reducerea cotei impozitului pe profit de la 25% la 16% (realizată în 2005);
- introducerea cotei unice de 16% pentru impozitul pe venitul persoanelor fizice;
- reducerea graduală a cotei de impozitare pentru contribuţiile la fondurile sociale începând cu anul 2006, atât pentru angajat cât şi angajator, astfel încât în 2008 acesta să fie de 39,5% faţă de 49,5% cât sunt în prezent;

Măsurile care au în vedere direct creşterea veniturilor bugetare sunt:

- înlăturarea practicilor de scutire sau reeşalonare a datoriilor la buget;
- sporirea ponderii economiei fiscalizate în detrimentul economiei subterane;
- pedepsirea evaziunii fiscale ca infracţiune economico-financiară.

Legea pensiilor din 2001 a adus anumite progrese în rezolvarea problemelor cu care Guvernul se confruntă în colectarea contribuţiilor la asigurările sociale:

- extinderea bazei de contribuţiei prin includerea agricultorilor şi a celor angajaţi pe cont propriu şi şomerii;
- creşterea cu 3 ani a vârstei de pensionare;
- o nouă formulă de calcul a beneficiului şi penalizarea pensionării în avans;
- creşterea perioadei minime obligatorii de contribuţie;
- divizarea contribuţiei la sistemul de pensii între angajat şi angajator.

În domeniul *energiei* Guvernul are stabilit un plan de măsuri clar cu obiective prioritare ce ţin de privatizarea filialelor Electrica şi Transelectrica. Sunt măsuri de concesionare, vânzare, oferire spre subscriere, atragere de investiţii. Obiectivul final este aplicarea tuturor acestor măsuri şi finalizarea lor înainte de 2007. Pentru reducerea arieratelor fiscale şi îmbunătăţirea colectării veniturilor din plata facturilor s-a decis luarea de măsuri de debranşare a rău platnicilor.

Guvernul recunoaşte necesitatea consolidării mediului de afaceri prin stimularea iniţiativei private şi a investiţiilor. S-a hotărât astfel îndreptarea acţiunilor guvernului către:

- consolidarea unui mediu de afaceri stabil şi predictibil;

---

[86] Ibidem

- eliminarea monopolurilor de stat nejustificate din punct de vedere economic sau din considerente de economie naţională;
- privatizarea utilităţilor publice;
- destrămarea structurilor oligarhice;
- consolidarea liberei competiţii;
- creşterea transparenţei mediului de afaceri şi a politicilor guvernamentale;
- liberalizarea pieţei muncii.

Pe termen scurt, obiectivele guvernamentale principale în asigurarea unei concurenţe libere sunt asigurarea independenţei nou înfiinţatului Consiliu al Concurenţei, eficientizarea legislaţiei antitrust, limitarea sectorului de stat la producţia şi distribuţia bunurilor publice, eliminarea ajutorului de stat şi altor intervenţii publice care distorsionează concurenţa liberă.

Rolul principal în crearea unui mediu concurenţial pe baze corecte revine IMM-urilor. Pentru ca activitatea acestora să se desfăşoare pe principii corecte Guvernul a stabilit:
- reducerea costului creditelor pentru IMM prin îmbunătăţirea cadrului legislativ al instituţiilor financiare şi adaptarea lui la nevoile micilor întreprinzători;
- îmbunătăţirea relaţiilor între autorităţile statului şi întreprinzători prin simplificarea procedurilor şi modificarea atitudinii faţă de investitori;
- introducerea de stimulente care să încurajeze transformarea IMM în furnizori pentru întreprinderile mari;
- simplificarea procedurilor administrative de înscriere a firmelor;
- transparenţă în utilizarea fondurilor comunitare pentru dezvoltarea IMM;
- dezvoltarea centrelor judeţene de consultanţă şi informare.

Indirect, îmbunătăţirea mediului de afaceri depinde şi de gradul de fiscalitate din economie şi măsurile pe care le implică, situaţia pieţelor financiare şi condiţiile de pe piaţa muncii.

O liberalizare completă a pieţei muncii în condiţiile libertăţii contractuale este un obiectiv prioritar al Guvernului. Măsurile stabilite au fost:
- reglementarea relaţiilor între angajat şi angajator;
- reglementarea relaţiilor de muncă în concordanţă cu caracterul de piaţă a economiei româneşti. Principalele îngrijorări ale Guvernului se îndreaptă către acele prevederi din Codul Muncii care restrâng dreptul managerilor de a lua decizii în scopul creşterii productivităţii muncii şi a eficienţei economice şi financiare in general;
- reintroducerea convenţiilor civile ca instrument juridic de stabilire a relaţiilor de muncă;
- instituţii juridice esenţiale pentru dreptul muncii.

Pe ansamblu, măsurile autorităţilor publice pe linie de creare şi ameliorare continuă a mediului de afaceri sunt cele înscrise în tabelul următor:

	Masuri guvernamentale	Termen limita
Libera circulatie a produselor industriale	eliminarea avizarii sanitare a produselor alimentare	Ianuarie 2005

	Aprobarea	
	normelor privind materialele si obiectele cu care intra in contact alimentele	Decembrie 2005
	normele privind alimentele cu destinatie nutritionala speciala	Martie 2005
	normele privind contaminantii din alimente	Februarie 2005
Stabilizarea sistemului bancar	finalizarea privatizarii CEC si respectarea obiectivelor si angajamentelor din acordul cu FMI	Decembrie 2005
	intarirea supravegherii sectorului bancar	Decembrie 2005
Crestere economica	incadrarea cresterii economice in tinta stabilita	August 05
	stimularea exporturilor si mentinerea importurilor sub control	Trimestrial: Iunie Septembrie Noiembrie 2005
Reducerea arieratelor financiare	incadrarea in tinta de 37221 miliarde	Mai 2005
	incadrarea in tinta de 36282 miliarde	August 05
	incadrarea in tinta de 35375 miliarde	Noiembrie 2005
	executarea silita a datornicilor	
	la 31 dec 2004	Martie 2005
	la 31 martie 2005	Mai 2005
	la 30 iunie 2005	Aug-05
	la 31 septembrie 2005	Noiembrie 2005
	monitorizarea lunara a incasarilor buetare	Lunar
	reorganizarea administrarii marilor contribuabili	Iunie 2005
	stabilirea cadrului procedural si a indicatorilor de performanta	Iunie 2006
	urmarirea procedurilor de reorganizare si faliment a datornicilor	Aprilie Iulie Octombrie 2005
Rata inflatiei	reducerea inflatiei si incadrarea in nivelul stabilit	Decembrie 2005

132

	adoptarea actului normativ privind salarizarea functionarilor publici	Iunie 2005
Privatizarea sectorului energetic	finalizarea procesului deprivatizare a SC Electrica Moldova si SC Electrica Oltenia	Decembrie 2006
	ajustarea tarifelor de inmagazinare subterana a gazelor	Aprilie 2005
	ajustarea tarifelor de transport a gazelor naturale	Iunie 2005
	majorarea cu 25 USD/1000 mc a pretului de valorificare a gazelor naturale	Decembrie 2005
	aplicarea unor preturi diferentiate pe tipuri de consumatori	Mai 2005
	inlocuiri conducte si bransamente	Decembrie 2005
	extindere retele distribuit egaz si infiinatrea unora noi	Decembrie 2005
	inchiderea a 6 mine de carbune	Decembrie 2005
	oprirea lucrarilor de investitii la 5 mine neviabile	Decembrie 2005
	disponibilizarea a 2033 angajati din sectorul carbonifer	Decembrie 2005

Priorităţile analizate nu sunt singurele care ar putea fi identificate în negocierile de aderare ale României iar analiza efectuată este departe de a epuiza toate aspectele prioritare ale procesului de pregătire a aderării României. O mare parte a celorlate priorităţi rezultă din analize sectoriale a economiei româneşti sau pe produse. Identificarea şi analiza completă a tuturor este un efort de cercetare prea amplu pentru scopul prezentei lucrări.

Priorităţile identificate sugerează însă un proces de căutări şi reformare a economiei româneşti, cu implicarea tuturor actorilor societăţii.

În vederea obţinerii unei analize mai aprofundate, a măcar unei din priorităţile negocierilor de aderare , capitolul următor cuprinde un model teoretic de negociere a liberalizării comerciale, mai precis a eliminării cotelor comerciale între România şi UE. Analiza este mult abstractizată, prin considerarea negocierilor între două ţări de dimensiuni diferite şi prin obţinerea unor rezultate care pot avea aplicabilitate pentru negocierile dintre oricare două ţări sau sectoare.

3. 4 Rezultate ale negocierilor de aderare

În momentul elaborării lucrării, negocierile de aderare ale României s-au încheiat. Priorităţile identificate însă nu îşi pierd din importanţa practică pentru analiza economică a negocierilor de aderare prin aceea că atingerea obiectivelor economice prioritare pentru procesul de integrare europeană se extinde dincolo de momentul negocierii. De aceea priorităţile identificate în procesul de negociere a aderării trebuiesc considerate în strânsă legătură cu rezultele obţinute.

În cele ce urmează am sintetizat rezultatele obţinute pe baza componentelor de negociere pe care le-am prezentat anterior şi care de altfel au constituit sursa de identificare a priorităţilor. Rezultatele negocierilor aşa cum sunt ele prezentate în cele ce urmează pot şi trebuie să constitue un indicator principal în stabilirea programelor de acţiune guvernamentale.

Totodată, pentru a surprinde performanţele României în negocieri, din perspectiva priorităţilor identificate, o comparaţie între rezultatele României cele ale Bulgariei credem că ar putea să ne ofere o imagine despre drumul pe care România l-a parcurs până la acest moment şi locul său în grupul Ţărilor Central Est Europene.

Capitolul 3: Libera circulaţie a serviciilor

România a obţinut o perioadă tranzitorie până în 2011 în ce priveşte schema de compensare a investitorilor, mai precis stabilirea nivelului minim de compensare. Performanţele Bulgariei sunt mai bune, fiind de aşteptat atingerea nivelului minim pană în 2009.

Capitolul 4: Libera circulaţie a capitalului

O perioadă tranziţională de 7 ani pentru mentinerea legislaţiei privind achiziţionarea de pământ agricol şi păduri şi 5 ani pentru achiziţionarea de pământ pentru stabilirea unei rezidenţe secundare. Negocierile Bulgariei în acest domeniu au condus la obţinerea aceloraşi rezultate ca şi în cazul României.

Capitolul 6: Politica în domeniul concurenţei

România a cerut următoarele perioade tranzitorii:
- 31 Decembrie 2011, menţinerea exceptărilor pentru taxe de roialtate;
- 31 Decembrie 2010 pentru menţinerea exceptărilor pentru taxe coorporatiste în cazul investiţiilor noi

În special în cazul României, s-au convenit clauze de salvgardare în acest domeniu. Bulgaria a negociat o implementare completă a acquis-ului în domeniu fară nici o perioadă tranzitorie sau exceptări.

Capitolul 7: Agricultura
- A fost convenită o perioadă tranziţională de 3 ani pentru acordarea de subvenţii directe fermierilor înainte de a se aplica schema stabilită de reforma PAC;
- O perioadă tranziţională de 8 ani pentru a elimina varietăţile interzise de vin hybrid;
- S-au primit noi drepturi de plantare din ziua aderării pentru a extinde cu 1,5% suprafaţa viticolă naţională;

- S-a convenit o susţinere specială pentru dezvoltarea rurală: fermele de subzistenţă care se restructurează, îndeplinirea standardelor UE, utilizarea acestor plăţi pentru suplimentarea subvenţiilor directe;
- Scheme de ajutor naţional pentru producţia, procesarea şi marketingul produselor agricole sunt acceptate pe o perioadă de 3 ani după aderare;
- S-au acordat aranjamente tranziţionale în sectorul sănătăţii publice;
- O perioadă tranziţională până la 31 Decembrie 2009 pentru utilizarea a 4 substanţe active.

Bulgaria a negociat suplimentar un aranjament tranziţional până la 30 Aprilie 2009 în domeniul marketingului laptelui însă în cazul său nu se aplică perioada tranziţională de 8 ani pentru eliminarea varietăţilor hibride de vin.De asemeni Bulgariei s-au acordat fonduri suplimentare pentru dezvolatrea rurală în scopul susţinerii financiare a fermierilor care renuţă la activitate ş au vârstecuprinse între 55-70 ani.

Capitolul 9: Politica în domeniul transporturilor
- Au fost prevăzute aranjamante tranziţionale pentru a restricţiona accesul la piaţa naţională a transporturilor pe o perioadă de 3 ani cu posibilitate de prelungire până la 5 ani;
- Perioade tranziţionale pentru menţinerea propriei legislaţii naţionale pentru cantităţile de transportat până în 2013;
- O perioadă tranziţională până în 2010 până la atingerea minimului privind taxele pe mijloacele de transport a bunurilor grele.

Bulgaria a negociat periade tranziţionale asemănătoare cu România cu excepţia solicitării unei perioade tranzţionale suplimentare până în 2010 în ce priveşte îndeplinirea criteriului financiar pentru a fi acceptat ca transportator de bunuri sau persoane. Totodată perioada tranziţională cerută de România pragul minim al taxelor pe mijloace de transport a bunurilor grele nu se aplică şi Bulgariei.

Capitolul 11: Uniune economica si monetara
Nici o perioadă tranzitorie sau derogare nu este prevăzurtă

Capitolul 14: Energie
A fost convenit un singur aranjament tranziţional privind stocueile minime de petrol până la 31 Decembrie 2011 în cazul României şi 2012 în cazul Bulgariei.

Capitolul 15: Politica industrială
Capitol fără aranjamente tranziţionale.

Capitolul 19: Telecomunicaţii si tehnologia informaţiilor
Capitol fără aranjamente tranziţionale.

Capitolul 25: Uniune vamală
România şi Bulgaria vor beneficia de măsuri orizontale care să asigure soluţii tehnice pentru situaţii care vor rezulta din tranziţia de la 3 teritorii vamale diferite (UE25+2) la un teritoriu vamal lărgit (UE27).

CAP. 4
MODEL DE FUNDAMENTARE ŞI EVALUARE A REZULTATELOR NEGOCIERILOR DE ADERARE A ROMÂNIEI LA UNIUNEA EUROPEANĂ

Întrebarea firească ar fi: cum se interpătrund aceste aspecte economice şi politice în negocierile comerciale inter-guvernamentale, mai precis cum trebuie să arate funcţia bunăstării guvernului care este implicat în negocieri cu UE. Aşadar, suntem interesaţi, în a analiza negocierile comerciale dintre România şi UE, surprinzând în ecuaţia guvernamentală ceea ce se maximizează în negocieri atât din punct de vedere economic cât şi politic.

Scopul acestei lucrări este de a examina nivelul optim al cotei, determinat de procesul de negociere, pentru a forma o uniune vamală între două ţări asimetrice, cum este cazul economiilor Româiei şi UE. Accentul principal, şi anume diferenţa în dimensiunea de piaţă între ţări este o trăsătură importantă a noului proces de lărgire a UE şi de asemeni a negocierilor comerciale internaţionale cu ţările în dezvoltare.

4.1 Baza metodologică de pornire

Principala caracteristică a literaturii economice privind negocierile internaţionale este utilizarea tarifului ca mijloc de modelare a procesului de negociere. În ciuda numărului mare de lucrări asupra echivalenţei între tarif şi cota s-a făcut foarte puţin în ceea ce priveşte modelarea cotelor. Interesul general s-a orientat asupra lor de curând, odată cu procesul de lărgire a Uniunii Europene.

Integrarea unor ţări noi, cu grade diferite de dezvoltare, a ridicat problema necesităţii unor bariere protecţioniste temporare între ţările membre ale uniunii vamale. Olivier Cadot, Jaime de Melo and Marcelo Olarreaga (2002) au dezvoltat un model pentru a determina modul în care forţele politice modelează barierele cantitative împotriva restului lumii şi în cadrul Zonei de Comerţ Liber. Ei utilizează modelul de comerţ Meade pentru cazul unei uniuni vamale mici între două ţări simetrice. Aşadar liberalizarea preferenţială din partea unei ţări va avea efecte doar asupra sa şi nu şi asupra celeilalte ţări.

Funcţia bunăstării guvernamentale este funcţia bunăstării guvernamentale dezvoltate de Grossman and Helpman (1995):

$$\max_{q_k} G = \sum C_k(q_k) + aW(q_k)$$

Olivier Cadot, Jaime de Melo and Marcelo Olarreaga (2002) explică modul în care cota evoluează prin semnarea uni acord de comerţ liber prin comparaţie cu echilibrul Nash. Interpretările sunt făcute funcţie de parametrul a care permite surprinderea modului în care presiunile politice influenţează nivelul cotei instituite (ex. $\frac{\partial q_k}{\partial a}$).

Analiza este extinsă prin calcularea nivelului cotei care este va fi aplicat ţărilor ramăse în afara acordului semnat şi compararea acestuia cu nivelul anterior.

În acelaşi timp, Grossman and Helpman (1995) adresează rezultatele procesului de negociere bilaterală prin incorporarea termenilor de schimb dar de asemeni modelând nivelul tarifului.

Noi încercăm să modelăm, explicit, procesul de negociere asupra nivelului cotei între două țări asimetrice. Asimetria este reflectata ca în Erick W. Bond and Jee-Hyeong Park (2002) printr-un parametru care afectează funcția consumului și a producției din țara straină.

Similar Bond și Park (2002) am notat funcția producției din țara considerată mică $y_1(p_1) = \alpha_1 + \beta p_1$ și $d(p)_1 = A - Bp_1$, funcția consumului. În cazul țării considerate mai mari funcția producției este reprezentată de $y_1^*(p_1^*) = \lambda(\alpha_1^* + \beta p_1^*)$, unde parametrul λ capturea ză diferența în dimensiunea de piață. Similar pentru funcția consumului $d(p_1^*) = \lambda(A - Bp_1^*)$.

În acest mod surprindem diferența în dimensiunea de piață între țări. Însă Park (2002) determină determină frontiera Pareto a acordurilor „self-enfoceable" fără a se modela în mod explicit jocul negocierilor care determină alegerea unui anumit acord asupra nivelului tarifului.

Suntem interesați în special, de modul în care dimesiunea țării afectează nivelul cotei negociate și de echivalența între cotele de import și export. Avem aici în vedere o analiza a modului în care UE, o Uniune cu un potențial economic cert mai mare decât al Romăniei, afectează rezultatele negocierii și o analiză a diferenței între potențialul de export al Romăniei și cel de import al UE. În obținerea rezultatelor am folosit proprietatea eficienței (Grossman ,1995) a unui acord commercial și regula Kemp-Wan a unor termeni comerciali de schimb acre nu sunt afectați de modificarea protecției interne.

Proprietatea eficienței difinită de Grossman (1995) ($a^*G + aG^*$) este utilă în maximizarea funcției guvernamentale comune pentru calcularea nivelului cooperativ a cotei.

În ce privește regula Kemp-Wan , păstrând prețul mondial neschimbat, ceea ce înseamnă o presupunere de menținere la același nivel a cumpărăturilor de la restul lumii, se asigură o formare a unei uniuni vamale care nu afectează terții. Definiția unui acord de comerț liber de echilibru ne permite să determinăm nivelul cooperativ al cotei fără a ne preocupa de problema transferurilor compensatorii între țări. [87]

---

[87] Teorema Kemp-Wan presupune posibilitatea ca o uniune vamală să fie optimă Pareto atât timp cât restul lumii este neafectată de schimbările in nivelurile barierelor externe. Una din criticismele teoremei Kemp-Wan este necesitatea transferurilor compensatorii. Teoriile finanțelor publice moderne argumentează impotriva posibilitătii practice ale acestora. În acest studiu eliminăm problema transferurilor utilizând definitia lui Grossman (1995) a unui acord comercial de echilibru pentru a calcula nivelul cooperativ al cotei. Transferurile compensatorii intră în ecuațiile ambelor guverne în aceeași proporție dar cu semne opuse astfel încât ecuația bunăstării comune a celor două guverne este o combinație liniară a bunăstării individuale fără transferuri directe.

Demersul nostru ştiinţific îşi propune un traseu strict logic. Începem cu mediul economic; continuăm cu elaborarea modelului teoretic; cu determinarea nivelului cooperativ al cotei prin surprinderea influenţei dimensiunii de piaţă; cu calcularea nivlului optim al cotei cooperative; cu prezentarea câtorva rezultate ale influenţei dimensiunii de piaţă şi cu compararea nivlului cotelor comerciale import-export ale celor două părţi asimetrice; şi incheiem cu câteva simulări numerice.

Mediul Economic

Mediul economic este un model de echilibru parţial, între trei ţări perfect competitive, ţara aderentă (fără *, ţara mică, care poate fi considerată România) , ţara străină (*, ţara mare, care poate fi Uniunea Europeană), şi cea de a treia reprezentând restul lumii. În model se pleacă de la o situaţie ipotetică care, finalmente, se poate asocia cu negocierile între România şi UE.

Interacţiunea strategică se limitează la ţara aderentă şi cea străină iar politica comercială se determină după modelul Grossman-Helpman. Ţara aderentă este ţara mică exportatoare a produsului din industria k iar cea straină este o ţară mare importatoare a produsului din aceeaşi industrie k.

Ambele ţări comercializează un singur bun, normal în consum, omogen. Bunurile importate sunt substituienţi perfecţi. Un singur bun omogen produs de industria k (bunul 1) este atât importat cât şi exportat de ambele ţări. Aşadar modelăm piaţa bunului1 (industria k) care constitue o parte mică a economiei în general. Preţul de import este considerat a fi cel de la frontiera ţării astfel încât include şi costurile de transport. Nu există costuri bancare şi de asigurare. Celelalte preţuri sunt considerate fixe astfel încât putem să modelam p_1 ca un scalar, p_1 fiind preţul intern al ţării exportatoare. Preţul intern în ţara importatoare, în acest caz ţara străină, este notat cu $p*$ iar diferenţa între preţurile interne ale celor două ţări este tariful specific t sau respectiv $t*$ astfel încât $p = p^* + t$ (1) şi $p^* = p + t^*$ (2).

Consumatorii în ambele ţări au preferinţe indentice reprezentate de funcţii aditive, quasiliniare date de $c_0^h + U^h(c^h)$, unde c_0^h este consumul bunului numerar iar c^h este vectorul de consum al tuturor celorlalte bunuri pentru un consumator h într-un numar total de consumatori de H astfel încât $h \in \{1,....,H\}$. U^h este crescatoare şi strict concavă şi un consumator maximizează utilitatea sa fiind totodată subiect al constrângerii bugetare $c_0^h + p'c^h \le I^h$, I^h fiind venitul individual iar venitul total este $I = \sum_{h=1}^{H} I^h$ .Vectorul consumului optimal poate fi notat $c^h = d^h(p)$, iar venitul care rămâne este cheltuit pe bunul numerar, $c_0^h = I^h - p'c^h(p)$.

În analiza clasică a bunăstării sociale,

$$W(p,I) = \sum_{h=1}^{H} I^h - p'd^h(p) + U^h\left[d^h(p)\right]$$ şi aplicând teorema anvelopei

$$\frac{\partial W}{\partial p} = \sum_{h=1}^{H} - d^h(p) = -d(p).$$

Munca se presupune a fi singurul factor de producţie şi fiecare unitate de numerar produsă necesită o unitate de muncă. Aşadar salariile sunt de asemeni egale cu unitatea aşa încât venitul egalează oferta fixă de muncă.

Ratele creşterii, tehnologiile şi preferinţele, propensităţile spre consum, economisire şi investiţiile sunt date şi neschimbate. Nu există bunuri necomercializabile. Toate pieţele sunt golite simultan şi nu există incertitudine. Operaţiile fiscale şi monetare sunt eliminate.

Aceste presupuneri permite economiei să mimeze echilibrul parţial unde salariile sunt fixe şi comeţul este balansat prin fluxuri şi bunul numerar. Producţia are loc în condiţii de concurenţă perfectă. Economiile sunt statice cu aşteptări statice. Presupunerea de concurenţă perfectă ne asigură că aceleaşi efecte ale unei cote pot fi obţinute printr-un tarif echivalent ei.

În cele ce urmează modelăm o negociere comercială statică între două ţări asimetrice în două stadii: autahie şi comerţ liber.

Autarhie vesus Comerţ Liber

Începem prin a analiza efectele economice, când cele două ţări decid să urmarească o politică comercială autahică vs. comerţ liber.

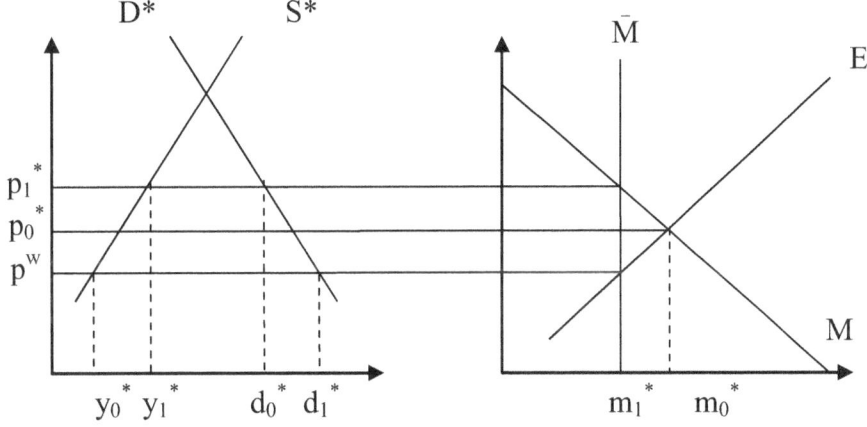

Piaţa ţării străine   Piaţa mondială pentru produsul 1

Fig.1 Cota de import a ţării mari

In Fig.1 am arătat efectele unei cote de import impuse de ţara considerată mare, în autahie. D^* este cererea internă iar S^* oferta. p^w este preţul mondial al produsului 1 în condiţii de comerţ liber. În condiţiile liberalizării complete a comerţului, ţara străină produce y_0^* şi consumă d_0^* în timp ce importurile sunt $m_0^* = d_0^* - y_0^*$. Cererea de import $D^* = M^* - S^*$ intersectează oferta de export la nivelul pretului intern străin p_0^* şi importurile

de echilibru m_0^*. Dacă ţara străină impune o cota de import $\bar{M}$, noua cantitate de

echilibru a importurilor, adica punctul în care $\bar{M}$ intersecteaza E este m_1^* iar preţul intern creşte la p_1^*. Creşterea preţului intern a ţării mari duce la o creştere a ofertei bunului 1, y_1^*. Ţara străină este suficient de mare să inflenţeze preţul mondial astfel încât în model vom considera capacitatea acesteia de a modifica termenii de schimb cu ţara mică.

Acelaşi raţionament este aplicabil şi în cazul ţării mici, diferenţa fiind că pe piaţa modială aceasta nu poate inflenţa preţul. În modelarea cotei de export a ţării mici în autarhie considerăm nivelul său maximal ca fiind corespondentul preţului său intern autahic.

Uniunea Vamală

Analiza convenţională a formării uniunii vamale între două ţări asimetrice, una mică şi una mare, prezintă urmatoarele efecte ale formării sale asupra preţurilor lor interne:

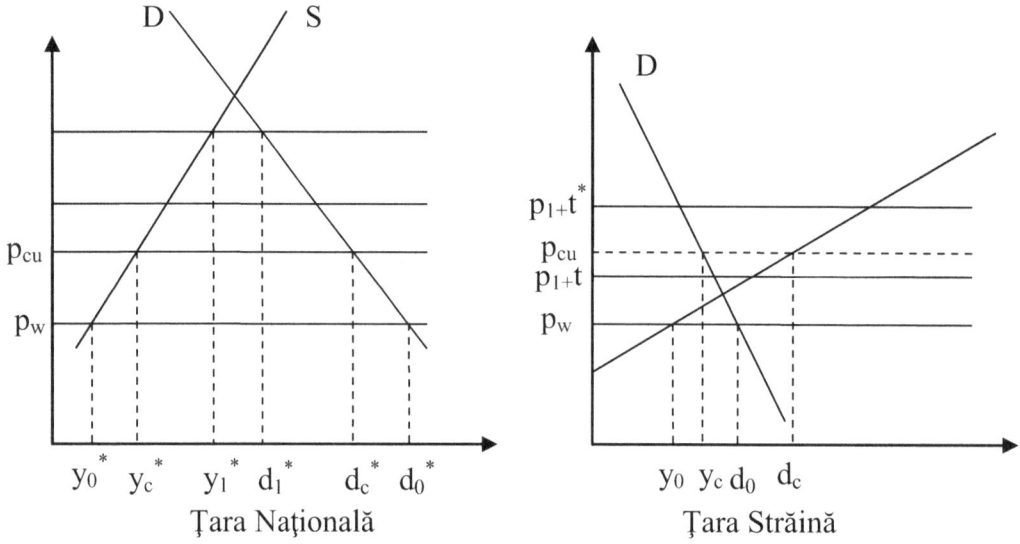

Fig. 2

Formarea uniunii vamale determină o descreştere a preţului intern în ţara strainâ în timp ce preţul intern în ţara naţională creşte. Preţul mondial este menţinut constant în conformitate cu teorema Kemp-Wan a unei uniuni vamale Pareto eficientă. Considerăm aici, că lărgirea dimensiunii de piaţă a ţării mari este determinată de adoptarea unor noi membri în cadrul uniunii vamale deja existente.

4. 2 Modelul de negociere

Modelarea pe care o facem vizează negocierile bilaterale între doi participanţi, o ţară mică şi una mare. Modelul econţine elemente similare cu cel dezvoltat de Cadot, de Melo and Olarreaga (2002) care analizaeză armonizarea cotei externe a unei uniuni vamale între două ţări simetrice. Utilizăm aceleaşi tehnici de calcul a cotei păstrând restricţiile comerciale în raport cu restul lumii fixe şi concentrandu-ne pe procesul de negociere pentru a forma o uniune vamala între cele două ţări, naţională şi străină.

Studiul este construit pentru piaţa unui singur bun (aparţinând industrei 1) care constitue o parte mică a economiei generale. Producţia în industria 1 este dată de $y_1(p_1) = \alpha_1 + \beta p_1$, $y_1 > 0$, unde p_1 este preţul intern al bunului 1 şi cererea este $d(p)_1 = A - Bp_1$. Importurile pentru bunul 1 sunt notate cu m iar consumul intern

$d_1=y_1+m$. Pentru ţara străină cererea şi oferta sunt date de $y_1^*(p_1^*) = \lambda(\alpha_1^* + \beta p_1^*)$ şi $d(p_1^*) = \lambda(A - Bp_1^*)$ unde λ capturează dimensiunea relativă a ţării mari aşa cum este explicat în Eric Bond and Jee-Hyeong Park (2002), cele două ţări fiind simetrice când $\lambda = 1$. Importurile bunului 1 ale ţării străine sunt $m_1^* = \lambda(d_1 - y_1) = \lambda m_1$.

Presupunem că $A > \alpha_1^*; \beta > B; \alpha_1^* = \alpha_1$.

Exporturile ţării aderente sunt notate astfel:

$$x_1(p_1) = y_1(p_1) - d_1(p_1)$$

În mod similar, pentru ţara străină, importurile bunului 1 sunt notate astfel:

$$m_1^*(p_1^*) = d_1^*(p_1^*) - y_1^*(p_1^*)$$

Condiţiile de "market clearing" pentru produsul comercializat sunt[88]:

$$x_1(p_1) = m_1^*(p_1^*)$$

Se presupune că iniţial ambele ţări elimină tarifele şi acum singurul instrument protecţionist pe care îl au este cota supra nivelului căreia se negociază. Condiţia de

---

[88]   Din condiţia de „market clearing" pentru bunul 1, $m_1^*(p_1) = x_1(p_1)$, urmează că

$p_1^* = \dfrac{(A - \alpha_1) - \lambda(\alpha_1^* - A)}{\lambda(B + \beta)} - \lambda p_1$. În ultima expresie substituim preţul depinzând de tariful echivalent

cotei. Expresiile preţurilor din ţara naţională şi străină ne permit să determinam cum se

modifică preţul intern în fiecare ţară ca urmare a modificării cotei.

$p_1^* = \dfrac{1}{\lambda+1}\dfrac{A}{B+\beta}\dfrac{\alpha_1}{B+\beta} - \dfrac{\lambda}{\lambda+1}\dfrac{\alpha_1^*}{B+\beta}\dfrac{A}{B+\beta} - \dfrac{1}{\lambda+1}t$ este preţul de market clearing al ţării străine

$p_1 = \dfrac{1}{\lambda+1}\dfrac{A-\alpha_1}{B+\beta} - \dfrac{\lambda}{\lambda+1}\dfrac{\alpha_1^*-A}{B+\beta} - \dfrac{\lambda}{\lambda+1}t^*$ este preţul de market clearing al ţării naţionale.

Diferenţiind în raport cu λ, p creşte când dimensiunea pieţei interne a ţării străine creşte în

timp ce asupra p^* efectul este cel opus.

$\dfrac{\partial p_1}{\partial \lambda} = \dfrac{\lambda}{\lambda+1}; \dfrac{\partial p_1^*}{\partial \lambda} = -\dfrac{1}{\lambda+1}; \dfrac{\partial p_1}{\partial \lambda^*} = -\dfrac{\lambda}{\lambda+1}; \dfrac{\partial p_1^*}{\partial \lambda^*} = \dfrac{1}{\lambda+1}$. Preţul intern al ţării mici creşte ca

urmare a unei creşteri a cotei externe pentru bunul 1 în timp ce în ţara mare preţul descreşte.

Efectele opuse sunt observabile în cazul cotei aplicabile de ţara mare.

echilibru, ca oferta modială să egaleze cererea mondială, ne oferă posibilitatea calculării prețului mondial de comerț liber[89],

$$y_1(p_w) + y_1^*(p_w) = d_1(p_w) + d_1^*(p_w)$$

și

$$p^W = \frac{A}{B + \beta} - \frac{\alpha_1 + \lambda\alpha_1^*}{(B + \beta)(\lambda + 1)} = \frac{1}{\lambda + 1}\frac{\alpha_1^* - \alpha_1}{B + \beta} + \frac{A + \alpha_1^*}{B + \beta}.$$

Prețurile interne sunt $p_1 = p_1^* + t$ si $p_1^* = p_1 + t^*$ unde t și t^* sunt tarifele echivalente cu cota.

Folosind expresiile prețurilor interne funcție de tariful echivalent cotei (1) și (2) ca și prețurile de echilibru a pieței, putem calcula prețurile astfel încât să obținem expresii care să nu depindă de cotă ci doar de diferenta în dimensiunea de piață.

$$p_1 = \frac{A - \alpha_1}{B + \beta} - \lambda\frac{\alpha_1^* - A}{B + \beta} \text{ respectiv } p_1^* = \frac{1}{\lambda}\frac{A - \alpha_1}{B + \beta} - \frac{\alpha_1^* - A}{B + \beta}$$

și $p_1 < p_w < p_1^*$.

Negocierea non-cooperativă

La început ambele țări adoptă o atitudine unilaterală impunându-și propriile preferințe naționale. Acesta este cazul lipsei negocierilor și în final inexistența unui acord între părți, care corespunde urmăririi unei politici autahice. Prețul autahic este

$$p_1^A = p_1^{*A} = \frac{(A - \alpha_1)}{(\beta + B)}.$$

Funcția bunăstării naționale este considerată a fi următoarea expresie calsică: $W = CS + \pi + QR$. π reprezintă profiturile producătorilor, CS este surplusul consumatorilor și QR, rentele obținute din cota. QR este diferența între prețul național și prețul mondial multiplicată cu nivelul cotei.

Īn jocul non-cooperativ ambele țări aleg autarhia ca politică comercială astfel încât ei obțin în totalitate rentele care ar putea rezulta din aplicarea cotei.

Considerăm cazul unei economii unde doar producătorii dintr-un sector sunt capabili să se organizeze într-un lobby pe lângă guvern pentru a ridica barierele protecționiste.

Funcția obiectiv a guvernului național G are forma funcției obiectiv guvernamentale dezvoltate de Grossman șI Helpman (1995). $C_k(q_k)$ este contribuția lobby-ului reprezentând industria k iar parametru a reflectă sensibilitatea guvernului la bunăstarea alegătorului mediu.

$$\max_{q_k} G = \sum C_k(q_k) + aW(q_k)$$

Considerăm aici că țara aderentă este pricipal exportatoare a produsului 1 astfel încat în model q_k este cota de export pentru ea.[90] Īn jocul non-cooperativ ambele guverne

---

[89] Mai târziu în cadrul lucrării vom folosi faptul că $\frac{\partial p_w}{\partial \lambda} = \frac{1}{\lambda + 1}\frac{\alpha_1^* - \alpha_1}{B + \beta} > 0$.

vin în negocieri cu obiectivul maximizarii propriei sale funcţii a bunăstării naţionale. Aşadar ţara aderentă vine în negocieri cu scopul maximizării funcţiei bunăstării sale naţionale care stabileşte un un nivel a cotei care să maximizeze exporturile sale la nivelul pretului autahic p_1^A.

Condiţiile de prim ordin ne redau nivelul politic optim al cotei de export a ţării aderente:

$$\frac{\partial G}{\partial q_k} = \frac{\partial C_k}{\partial q_k} + a\frac{\partial W}{\partial q_k}$$

Aplicând proprietatea „truthfulness" a lui Berheim şi Whinston

$$\frac{\partial C_k}{\partial q_k} = \frac{\partial \pi}{\partial q_k}$$

$$\frac{\partial G}{\partial q_k} = \frac{\partial \pi}{\partial q_k} + a\frac{\partial W}{\partial q_k}$$

Profiturile intra în ecuaţie cu o mai mare greutate *(a+1)* decât surplusul consumatorului *(a)*.

$$\frac{\partial G}{\partial q_k} = \frac{\partial \pi}{\partial q_k} + a\left\{\frac{\partial \pi}{\partial q_k} + \frac{\partial CS}{\partial q_k} + \frac{\partial\left[(p_k - p^W)q_k\right]}{\partial q_k}\right\}$$

În acest model decidenţii politici balansează interesele consumatorilor cu cele ale firmelor şi ataşeaza o mai mare greutate ultimelor.

Folosim aici faptul că $\frac{\partial \pi}{\partial q_k} = \frac{\partial \pi}{\partial p_k}\frac{\partial p_k}{\partial q_k}$.

c(p_k) este consumul ţării aderente şi *y(p_k)* este producţia sa internă.
$q_k = c(p_k) - y(p_k)$ aceasta însemnând că preţul p trebuie să satisfacă condiţia de „market clearing".

Existenţa unei cote pozitive necesită satisfacerea *c(p_w)>y(p_w)*. *m_k* sunt importurile ţării aderente iar $m_k = c(p_k) - y(p_k)$. Ţara aderentă stabileşte nivelul său non-cooperativ al cotei astfel încat să atingă nivelul autarhic al pretului său intern.

Obţinem nivelul optim al importurilor egalizând cu 0 derivata parţială de ordin I.

$$q_k = \frac{1}{2}\left[\frac{1}{a}y_k - \frac{\lambda+1}{\lambda}(p_k - p_w)\right]$$

q_k este nivelul politic optim al cotei care maximizează bunăstarea naţională şi totodată este nivelul politic optim al cotei instaurată unilateral de guvernul naţional ignorând efectele externe ale deciziei sale asupra agenţilor economici şi politici străini. Este evident că ţara aderentă (cea mică) este influnţată de dimesiunea de piaţă a ţării mari prin preţul pe care îl poate obţine pe piaţa internaţională. Este uşor de văzut diferenţiind

---

[90] Am obţinut rezultatul pentru o cotă de export maximizând ecuaţia bunăstării comune a celor două guverne pentru $q = -q$.

preţul mondial în raport cu dimensiunea de piaţă că p_w descreşte când dimensiunea de piaţă a industriei bunului 1 creşte. [91] Cota de export Nash a ţării aderente creşte când dimensiunea de piaţă a ţării străine creşte .[92] Rezultă că o creştere a dimensiunii de piaţă a UE ca urmare a integrării unor noi membri în uninuea vamală sau semnarea unor acorduri noi de comerţ liber cu ţări terţe conduce la o creştere a dimensiunii cotei de export a unei ţări din afara uniunii vamale (ex. România). Reacţia ar apărea drept normală, în condiţiile unei opţiuni pentru autahie. Rezultatele simulărilor numerice oferă informaţii suplimentare privind natura creşteriii cotei de export autahice.

În figura 1 obţinem acesleaşi rezultate facând simulări numerice pentru valori ale parametrilor considerate astfel: A=8.9; B=0.06; $\alpha_1 = 0.1$; $\alpha^* = 9$; $\beta = 0.5$,. $\lambda = 1{:}200$. Cadot, Olivier, de Melo, Jaime & Olarreaga, Mercelo (2001) au arătat că parametrii a^* şi a primesc valori mari în simulari astfel încât valorile alese de noi sunt în conformitate cu cele obţinute de ei: a=110, a*=160 .Acesta înseamnă că presiunea politică în ţara străină este mai mare decât în cea aderentă, şi este de aşteptat să fie aşa atât timp cât considerăm că se negociează o cotă de import pentru ţara străină şi una de export pentru partener. Nu putem argumenta că ţara aderentă va exercita o presiune politică mai mare pentru a restricţiona propriile exporturi.

Variaţia cotei autarhice de export a ţării mici este prezentată în graficul următor din Fig. 1.

Fig.1 Variaţia coterie de export autarhice când dimenisunea de piaţă variază şi A=8.9; B=0.06; $\alpha_1 = 0.1$; $\beta = 0.5$, $\alpha_2^* = 9$.

---

[91] Diferenţiind p_w în raport cu λ , $\dfrac{\partial p_w}{\partial \lambda} = -\dfrac{1}{(\lambda+1)^2}\dfrac{\alpha_1^* - \alpha_1}{B+\beta}$. Ţinand cont că $\alpha_1^* \geq \alpha_1$,

$p_w < 0$.

[92] Am demonstrat aceasta diferenţiind cota ţării mici în raport cu λ . Preţul intern este cel autarhic astfel încât poate fi modelat ca o constantă şi utilizând $\dfrac{\partial p_w}{\partial \lambda} < 0$ obţinem

$$\frac{\partial q}{\partial \lambda} = \frac{1}{2}\left[\frac{\partial p_1}{\partial \lambda}\left(\frac{1}{a}\beta - \frac{\lambda}{\lambda+1}\right) - \frac{1}{(\lambda+1)^2}(p_1 - p_w) + \frac{\lambda}{\lambda+1}\frac{\partial p_w}{\partial \lambda}\right] < 0.$$

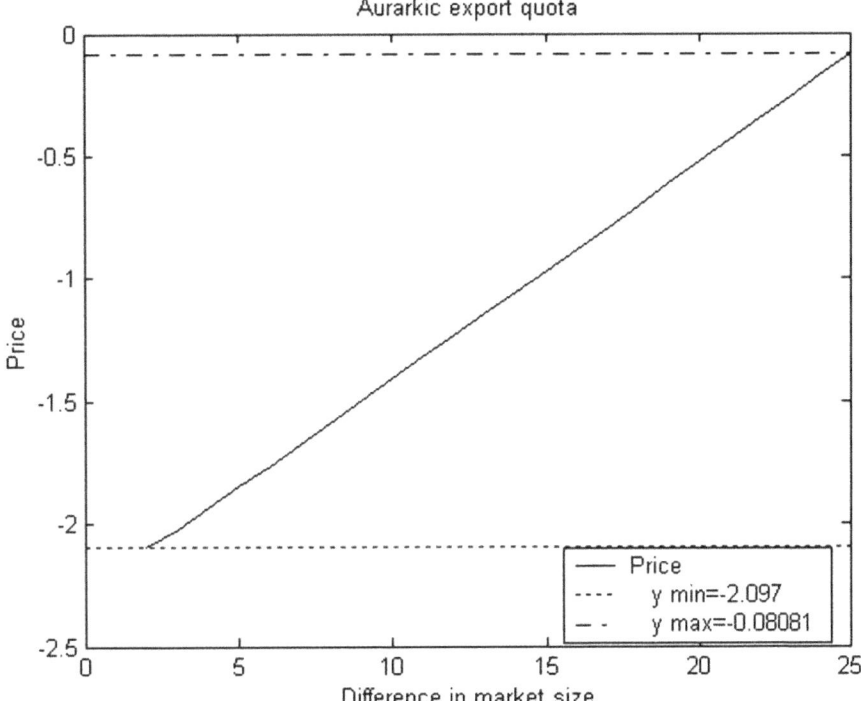

Principala influenţă este exercitată de preţuri, cel intern şi respectiv cel mondial, care descresc ca rezulatat al creşterii dimensiunii pieţei interne. Altfel opţiunea pentru autahie a ţării aderente nu ar putea fi explicată. Opţiunea de politică comercială este în propriul dezavataj pentru că ţara naţională devine net importator al bunului 1.

Considerăm acum că ţara cea mare decide să formeze o uniune vamală cu o ţară terţă. În conformitate cu regula Kemp-Wan a termenilor de schimb neafectaţi cu restul lumii, p$_w$ ramâne acelaşi. p_w nu este afectat de creşterea potenţialului de piaţă a ţării mari astfel încât poate fi modelat ca o constantă în funcţia guvernamentală. Aceasta presupunere nu aduce nici o modificare în modul în care cota Nash a ţării naţionale variază cu dimensiunea de piaţă a ţării străine. Cota de export non-cooperativă descreşte când creşte dimensiunea de piaţă a ţării străine.

Propoziţia 1: *În autarhie, ţara cu un potenţial de piaţă mai mic, devine un net importator când dimensiunea de piaţă a partenerului său creşte.*

Ţara naţională maximizează bunăstarea la nivelul politic optim al cotei $q_p = q_k$:

$$G(q_p) = \sum C_i(q_p) + a\left[CS(q_p) + \pi(q_p) + b(p_i - p^w)q_p\right]$$

Guvernul străin aplică un raţionament similar. $C_k^*(q_k)$ este contribuţia lobby-ului care reprezintă industria k în ţara străină în timp ce parametrul a^* reflectă greutatea pe care guvernul o ataşează bunăstării generale a ţării.

145

$$\max_{q_k^*} G^* = \sum C_k^*(q_k^*) + a^* W(q_k^*)$$

$$\frac{\partial G^*}{\partial q_k^*} = \frac{\partial \pi^*}{\partial q_k^*} + a^* \left\{ \frac{\partial \pi^*}{\partial q_k^*} + \frac{\partial c^*}{\partial q_k^*} + \frac{\partial \left[(p_k^* - p^W) q_k^* \right]}{\partial q_k^*} \right\}$$

Prin condiţiile de prim ordin pentru optimizare derivăm nivelul politic optim al cotei ţării străine.

$$q^* = -\frac{1}{a^*} y_k - \frac{(\lambda + 1)}{\lambda} (p_k^* - p_w)$$

Diferenţiind în raport cu λ, am găsit că ,cota de import ţării străine creşte cu o creştere în dimensiunea de piaţă a ţării străine devenind tot mai deschisă faţă de exporturile ţării mici. [93]

Fig.1 Variaţia cotei de import autarhice când dimenisunea de piaţă variază şi A=8.9; B=0.06; $\alpha_1 = 0.1$; $\beta = 0.5$, $\alpha_2^* = 9$.

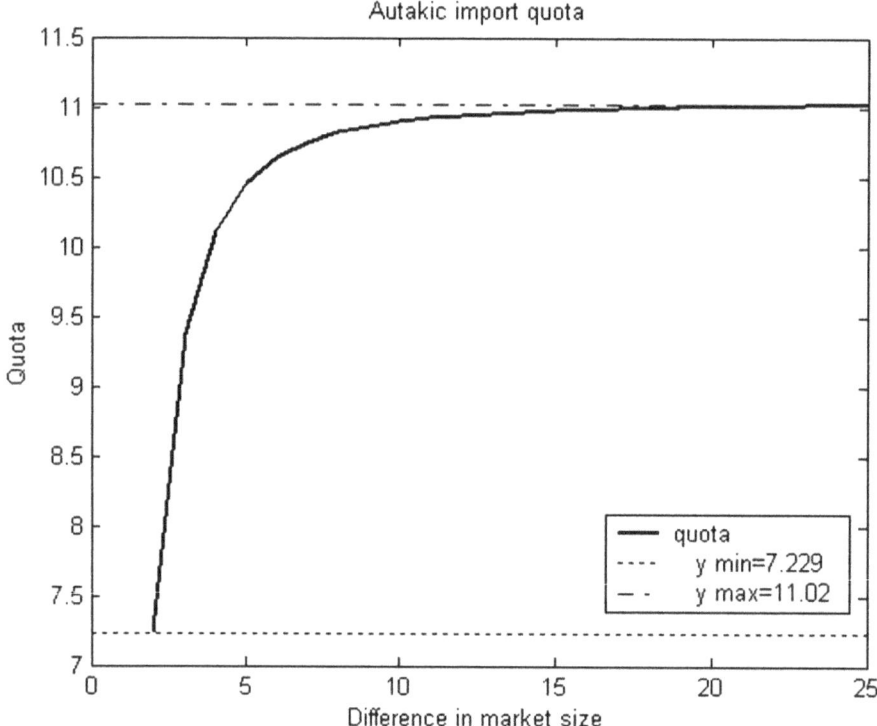

---

[93] Diferenţiind nivelul non-cooperativ al cotei de import al ţării străineîn raport cu λ am găsit

că $\frac{\partial q}{\partial \lambda} > 0$.Urmează că nivelul Nash al cotei creşte atunci când dimensiunea de piaţă creşte.

În comerţul dintre cele două ţări, o cotă de import a ţării considerate mari nu îşi mai are rostul, pentru că ţara aderentă devine un importator net. Ţara aderentă devine o piaţă de export pentru produsele ţării străine.

Să considerăm acum din nou cazul când ţara cea mare îşi lărgeşte piaţa externă formând o uniune vamala cu o ţară terţă dar preţul modial este neafectat . p_w poate fi modelat ca o constantă în ecuaţia guvernamentală. Efectul creşterii dimensiunii de piaţă ramâne acelaşi. Cota de import creşte odată cu creşterea dimensiunii ţării. Pentru situaţia negocierilor comerciale între România şi UE se pare că o creştere în dimensiunea de piaţă este percepută şi de UE ca aducătoare de posibilităţi suplimentare de export.

Propoziţia 2: Ţara considerată mică, este întotdeauna dezavantajată de opţiunea pentru autarhie devenind un importator net când dimensiunea de piaţă a partenerului creşte iar apliacrea unei cote de import restrictive între parteneri nu îşi mai are rostul . [94]

Dacă comparăm cele două nivele non-cooperative ale cotei de import şi respectiv export putem vedea că $q_1^* < q_1$. Aşadar, o creştere a nivelului cotelor nu schimbă opţiunea de politică comercială a ţărilor însă creşterea nivelului cotelor determinată de o creştere în dimensiunea de piaţă are o semnificaţie diferită. Creşterea determinată în cota autahică de export are o semnificaţie negativă determinând ţara naţională să devină tot mai dependentă de exporturile ţării străine. În acestă situaţie ea nu mai reprezeintă un factor de risc pentru piaţa ţării străine iar o cotă de import nu îşi justifică existenţa.

Restricţiile comerciale optime
Negocierile comerciale se desfasoară astfel încat rezultatul trebuie să maximizeze bunăstarea comună a ambelor ţări. Folosim aici definiţia lui Grossman (1995) a unui acord comercial optim. La masa negocierilor, ţările negociază asupra unui vector de

---

[94] Demostraţia Propoziţiei 1: $\dfrac{\partial G}{\partial q} = y \dfrac{\lambda}{\lambda+1} + a \dfrac{\lambda}{\lambda+1} q - a(p_k - p^w)$. Din condiţiile de prim

ordin: $\dfrac{\partial G}{\partial q} = 0$ rezultă $q_k = -\dfrac{1}{a} y + \dfrac{\lambda+1}{\lambda}(p_k - p_w)$ .Diferenţiind în raport cu λ,

$\dfrac{\partial q}{\partial \lambda} > 0$ .Aşadar o creştre a dimensiunii de piaţă a ţării mari determină o creştere a cotei de export a ţării mici .

Pentru ţara străină $\dfrac{\partial G^*}{\partial q^*} = y^* \dfrac{1}{\lambda+1} - a^* \dfrac{1}{\lambda+1} q^* + a^* (p_k^* - p^w)$. Egalizând $\dfrac{\partial G^*}{\partial q^*} = 0$

urmează că $q^* = \dfrac{1}{a^*} \dfrac{1}{1-b\lambda} y^* + (\lambda+1) \dfrac{1}{1-b\lambda}(p_k^* - p^w)$ si $\dfrac{\partial q}{\partial \lambda} > 0$.

politica comercială *(q, q*)* și a unui transfer international direct R de la țara mică către țara mai mare. Adăugând cerința unui transfer de plăți internaționale nu afectează rezultatul negocierilor care este același ca și în cazul inexistenței transferurilor internaționale. [95]

Negocierea cooperativă

Guvernul țării mici maximizează propria funcție obiectiv

$$\max_{q_k, q_k^*} G = \sum C_k(q_k, q_k^*) + a\left[W(q_k, q_k^*) - R\right]$$

$$\frac{\partial G}{\partial q_k} = \frac{\partial \pi}{\partial q_k} + a\left\{\frac{\partial \pi}{\partial q_k} + \frac{\partial CS}{\partial q_k} + b(p_k - p^W)q_k\right\}$$

Același raționament este valabil și pentru țara cea mare:

$$\max_{q_k, q_k^*} G^* = \sum C_k^*(q_k^*, q_k) + a^*\left[W(q_k^*, q_k) + R\right]$$

$$\frac{\partial G^*}{\partial q_k^*} = \frac{\partial \pi^*}{\partial q_k^*} + a^*\left\{\frac{\partial \pi^*}{\partial q_k^*} + \frac{\partial c^*}{\partial q_k^*} + (1-b)(p_k^* - p^W)q_k^*\right\}$$

$$QR = b\left[(p_k - p_w)q_k\right]$$

Presupunem că o fracțiune uniformă $b \in (0,1)$ din rentele cotei este reținută de țara importatoare și redistribuită sub formă de transferuri conpensatorii rezidenților naționali. Reținerea rentelor cotei, cel puțin în parte, de către țara importatoare este o condiție necesară ca problema de optimizare a guvernului să aibă o soluție în domeniul QR.[96] Țara străina obține o fracțiune *(1-b)* din rentele cotei.

$$QR = b\left[(p_k - p_w)q_k\right] \text{ și } QR^* = (1-b)\left[(p_k^* - p_w^*)q_k^*\right]$$

Rezultatul jocului negocierii cooperative este un vector de politică comercială care maximizează o combinație liniară a funcțiilor obiectiv a guvernelor celor două țări, $a^*G + aG^*$ (proprietatea eficienței). Odată ce funcția obiectiv comună este maximizată, guvernele pot să aleagă orice pereche de utilități de pe dreapta definită de $a^*G + aG^*$ utilizând transferurile internaționale pentru a le obține.

---

[95] Transferurile internaționale intră în ecuațiile ambelor guverne dar cu semne opuse astfel încat ecuația bunăstării commune nu conține nici un transfer pe care să-l luam în considerare în problema maximizării.

[96] Cadot, Olivier, de Melo, Jaime & Olarreaga, Mercelo, *Harmonizing External Quotas in an FTA". A step Backward?*, Economics and Politics, 2002

Orice acord care se obţine prin negociere trebuie să fie eficient, maximizând bunăstarea comună a celor două guverne. De asemeni, în procesul de negociere, negociatorii stabilesc un nivel al transferurilor astfel încât acordul să fie implementabil.

În această lucrare nu ne ocupam de problema stabilirii nivelului de transferuri care ar trebui atins în negocieri. Structura acordurilor comerciale între ţări asimetrice cu transferuri internaţionale a fost studiată de Park (1998). Totuşi, nici el nu determină explicit care ar trebui sa fie nivelul transferurilor între cele două ţări.

Definiţie: Un acord de echilibru este setul de funcţii a contribuţiilor politice $\left\{C_k^0\right\}_{k\in L}$ şi $\left\{C_k^{*0}\right\}_{k\in L}$ şi perechea de cote q^0 si q^{*0} astfel încât:

$$(q^0, q^{*0}) = \arg\max_{(q,q^*)}$$

$$a^*\sum C_k^0(q,q^*) + a\sum C_k^{*0}(q,q^*) + a^*a\left[W(q,q^*) + W^*(q,q^*)\right]$$

Soluţia cooperativă este definită ca fiind:

$$(q^c, q^{*c}) = \arg\max_{(q,q^*)}\left(G(q,q^*) + G^*(q,q^*)\right) \quad \text{unde} \quad G(q^c,q^{*c}) \quad \text{si}$$

$$G^*(q^p, q^{*p})$$

$G(q^c,q^{*c})$ şi $G^*(q^c,q^{*c})$ sunt funcţiile obiectiv ale celor două guverne în condiţiile optimului politic.

$$G(q,q^*) + G^*(q,q^*) = \sum C_k(q,q^*) + aW(q,q^*) + \sum C_k^*(q,q^*) + a^*W^*(q,q^*)$$

$$a^*G(q,q^*) + aG^*(q,q^*) = a^*\sum C_k(q,q^*) + a\sum C_k^*(q,q^*) + a^*a\left[W(q,q^*) + W^*(q,q^*)\right]$$

Utilizând definiţia, condiţiile de prim ordin ne ajută să determinăm perechea de cote care maximizează bunastarea comună.

$$a*\frac{\partial C(q,q^*)}{\partial q} + a\frac{\partial C^*(q,q^*)}{\partial q} + a^*a\left[\frac{\partial W(q,q^*)}{\partial q} + \frac{\partial W^*(q,q^*)}{\partial q}\right] = 0$$

and

$$a*\frac{\partial C(q,q^*)}{\partial q^*} + a\frac{\partial C^*(q,q^*)}{\partial q^*} + a^*a\left[\frac{\partial W(q,q^*)}{\partial q^*} + \frac{\partial W^*(q,q^*)}{\partial q^*}\right] = 0$$

Notăm cu q_c, q_c^* nivelul cooperativ al cotei obţinut prin maximizarea funcţiei comune a celor două guverne:

$$q_c = -\frac{1}{a}\frac{1}{1-b}y + \frac{1}{a^*}\frac{1}{1-b}y + \frac{b}{1-b}\frac{\lambda+1}{\lambda}(p_k - p^w) + \frac{\lambda+1}{\lambda}(p_k^* - p_w) - \frac{1}{\lambda}\frac{b}{1-b}q^*$$

$$q_c^* = \lambda\frac{1-b}{b}\left[-\frac{1}{a}\frac{1}{1-b}y + \frac{1}{a^*}\frac{1}{1-b}y + \frac{\lambda+1}{\lambda}\frac{b}{1-b}(p_k - p^w) + \frac{\lambda+1}{\lambda}(p_k^* - p_w) - q\right]$$

Modificarea faţă de analiza tradiţională unde cotele sunt în principal analizate prin prisma efectelor lor pentru importuri sau exporturi sau a echivalenţei între ele, ne permite să concluzionăm dacă cota negociată este restrictivă pentru comerţ sau nu.

Comparând cele două niveluri cooperative rezultă că $q_c > q_c^*$. Urmează că ambele ţări pot negocia şi obţine în procesul negocierilor nivelul lor politic optim al cotei. Ţara mare este dispusă să acorde un acces la piaţa sa chiar mai mare decât optimul exporturilor pentru ţara mică. Ţara mică îşi poate stabili volumul exporturilor la nivelul lor politic maxim.

Propoziţia 3: *Cota comerciala negociată nu este restrictivă pentru comerţul între ţări.*

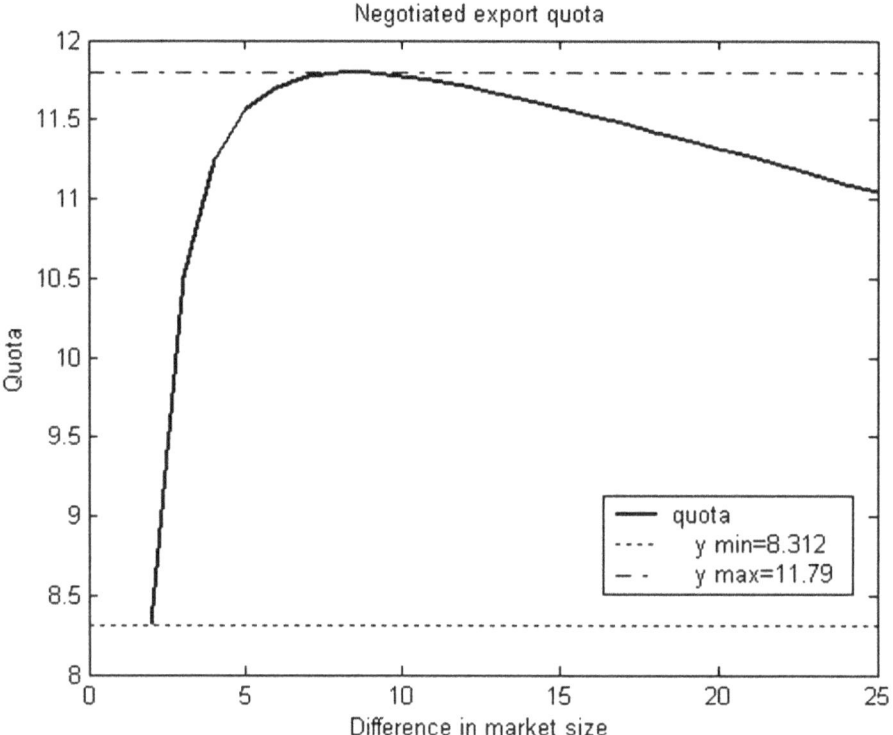

O creştere a dimensiunii de piaţă influenţează în mod diferent nivelul cotei negociate. Mai întâi determină o descreştere a cotei de export a ţării mici în timp ce cea a ţării mari creşte. [97]

---

[97]Demostraţia **Propoziţiei 2**: .Poate fi demostrat că , $\dfrac{\partial p^w}{\partial \lambda} < 0$, $\dfrac{\partial p}{\partial \lambda} > 0$ şi $\dfrac{\partial p^*}{\partial \lambda} > 0$ .Utilizând

aceste rezultate în expresia anterioară $\dfrac{\partial q_c}{\partial \lambda} < 0$ şi $\dfrac{\partial q_c^*}{\partial \lambda} > 0$. Urmează că o creştere a

Simulările numerice arată că pentru $\lambda = 2 : 25$ cota de import creşte până la $\lambda = 10$. După acestă valoare cota de export începe să descrească în timp ce cote de import devine tot mai puţin restrictivă.

Fig.3 Variaţia cotei de export autarhice când dimenisunea de piaţă variază şi A=8.9; B=0.06; $\alpha_1 = 0.1$; $\beta = 0.5$, $\alpha_2^* = 9$.

Rezultă că pentru diferenţe mici în dimensiunea de piaţă, ţara aderentă poate să-şi mărească exporturile iar cote de import impusă de ţara străină nu este restrictivă. În timp ce cota de import continuă să crescă pentru toţi λ care statisfac condiţia $p_1 < p_w < p_1^*$, cota de export atinge un maximum la când $\lambda = 10$ după care nu mai este opti să se exporte aceleaşi cantităţi. Rezultatele pe care le-am obţinut sunt de asemeni determinate de modul în care preţul intern în ţara străină înflenţează preţul mondial. Când preţul mondial descreşte suficient de mult pentru producătorii din ţara aderentă, exporturile nu mai sunt profitabile şi ele descresc odată cu preţul mondial.

Fig.4 Variaţia cotei de export autarhice când dimenisunea de piaţă variază şi A=8.9; B=0.06; $\alpha_1 = 0.1$; $\beta = 0.5$, $\alpha_2^* = 9$.

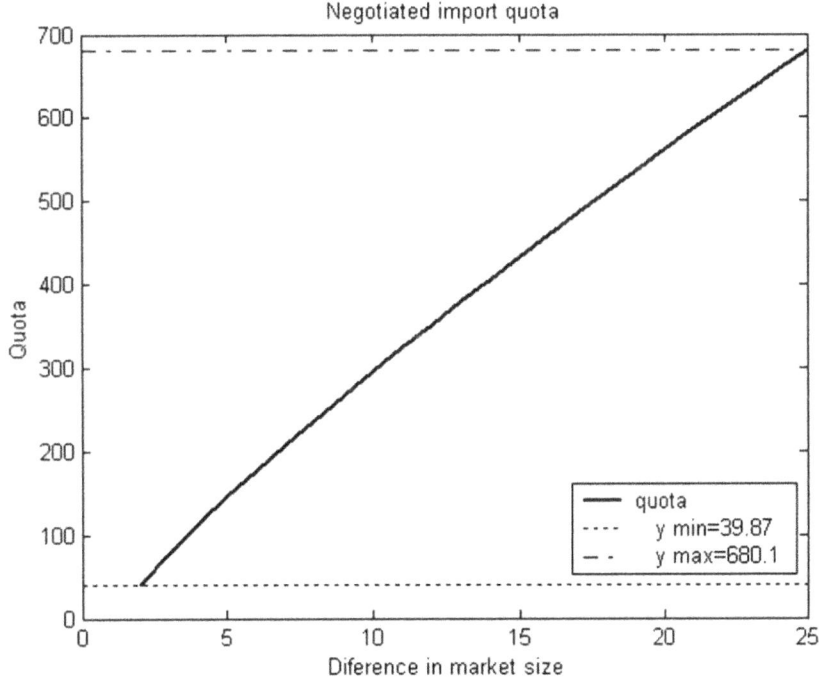

dimensinuii de piaţă determină o descreştere a nivelului negociat a cotei de export şi o creştere a celei de import.

Rezultă că atunci când diferenţa in dimensiunea de piaţă între ţări creşte, este de aşteptat ca ţara considerată mică să fie determinată să-şi diminueze nivelul exporturilor. Ţară străină este încă dispusă să acorde un acces mai mare la propria piaţă, însă pentru ţara aderentă, a exporta peste un anumit nivel înseamnă a pierde în termeni de bunăstare.

Cu aceste rezultate, oferim un argument privind existenţa cotelor comerciale între ţări. Deficienţele economice din ţara mare, care determină stabilirea exporturilor la un nivel suboptimal aduce o reacţie protecţionistă naturală din partea partenerului comercial.

Presupunerea noastră privind existenţa unui acord Pareto eficient, determinat de menţinerea constantă a preţului mondial nu schimbă rezultatele în legatură cu modul în care cota variază ca urmare a unei modificări a dimensiunii de piaţă.

O creştere a dimensiunii de piaţă are un impact pozitiv asupra atitudinilor protecţioniste în comerţul între cele două ţări, în sensul descreşterii lor.

4.3 Aspecte utilitarist-pragmatice

Analizând Acordurile de Comerţ Liber semnate şi continua lor proliferare în procesul de lărgire a Uniunii Europene putem să argumentăm că diferenţa în dimensiunea de piaţă este o trăsătură generală a negocierilor comerciale internaţionale şi europene. Modelarea realizată poate fi vazută în strânsă legătură cu analizele privind proliferarea acordurilor comerciale preferenţiale sau de comerţ liber şi fenomenul regionalismului.

Regionalismul european a luat naştere prin formarea Asociaţiei Europene a Liberului Schimb şi a Comunităţii Europene şi reprezintă ceea ce Bhagwati (1996) a numit „Primul Regionalism". Odată cu semnarea acordurilor preferenţiale de comerţ între Canda şi U.S. (CUFTA) şi extinderea ulterioară prin includrea Mexic (NAFTA) ca şi formarea MERCOSUR[98] a luat naştere „Al Doilea Regionalism". Din acest punct, extinderea UE, MERCOSUR sau NAFTA presupune integrarea în acordurile comerciale deja semnate, a unor ţări cu un potenţial de piaţa semnificativ mai mic decât al partenerului comercial. În acest cadru, politicile comerciale discriminatorii par să fie forţa creatoare, fie că este vorba despre eliminarea unora din instrumentele protecţioniste în cazul semnării unui acord comercial preferenţial sau de comerţ liber, fie că este vorba despre menţinerea sau cautarea unor instrumente protecţioniste faţă de neparticipanţi.

Politicile comerciale discriminatorii între ţări, în special pentru sectorul agricol, sunt o preocupare principală în cadrul OMC, astfel încât concluziile pe care le-am obţinut au o însemnătate deosebită în acest cadru.

Lărgirea Uniunii Europene cu Ţările Central Est Europene şi procesul negocierilor de aderare aduc în atenţia tuturor necesitatea unor noi instrumente pentru a desfăşura negocierile comerciale internaţionale. Tarifele, problema centrală a negocierilor Europene şi OMC se regăsesc în toate dezbaterile economice şi modelele teoretice într-o proporţie mai mare decât restricţiile cantitative, în ciuda proliferării lor odată cu procesul de reducere a tarifelor.

Cotele au fost utilizate o lungă perioadă în relaţiile bilaterale între ţări, în special pentru cele două sectoare economice mai sensibile cum sunt textilele şi agricultura. În cadrul instituţional al OMC, eforturile de liberalizare a comerţului şi completa eliminare a restricţiilor cantitative tind să ajungă la un sfârşit dar aceasta doar pentru sectorul extrem dc protejat al textilelor în timp ce în agricultura mai este încă mult de facut. Runda

---

[98] Piaţa Comună între Argemtina, Brazilia, Uruguay şi Paraguay

Uruguay s-a finalizat cu Acorduri asupra restricţiilor cantitative, care au fost convertite în tarife de o singură cifră şi se aşteaptă ca şi acestea să fie reduse în timp. În cadrul Acordului privind textilele, cotele se aşteaptă să fie reduse până la 1 Ianuarie 2005. La această întârziere asupra completei eliminări a cotelor în agricultură adăugăm existenţa posibilităţii utilizării lor în comerţul bilataral ca excepţie de la prohibiţia generală, pentru a preveni situaţii critice (Art. XII; 2(a)), scopuri ale balanţei de plăţi (Art. XII si Art. XVIII:B) sau pentru motive ce ţin de dezvoltarea industriei (Art. XVIII;C).

În acelaşi timp, recenta proliferare a Acordurilor Regionale de Comerţ ridică o problemă diferită în ce priveşte rolul restricţiilor cantitative. În conformitate cu definiţia dată de GATT uniunilor vamale şi zonelor de comerţ liber, restricţiile cantitative „ trebuie să fie eliminate în ce priveşte cea mai mare parte a comerţului între părţi". Însă aceste prevederi nu implică completa eliminare a lor şi din cadrul uniunii vamale, dacă condiţiile economice o cer, atât timp cât restricţiile cantitative sunt menţinute la acelaşi nivel în raport cu restul lumii.

În final, examinarea Acordurilor Comerciale Regionale existente, din punct de vedere al respectării regulilor GATT, a dus la concluzia că doar unul din acorduri le respectă şi nici unul nu a fost declarat ca fiind inconsistent în raport cu acestea. Iar aproape fiecare membru OMC este membru a cel puţin unui Acord Comercial de Comerţ Liber în timp ce aproximativ 60% au fost încheiate între ţările Europene.

Întrebarea este dacă lărgirea unei ununii vamale, cum este cea a UE cu ţările aplicante, este de aşteptat să împiedice procesul negocierilor asupra nivelului barierelor protectioniste cu ţările aplicante rămase sau nemembre, cum este cazul României.

Accentul principal în prezentul studiu este asimetria în dimensiunea celor două ţări implicate în procesul de negociere. Principalele rezultate sunt sintetizate după cum urmează.

Să presupunem că o ţară exportă produsul şi cealaltă îl importă. Ţara exportatoare este mică iar cea importatoare este mare. Ele sunt angajate în negocieri comerciale asupra nivelului cotelor. Ţara mică este interesată să-şi impună nivelul său politic optim al cotei de export iar cea mare în a obţine nivelul sau politic optim pentru nivelul importurilor. Folosim cota de export a ţării mici, care de fapt este o „Voluntary Export Restraints", doar pentru scopuri comparative cu optimul cotei de import al ţării mari pentru a judeca posibilitatea practică de a obţine optimul în negocierile comerciale.

Cota de import în autarhie este mai mică decât cea de export şi ambele sunt negative, iar o creştere a dimensiunii de piaţă le afectează în acelaşi mod al creşterii. La maximum, când $\lambda \to \infty$, nivelul maxim al cotei autarhice poate fi max.0 care înseamnă de fapt o inexistenţă a legăturilor comerciale între cele două ţări. Cotele negociate între cele două guverne sunt afectate în acelaşi sens de o creştere a dimensiunii de piaţă, ambele crescând însă cea de import creşte mai repede, ceea ce permite obţinerea unui spaţiu mai mare de cooperare în negociere. Mai mult, cota de export negociată este mai mică decât nivelul politic optim al cotei de import.

Astfel, ne pronunţăm, cu argumente strict ştiinţifice, în favoarea lărgirii unei uniuni vamale, care aduce un comerţ mai liber între ţări.

Urmând concluziile prezentului studiu apare prioritar pentru România în negocierile de aderare o calculare şi aducere a exporturilor sale, pentru cazul de faţă – vin, la nivelul economic optim pentru propria economie şi solicitarea acestui nivel în negocierile de aderare. Modelările ne arată că solicitarea nu trebuie să întâmpine opoziţie din partea UE. Apariţia unor costuri mari ale protecţionismului din partea UE pentru protejarea propriei pieţe interne face dezirabilă solicitarea şi negocierea unei zone de comerţ liber care să se concretizeze în o eliminare a cotelor comerciale.

CAP. 5
SIMULĂRI DE NEGOCIERE A COTELOR DE VIN ALE ROMÂNIEI – PRODUS REPREZENTATIV PE PIAŢA UNIUNII EUROPENE

5.1 Elemente de calcul şi de exemplificare

Revenid de la ipotetic, de la convenţional la real, aplicăm rezultatele anterioare pentru sectorul vinului al Uniunii Europene şi noile state membre şi candidate: Bulgaria, Ungaria şi România.

Simulările sunt realizate pe baza datelor pentru producţie şi consum din sectorul viniviticol al României şi UE preluate de la EUROSTAT, site-ul Uniunii Europene şi propriile calcule. Datele pentru cele 15 ţări membre ale UE anterior existente sunt agregate pentru un singur bloc (UE 15). Valorile utilizate în simulări pentru producţia şi consumul de vin sunt valori medii pentru perioada 1995 la 2004. După această dată Uniunea a eliminat cotele de vin.

Producţia şi consumul de vin în România estet prezentată în Tab. 1:

Uniunea Europeană (UE 15)			România	
	Producţie	Consum	Producţie	Consum
2000	12 478 119 586	8 982 209 108	584 778 379	468 883 647
2001	4 844 244 187	3 444 718 189	559 076 864	423 029 254
2002	5 266 370 687	4 024 934 776	590 293 217	429 143 173

Tabel 1: Datele sunt exprimate valoric în Euro [*]
Sursa: EUROSTAT

Datele din tabelul anterior sunt prezentate în unităţi valorice şi corespund următoarelor valori cantitative ale producţiei şi consumului pentru România şi UE (Tab. 2):

Uniunea Europeană (UE 15)			România	
	Producţie (1000 hl)	Consum (1000hl)	Producţie (1000 hl)	Consum (1000hl)
2000	179 117	128 935	5 456	5 215
2001	176 006	125 157	5 090	4 705
2002	158 555	121 179	n/a	n/a

Tabel 2: Producţia şi consumul în hl.[*]
Sursa: Site-ul Comisiei Europene şi Institutul International al Vinului

În ciuda unor diferențe mari între potențialul productiv al României și cel al Uniunii Europene (UE-15), Romania ocupă un loc fruntaș între cele mai mari țări producătoare de vin pe plan mondial.

În ierarhia mondială a principalilor producători de vin România ocupă locul 10, urmată indeaprope de Ungaria (locul 12) și Bulgaria (locul 15), de asemeni țări aparținând grupului Țărilor Central Est Europene candidate sau foste candidate le integrarea (este cazul Ungariei). Nu este așadar suprinzătoare utilizarea de către UE unor cote comerciale care să restricționeze exporturile de vin din Bulgaria, Ungaria și România.

Primii 20 cei mai mari producători de vin pe plan mondial

	Țara	*Producția* (mii hl) (media 1997-2000)
1	Franta	56077
2	Italia	53289
3	Spania	34952
4	Statele Unite	22049
5	Argentina	13649
6	Germania	10326
7	Africa de Sud	7684
8	Australia	7541
9	Portugalia	6107
10	Romania	5800
11	Chile	5376
12	Ungaria	4111
13	Grecia	3763
14	Brazilia	3070
15	Bulgaria	2630
16	Yugoslavia	2628
17	Rusia	2505
18	Austria	2412
19	Moldova	2164
20	Croatia	2131

Sursa: Wine Institute from Ivie International folosind date de la O.I.V, 2004

Performanțele în domeniul exportului nu se înscriu însă pe un palier asemănător cu cel al producției. Însă cotele comerciale pentru acest sector se calculează pe baza acestui potențial productiv astfel încât producția anuală și modul în care acesta evoluează ar trebui să fie procuparea principală într-un studiu de simulare a negocierilor asupra nivelului cotelor comerciale în acest sector.

O primă observația care s-ar putea face pentru simularea negocierilor cotelor comerciale de vin cu Uniunea Europeană, rezultă din compararea potențialului productiv al Bulgariei, Ungariei și României cu cel al UE. Din Fig. 1 este evidentă o asimetrie importantă între posibilitățile de producție în Uniunea Europeană și cele din țările candidate.

Productia de vin

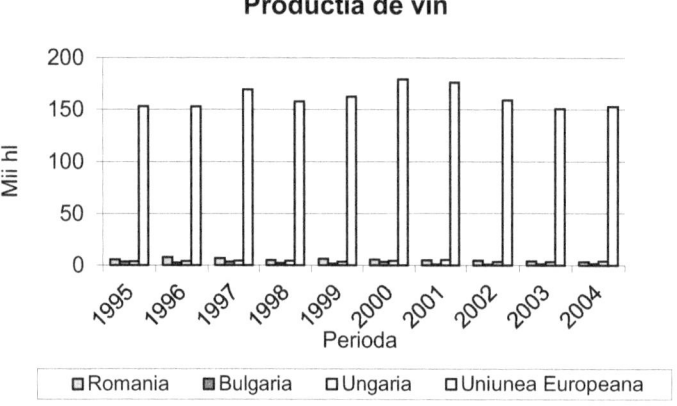

Fig 1 Producția de vin în Bulgaria, Ungaria și Romania comparativ cu UE-15

Aceeași asimetrie importantă o regăsim și între potențialul de consum (Fig. 2) al UE și cel al țărilor candidate. Pentru simplificare în analiza ulterioară considerăm doar considerăm diferența în dimensiunea de piață generată doar de potențialul productiv, el fiind de fapt cel care a determinat baza de negociere a cotelor comerciale. Rezultatele obținute însă pot fi extinse și prin considerarea potențialului de consum.

Consumul de vin

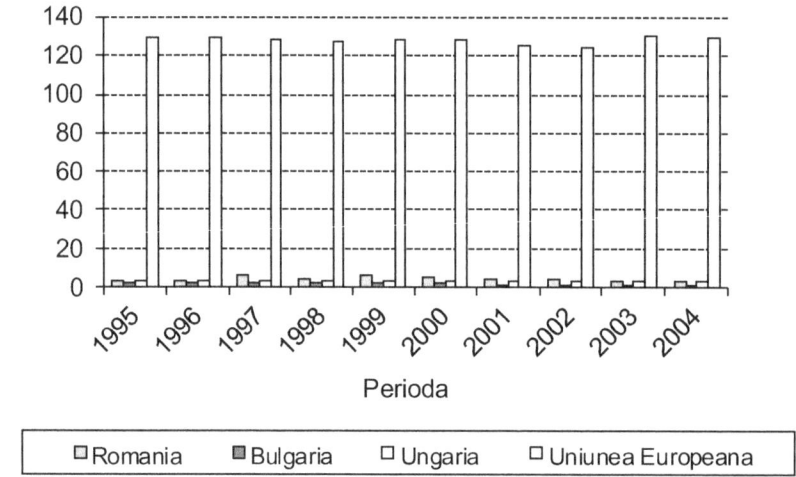

Fig.2 Consumul de vin în Bulgaria, Ungaria și Romania comparativ cu UE-15

Pe baza acestor date și a celor ale statelor aplicante am calculat o diferența în dimensiunea de piață de 22 pana la 149 ori și am atribuit aceste valori parametrului λ în simulări. Valorile pot varia ca o consecinţă a unor variaţii mari ale producţiei sau consumului în diferiţi ani luaţi ca referinţă dar trendul pentru cota negociată, mai precis modul în care cota negociată variază ca urmare a unei creşteri a dimensiunii de piaţă, rămâne acelaşi.

Simulările numerice din această secţiune examinează dacă datele disponibile asupra nivelului cotelor negociate corespund predicţiilor modelului.

Cotele de import aplicate pentru importurile de vin proaspăt provenit din România de-a lungul perioadei 1998-2001 sunt sintetizate în următorul Tab. 3:

Perioada	Cota (hl)
1997	150 000
1998	168 880
1999	178 880
2000	188 880
2001	300 000

Tabelul 3: Cotele 1997-2001

Sursa: Official Journal of the European Communities

Se observă că aceste nivele ale cotelor sunt stabilite la fiecare sfârşit de an pentru anul următor. După 2002 nivelul cotei de import impuse României nu s-a schimbat.

5.2 Simulări numerice

Simulările numerice examinează dacă datele disponibile asupra nivelului cotelor negociate corespund predicţiilor modelului, mai precis, dacă evoluţia lor de-a lungul perioadei 1997-2004 este aceeaşi cu cea prezisă de model.

În următorul tabel sunt prezentate rezultatele simulărilor aşa cum au fost obţinute pe baza datelor de producţie şi consum descrise în secţiunea anterioară. Rezultatele simulărilor corespund rezulatelor teoretice ale modelului.

		$\lambda = 22$	$\lambda = 25$
Cota Autarhică	*Export*	-0.13	-0.16
	Import	0.1272	0.1266
Cota Negociată	*Export*	0.0385	0.0385
	Import	12.0007	14.9433

Pentru diferenţe în dimensiunea de piaţă de la 22 la 25 ori, optimul cotei de import atât pentru România cât şi pentru UE, ar putea avea valori cuprinse între un minim de 120 007 mii hl până la un maxim de 149 433 mii hl. Dacă comparăm aceste nivele cu cel existent la nivelul anului 2004, ele sunt mult mai mari. Trebuie însă să avem în vedere că în acest caz corelarea valorilor pentru producţie şi consum din simulări nu coincide în totalitate cu valorile reale. Cu toate acestea concluziile extrase nu sunt de aşteptat să se modifice semnificativ. Valoarea cotei negociate de export a fost calculată pentru un nivel optim în cazul României şi anume diferenţa între producţie şi consum de

385 000 hl, la nivelul anului 2001, fiind o valoare ce se apropie cel mai mult de valoarea medie. De asemeni trebuie să avem în vedere că exporturile anuale ale României s-au situat în jurul valorii de 200.0000 hl, și anume 198.000 hl în 2003.

Cota de import în 2004 era de 300 000 hl și ea nu ar fi trebuit să fie restrictivă dacă exporturile României erau stabilizate la un nivel optim pentru propria economie. Însă uniunea Europeană putea oferi un acces mult mai mare pe baza diferențelor între valorile pentru producție, consum și potențial de export față de România.

Simulările numerice sunt făcute astfel încât să obținem o valoare aproximată a ceea ce ar putea fi nivelul cotei pe baza valorilor cunoscute pentru producție și consum. Rezultatele pe care le-am obținut nu reflectă oscilațiile care au fost în valoarea producției pentru unii ani și nu sunt corelate cu valoarea reală a prețului pe piețele naționale și internaționale. Rezultatele arată un trend ascendent al cotei negociate când dimensiunea de piață variază.

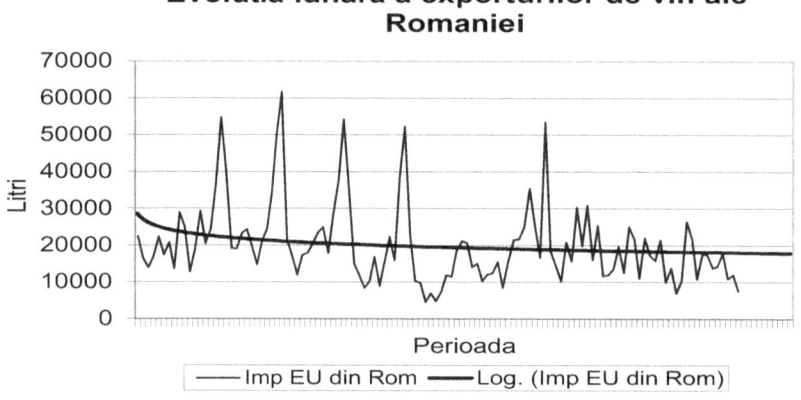

Exporturile de vin au scăzut în perioada 1990-2004, iar previzionarea grafică indică că acest trend va continua și în perioada următoare. Liberalizarea comerțului cu vin între România și UE nu este de așteptat să aducă modificări mai importante în evoluția exporturilor ținând cont că liberalizarea se realizează gradual și efectele se întind pe o perioadă lungă de timp. Putem considera că o parte a efectelor sunt incorporate în analiza grafică anterioară.

Până in 2004, UE a restricționat exporturile de vin ale României prin impunerea unei cote comerciale. Argumentul utilizat ține de aplicarea Politicii Agricole Comune și mecanismul de susținere a prețurilor agricole.

Susținerea prețurilor agricole și aplicarea PAC a adus dezechilibre mari pe piața vinului din Uniune prin apariția unor surplusuri greu gestionabile. În aceste condiții importurile provenind dintr-o țară cu un potențial important erau văzute ca fiind alimentatoare a dezechilibrelor deja existente.

Exporturile de vin ale UE in Romania

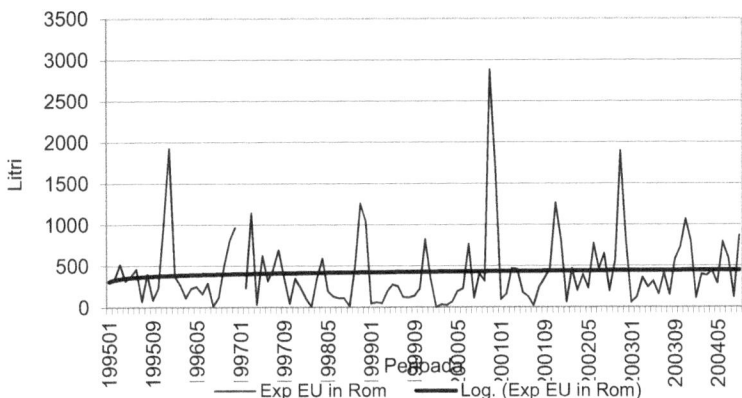

Din analiza grafică rezultă că de fapt pe întreaga perioadă ce corespunde unei reduceri graduale a protecţiei pieţei europene, Uniunea Europeană a beneficiat de liberalizare. Nivelul propriilor exporturi de vin a crescut pe tot parcursul perioadei.

În plus, am dori să afirmăm că ponderea potenţialului productiv al României în cel al UE este suficient de mică astfel încât argumentul unei protejări a propriei pieţe determinat de o agravare a dezechilibrelor nu este consistent.

5.3 Priorităţi pentru negocierile de aderare

Întrebarea firească este de ce au existat totuşi aceste cote şi de de ce ele au fost restrictive de exemplu pentru comerţul cu vin între România şi UE. Răspunsul este: existenţa unor ineficienţe interne în economiile ambelor parteneri de negociere. Este cunoscută politica de susţinere a preţurilor producătorilor agricoli în UE în cadrul căreia se încadrează şi vinul. O expunere a sectorului vinului la concurenţa internaţională înseamnă o diminuare a preţului primit de producătorii de vin ceea ce dă naştere în interiorul Uniunii la presiuni puternice pentru aplicarea unor măsuri protecţioniste de protejare a veniturilor producătorilor de vin. În acelaşi timp, o deschidere a pieţei interne odată cu aplicaţiile de aderare ale TCEE pentru piaţa vinului ar fi însemnat expunerea la o concurenţă din partea unor economii de piaţă încă nefuncţionale. Într-un sector al vinului în care ţările menţionate aveau deja un avantaj competitiv clar pe plan mondial, o deschidere totală a pieţei UE însemnă o expunere al propriului sector al vinului la concurenţă, din partea unor economii cu potenţial în acest sector dar şi cu multe elemente distorsioniste. Ne referim aici la faptul că în acea perioadă (1995-2003) economiile ţărilor post-comuniste erau caracterizate printr-un nivel exagerat al exporturilor situat la un nivel superior optimului pentru propria economie. Pentru exemplificarea şi comparaţia afirmaţiilor făcute folosim datele pentru exporturile de vin şi cotele Bulgariei, Ungariei şi României.

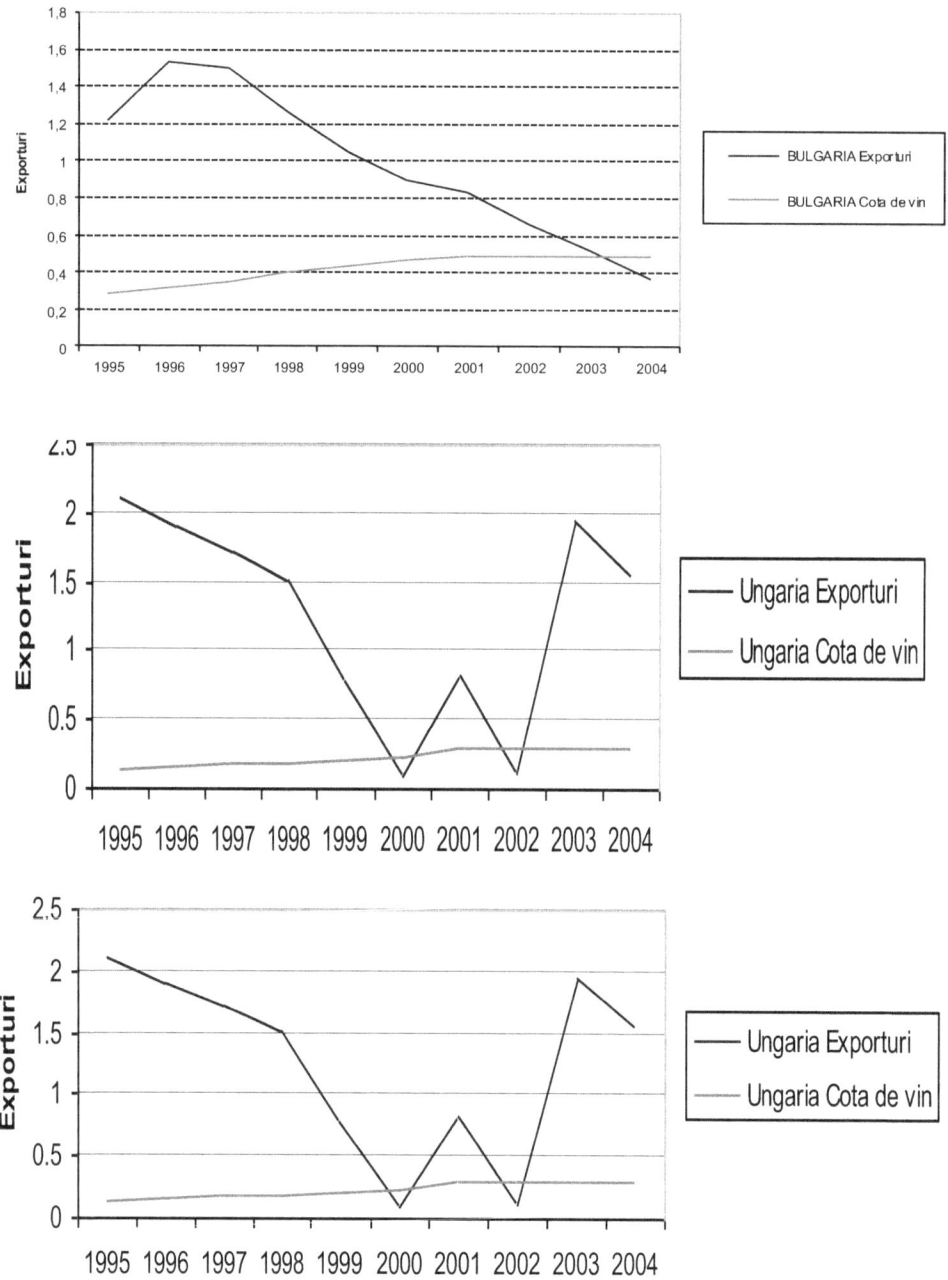

Din reprezentarea grafică a datelor privind exportul și cota de vin se poate vedea în primul rând un evident trend descrescător al exporturilor țărilor în analiză. Pentru anumite perioade cota nu a fost restrictivă pentru Ungaria și Bulgaria iar începând cu 2004 a fost eliminată. Argumentam că trendul descrescător al exporturilor acestor țări nu reprezintă o pierdere de competitivitate pe plan mondial sau european ci doar o încadrare a acestora în nivelul optim determinat prin echilibrul forțelor de piață. O aducere a nivelului exporturilor la nivel optim s-a soldat printr-o eliminare a cotelor de către Uniunea Europeană.

În cazul României, nivelul cotelor a fost restrictiv pe întreaga perioadă până la eliminare. Dacă considerăm afirmațiile existente referitor la reforma relativ înceată a economiei României am putea argumenta că restricționarea exporturilor de vin ale României către UE, în condițiile în care este al 10-lea mare producător de vin din lume, este justificată printr-o întârziere în aducerea nivelului exporturilor la nivelul lor optim. Afirmațiile noastre însă, nu se bazează pe calcule econometrice exacte privind nivelul optim al exporturilor României. Ceea ce am demonstrat este doar că *țările implicate în negociere (România și UE) pot obține optimul național al cotelor în condițiile în care condițiile economice permit desfășurarea comerțului la nivelul optim al exporturilor și importurilor.* În aceste condiții, *prioritatea României pentru negocierile de aderare este cea de creare a condițiilor economice optime pentru stabilizarea exporturilor la nivelul lor optim.*

Politica internă de susținere a prețurilor producătorilor agricoli nu este cauzatoare de dificultăți în negocierile de aderare a TCEE. Odată cu integrarea, producătorii naționali ar beneficia la rândul lor de aceasta. Dificultăți apar de partea statelor membre UE pentru că presupune contribuții sporite la buget pentru a se asigura susținerea prețurilor noilor veniți.

Argumentul privind poziția ocupată de România ca producător de vin pe plan mondial și pe baza căruia probabil s-au calculat cotele[99], îl putem provoca printr-o comparare a potențialului productiv al UE comparativ cu cel al României. În Fig. 1 se observă diferența mare între potențialul productiv de vin al țărilor membre ale Uniunii Europene și cel al României. Iar dacă marja de negociere este asigurată de însăși aceasta diferență în potențialul productiv de piață, România poate solicita cota de import optimă pentru propria economie. În condițiile integrării în UE a unor țări cu un potențial productiv de piață comparabil cu cel al României, ne referim aici la Ungaria, efectul este o lărgire și mărire a diferenței în dimensiunea de piață pentru sectorul vinului între UE și România. Se creează astfel posibilități suplimentare de obținere a unui acord asupra

---

[99] Cotele de vin au fost calculate pe baza unei medii a producției naționale într-o perioadă de referință. De aici trendul crescător al cotelor de vin , care nu este corelat cu evoluția exporturilor. Însă, scopul utilizării instrumentelor protecționiste este o împiedicare a exporturilor unei țări către o piață țintă.

nivelului acceptabil al exporturilor, în condițiile în care exporturile României nu sunt distorsioniste și se încadrează în nivelul optim pentru propria economie.

CONCLUZII

Încheiem studiul nostru cu câteva concluzii, nu pentru că așa se obișnuiește; nu cerința de a ne încadra în tipic ne face să procedăm astfel, ci nevoia pe care o resimțim de a generaliza, de a ne ridica de la concluziile parțiale la cele de ansamblu. Pe parcurs am punctat, acolo și atunci când am socotit că este potrivit, idei cu valoare de posibile concluzii. Aici este vorba despre altceva; despre punerea în evidență a unor idei axă, a unor puncte de vedere care trimit direct și expres la reflecție și la acțiune practică.

Concluzia, de maximă generalitate, care le polarizează pe toate celelalte, este aceea că negocierile României cu Uniunea Europeană au fost mai complicate, mai dificile și mai de lunga durată decât cele ale Țărilor Central-Est Europene care s-au integrat în mai 2004 și chiar față de Bulgaria. România a început negocierile mai târziu și trebuie să facă față mai multor clauze de slavgardare. „Vina" pentru acestă situație nu aparține Uniuniunii Europene; cauzele sunt interne și nu externe; ritmul lent al reformei și nerespectarea, întocmai, a cerințelor impuse de Uniunea Europeană reprezintă principalele motive pentru care noi, românii, nu ne-am integrat odată cu celelalte țări Central-Est Europene și nu avem nici certitudinea că 1 ianuarie 2007 va fi o dată când ne vom bucura de așa ceva. Guvernele post-decembriste, toate, indiferent de culoarea lor politcă, nu au reușit să-și respecte promisiunile; nu au reușit să facă ce trebuia și, mai ales, nu au respectat termenele convenite. Lipsa de consecvență și coerență în politicile noastre guvernamentale se explică și subiectiv și obiectiv. Subiectiv prin nepregătirea clasei politice, desprinderea anevoiasă de mentalitățile și practicile comuniste, punerea interesului personal de grup și de partid înaintea celui național și orientarea târzie și ezitantă spre Occident sunt doar câțiva dintre factorii subiectivi care au făcut ca România să nu meargă în acelși timp și în front comun cu celelalte state din Estul-Europei spre NATO și Uniunea Europeană. Obiectiv, structurile ideologice, politice, sociale, economice, spirituale și moștenirile comuniste au fost în România, mai adânc înrădăcinate decât în alte țări. Crizele suprapuse au durat mai mult și au avut efecte dintre cele mai diverse și mai persistente. Mentalitățile și comportamentul unei mari părți a populației a fost și ele diferite, ceea ce a făcut ca presiunea străzii să fie deosebit de puternică. Economia super-socializată și hiperetatizată a parcurs o etapă lungă de cădere liberă. Stadiul de dezvoltare mai scăzut, oferta internă mult sub cerere, dependența de importuri și lipsa capitalurilor autohtone coroborată cu investițiile străine mici și târzii au imprimat evoluției noastre post-decembriste un curs evolutiv, în bună parte diferit de cel din Țările Central Est Europene. Toate acestea și-au pus direct și puternic amprenta asupra situației interne și externe a țării noastre; așa de greu, de inconsecvent și de imprevizibil am evoluat pe plan intern încât convergențele cu Uniunea Europeană au fost și au rămas încă, în bună parte, un deziderat, iar divergențele o certitudine. În aceste împrejurări, apropierea de structurile economice și de securitate europene a depins, și de ce să n-o spunem, mai depinde și astăzi, în foarte mare măsură, de bunăvoința politică a Occidentului. Nepregătită intern la parametrii ceruți de Uniunea Europeană era firesc, logic, să stăm, încă, în așteptare. Dacă n-ar fi fost conjunctura externă favorabilă, voința și sprijinul SUA și Uniunii Europene, n-am fi fost astăzi, probabil, membru NATO și nu am fi avut șansele actuale de integrare în 2007.

Raportându-ne la acest complex de factori subiectivi-obiectivi, am arătat și argumentat, pe parcursul lucrării, că negocierile României cu Uniunea Europeană reprezintă, prin premise, calendar, mod de desfășurare, priorități, dificultăți, sincope și îndeosebi rezultate, un nesecat izvor de învățăminte, atât pentru noi, cât şi pentru alţii care vor avea acelaşi parcurs sau unul asemănător. Am mai spus-o şi repetăm, că până şi chiar după integrare trebuie să învăţăm, cu asiduitate, din propriile ezitări, inconsecvenţe şi greşeli pentru a putea diminua costurile şi fructifica beneficiile, să scurtăm etapele şi să convigem pe toţi cei ce ne sprijină că merităm încrederea şi suţienerea lor. De învăţat au, credem noi, din aceleaşi considerente, şi paretnerii noştri de negocieri. Experienţa noastră ve fi, cu siguranţă, utilă şi ţărilor ce vor intra în procesul de negocieri.

Pentru ca rolul acesta cognitiv să fie, cu adevărat, însemnat şi efectiv, în teză, am propus un model de fundamentare şi evaluare a rezultatelor negocierilor şi am schiţat câteva scenarii. Modelul se vrea a fi o bază teoretică, metodologică cât mai solidă şi mai apropiată de ceea ce urmărim, în timp ce scenariile o încercare de concretizare, de ilustrare a întregului demers ştiinţific. Fără modelare şi scenarii, am fi rămas cantonaţi, exclusiv în particular, în local. Ne-am fi mărginit la negocieri ca atare- depăşite temporal şi procedural – neavând în prim plan rezultatele şi evaluarea lor; şi teza ar fi fost mai săracă în contribuţii,în învăţăminte şi în sugestii. Astfel fundamentele teoretice şi utilitarist-pragmatice se împletesc, se completează reciproc şi împreună ridică, poate, cota de interes şi de acceptabilitate.

BIBLIOGRAFIE

1) Anderson, James& Van Wincoop, Eric, *Trade Costs*, working paper, NBER, September 2003
2) Anderson, James& Van Wincoop, *Borders, Trade and Welfare*, NBER 8515, 2001
3) Anderson, James& Neary, J.P, *Measuring the Restrictiveness of Trade Policy*, World Bank Economic Review, 1994
4) Anderson, James& Neary, J.P, *Trade Reform with Quotas, Partial Rent Retention and Tariffs*, Econometrica, 1992
5) Avery, G., *Europe in Question*, London, George Allen & Unwin, 1974
6) Avery N., Drake M.and Lang Tim, *Craking the code: Report for 50 Consumer NGOs*,National Food Alliance, 1993
7) Bagwell, Kyle& Staiger, W. Robert, *A theory of managed trade*, American Economic Review, vol.80, No. 4, Sept. 1990
8) Bagwell, Kyle& Staiger, W. Robert, *An Economic Theory of GATT*, working paper 6049, may 1997
9) Bagwell, Kyle& Staiger, W. Robert, *Multilateral Ttade Negotiations, Bilateral Opportunism and the Rules of GATT*, Working Paper 7071, April 1999
10) Bagwell, Kyle& Staiger, W. Robert, *The economics of Trading System*, The MIT Press, Cambridge, Massachusetts, London, England, 2002
11) Bayne, Nicholas & Woolcock, Stephen, *The New Economic Diplomacy. Decsion making and negotiations in international economic relations*, Ashgate Publishing Limited, 2003
12) Bhagwait, J.N. and T.N Srinivasan, *Lectures on International Trade*, MIT Press: Cambridge MA,1983.

13) Bhagwati, Jagdish & Panagariya, Arvind, *Preferential Trading Areas and Multilateralism – Strangers, Friends, or Foes?*, Washington DC: American Enterprise Insttute, 1996,p. 1-78

14) Bârsan, Maria, *Integrarea economică europeană*, Editura Carpatica, 1995

15) Bliss, Chrithofer, *Economic theory and policy for trading blocks*, Machester University Press, 1994

16) Bond, W. Eric & Park, Jee-Jyeong, *Gradualism in Trade Agreements with Asymmetric Countries*, Journal of International Economics 50 (2000), 473-495

17) Bond, Eric W. & Syropoulos, Constantinos, *The size of trading blocs. Market power and world welfare effects*, Journal of International Economics 40, 1996, p. 411-437

18) Bond, Eric W. & Syropoulos, Constantinos, *A strategic and welfare theoretic analysis of free trade areas*, , Journal of International Economics 64 (2004), p.1-27

19) Bowen, Harry P., Hollander, Abraham & Viaene, Jean-Marie, *Aplied International Trade analysis*, The University of Michigan Press

20) Brăilean, Tiberiu, *Globalizarea și efectele ei sociale*, Ed. Antet, București, 1999

21) Brun Jean-Marie, Jadot Yannick, *Du GATT à l'OMC- 15 fiches pour comprendre*, anticiper,débattre, Paris, Solagral, 1995

22) Cadot, Olivier, de Melo, Jaime & Olarreaga, Mercelo, *Lobbying and the structure of Tariff Protection in Poor and Rich Countries*, Working Paper, January 24, 2001

23) Cadot, Olivier, de Melo, Jaime & Olarreaga, Mercelo, *Regional integration and lobbying for tariffs against non-members*, International Economic Review, Vol 40, No.3, August 1999

24) Cadot, Olivier, de Melo, Jaime & Olarreaga, Mercelo, *Harmonizing External Quotas in an FTA. A step Backward?*, Economics and Politics, 2002

25) Ciupagea, Constantin et al, *Analiza opțiunilor și implicațiilor reducerii contribuției* de asigurări sociale în România, Studiu de impact, IER,2002

26) Cooper, C.A & Massell, B.F, *Toward a General Theory of Customs Unions for Developing Countries*, journal of Political Economy 73, no.5, 1965, p. 461-476

27) Corden, Max W., *Economies of Scale and Customs Union Theory*, Journal of Political Economy 80, 1972, p. 465-475

28) Corvin, Lupu; *Probleme ale integrării europene*, Editura Universitară, Craiova, 1998

29) Crețoiu, Gheorghe, *Economie Politică*, Editura Șansa, București, 1995

30) Danu, Marcele-Cornelia, *Riscul în afaceri*, Editura Plumb, Bacău, 2001

31) Dăianu, Daniel , *Deschiderea contului de capital in România - o abordare optimă*, Studiu de impact, IER, 2002

32) Dăianu, Daniel, *Incotro se indreapta tarile postcomuniste? : Curente economice in pragul secolului*, ed. Polirom, Iasi, 2000

33) Dăianu, Daniel, *Pariul României : economia noastra : reforma si integrare*, Ed. Compania, București, 2004

34) Dăianu, Daniel și Vrânceanu, Radu, *România și Uniunea Europeană. Inflație, balanța de plăți, creștere economică*, Editura Polirom, Iași, 2002

35) Diaconița, Ion; *România și problemele fundamentele ale integrării*, Editura Economică, București, 1998

36) Dinu, I; *Les relations de la Roumanie avec les pays voisins*; Editura Progres, București, 1999

37) Dobrescu, Emilian M., *Integrarea economică*, Editura Academiei Române, 1996

38) Ederington, Josh & McCalman, *Discriminatory tariffs and international negotiations*, Journal of International Economics 61, 2003, p. 397-424

39) European Central Bank, *Financial Sectors in EU Accesion Countries*,2002

40) Fearon, James D., *Bargaining Enforcement, and International Cooperation*, international Organization 52, 2, Spring 1998, p. 269-305

41) Feenstra, Robert & Lewis, Tracy R., *Negotiated trade restrictions with private political pressure*, quarterly Journal of Economics, vol. 106, 1991, p. 1287-1307

42) Feenstra, Robert, *How costly is protectionism*, Journal of Economic Perspectives, Vol. 6, Nr. 3, 1992, p. 159-178

43) Feenstra, Robert, *Advanced International Trade. Theory and Evidence*, Princeton University Press, 2004

44) Feldman, Jean-Fracois, Jinaru, Aron et al., *Promovarea dezvoltării "noii Economii" în Romania în contextul aderării la UE*, Studiu de impact, IER, 2002

45) Francois, J.F. and H.K. Hall, *Partial Equilibrium Modelling*, in J.F. Francois and K.A. Reinert, eds., *Applied Methods for Trade Policy Analysis: A Handbook*, Cambridge University Press,1997.

46) Francois, Joseph & Hall, Keith H, *„Trade Policy in a Sector Focused General Equilibrium Model"*, working paper , August 1998

47) Francois, Joseph & Hall, Keith H., *Global Simulation Analysis of Industry-Level Trade Policy*, working paper, 21 April 2003

48) Friman, Richard H., *Side-payments versus security cards; domestic bargaining tactics in international economic negotiations*, International Organization 47, 3, Summer 1993

49) Furasawa, Taiji, *The negotiation of sustainable tariffs*, Journal of International Economics 48, 1999, p. 321-345

50) Furasawa, Taiji & Wen, Quan, *Disagreement points in trade negotiations*, Journal of International Economics 57, 2002, p. 133-150

51) Giriato, Luisa, *Financing the eastern enlargement of the European Union* , Roma, 2002, http://dep.eco.uniroma1.it/workpap/wp47.pdf.

52) Goldbe Koujianou, Pinelopi & Maggi ,Giovanni , *Protection for Sale: An Empirical Investigation*, American Economic Review, 1999, vol. 89, issue 5, pages 1135-1155

53) Grinols, Earl L., *An Extension of the Kemp-Wan Theorem on the Formation of Customs Unions*, Journal of International Economics 11, 1981, p. 259-266

54) Grossman, M. Gene & Elhanan Helpman , *Trade wars and trade talks*, Journal of Political Economy 103, (August 1995),p.675:708

55) Grossman, M. Gene & Elhanan Helpman, *Protection for Sale*, American Economic Review 84, September 1994

56) Gyement, L.; *Europen Tradition in experience*,London, 1997

57) Hillman, Arye L., *Declining Industries and Political – Support Protectionist Motives*, American Economic Review, vol.72, no.5, 1982, p.1180-1187

58) Ignat, Ion, *Uniunea europeană. De la Piața Comună la moneda unică*, Editura Economica, 2002

59) Isărescu, Mugur; *Economia României în perspectiva anului 2000*, Editura Economică, București, 2001

60) Isărescu, Mugur; *Strategia națională de dezvoltare economică a României,*București, 2000

61) Ișan, Vasile, *Tranziție și integrare europeană: Studii și comunicări*, Ed. Sedcom Libris, 1996

62) Johnson, Harry G., *The Economic Theory of Custom Unions, Money*, Trade and Economic Growth, , ed. Allen&Unwin, London, 1962, 46-62

63) Kazlauskiene, Natalija, *CEEC Interests and Options in the WTO 2000 Negociations*, Switerland, 1999;

64) Kearney, Brendan*, The Implication for agriculture*, The Institute of European Affaires, http://www.iiea.com/futeuro/agriculture.pdf.

65) Kemp, Murray C. & Wan, Henry Y. Jr., *An Elementary Proposition Concerning the Formation of Customs Unions*, Journal of International Economics 6, February 1976, p. 95-98

66) Kemp, Murray C. & Wan, Henry Y. Jr., *The Comparison of Second-Best Equilibria: The Case of Customs unions*, Journal of Economics supl. 5, 1986, p. 161-167

67) Kohler, Philppe, *The Welfare Cost of Tariff Protection in the Balkan Countries*, The Vienna Institute for International Economic Studies, 2004

68) Krishna, Pravin & Bhagwati, Jagdish, *Necessarly Welfare- Enhancing Customs Unions with Industrialization Constraints: The Cooper-Massel – Johnson-Bhagwaty conjecture*, Japan and the World Economy 9, November 1997, p. 441-446

69) Krishna, Pravin, *Are Regional Trading Parteners „Natural"?*, Journal of Political Economy, 2003

70) Krugman, P, *Economie Internationale*,Oxford University, 1995

71) Lahiri, Sajal & Raimondos, Pascalis, *Welfare effects of aid under quantitative trade restrictions*, journal of International Economics 39, 1995, p.297-315

72) Leonte, Jacqueline, Giurca, Daniela , Campeanu, Virginia, *Politica agricola comuna - consecinte asupra României,* Studiu de impact, IER, 2002

73) Levy, Philip I., *A Political-Economic Analysis of Free Trade Agreements*, American Economic Review 87, no.4, September 1997, p. 506-519

74) Levy, Philip I., *Non-tariff barriers as a test of political economy theories*, Center Discussion Paper no. 852, Yale Univesity, February 2003

75) Lipsey, Richard G., *The Theory of Customs Unions : Trade Diversion and Welfare*, Economica 24, February 1957, p. 40-46

76) Luşan, Pompei, *România din perspectiva unei analize comparative*, Editura Rompres, Craiova, 2000

77) Lutaş, Mihaela, *Integrarea economică europeană: necesitatea, posibilitatea și oportunitatea integrării economice românești în Uniunea Europeană*, Editura Economica, Bucuresti, 1999;

78) Madani, Dorsati & Olarreaga, Marcelo, *Politically optimal Tariffs: An application to Egypt*, World Bank Policy Research Working Paper 2882, September 2002

79) Maggi,G. and Rodriguez-Clare, A., *The Value of Trade Agreements in the Presence of Political Pressures*, Journal of Political Economy, 1998

80) Marin, D.; *Economia României 1990-2000*;Editura Aromar, Bucuresti, 2000

81) Mayhew, Alan, *Enlargment of the European Union: An analysis of the negotiations with the central and eastern european candidate countries*, Sussex European Institute, Brighton, december 2000;

82) McDaniel, A. Chritine & Dalistrery, J. Edward, *A review of Armington Trade Substitution Elasticities*, Research Division, Economics Office, U.S. International Trade, Commission, September 2002

83) Michaely, Michael, *Trade Liberalization and Trade Preferences*, Ashgate Publishing Limited, 2004

84) Milner, Helen V. & Rosendorff, Peter, *Democratic Politics and International Trade Negotiations*, journal of Conflict Resolution, vol. 41, no. 1, February 1997, p. 117-146

85) Miron, Dumitru, *Economia integrarii europene*, Editura ASE, Bucuresti, 2001;

86) Mo, Jongryn, *The Logic of Two-Level Games with Endogenous Domestic Coalitions*, Journal od Conflict Resolution, Vol. 38, No. 3, September 1994, 402-422

87) Molle, Willem, *The Economics of European Integration. Theory, Practice, Policy*, Ashgate Publishing Limited, England, 1997

88) Mundell, Robert, *Tariff Preferences and the Terms of Trade*, Manchester School of Economics and Social Studies 32, 1964, p. 1-13

89) Nechita, Vasile, *Integrarea Europeană*, Editura Deșteptarea, Bacău, 1996

90) Niculescu, N.; *Interesele economice și unitatea românilor*, Editura All, București, 2000

91) Panagariya, Arvind& Dattagupta Rupa, *Politics of Free Trade Areas: Tariffs versus Quotas*, conference paper, 2000

92) Panagariya, Arvind& Dattagupta Rupa, *Did the Multi – fiber Agreement make the NAFTA politically more acceptable?. A theorethical analysis*, Conference Paper, March 2000

93) Panagariya, Arvind, *The Meade Model of Preferential Trading: History, Analytics, and Policy implications*, Essays in Honor of Peter B. Kennen, Cambridge Uniersity Press, New York, 1997

94) Park, Jee – Hyeong, *International trade agreements between countries of asymetric size*, Journal of International Economics 50, 2000, p. 473-495

95) Pascariu, Gabriela-Carmen, *Uniunea europeana : Politici si piete agricole*, Ed. , Economică, București, 1999

96) Pascariu, Gabriela-Carmen et. al, *Impactul politicii de coeziune sociala asupra dezvoltarii economico-sociale la nivel regional în România*, Studiu de impact, IER, 2002

97) Pascal, Ileana et al., *Capitole de negociere*, Editura Centru de Resurse Juridice, București, 2004

98) Păun, Otiman, *Restructurarea agricolă și dezvoltarea rurală a României în vederea aderării la UE*, Editura Economică, București, 2000

99) Patterson, Lee Ann, *Agricultural Policy Reform in the European Commnunity: a Three Level Game Analysis*, International Organization 51, 1, Winter 1997, p. 135-165

100) Popescu, Gabriel, *Politici agricole. Acorduri europene*, Ed. Economica, București, 1999

101) Pralea, Spiridon, *Politici si reglementar în comețul interntional*, Ed. Fundatiei Academice "Gh. Zane" Iasi, 1999

102) Preston, Christhofer, *Enlargement and Integration in the europena Union*, Routledge London, 1997

103) Prisecaru, Petre, *Teoria integrării economice europene*, Ed. Sylvi, București, 2001

104) Pușcaș, Vasile, *Negociind cu UE. Pregătirea mediului intern pentru negociere*, Editura Economică, 2003

105) Putnam, R. & Rosendorff, *Diplomacy and domestic politics: The logic of two Levels Game*, International organization 42, p. 427-60

106) Raiffa, Howard, *Contributions of Applied Systems Analysis to InternationalNegotiation*,http://media.wiley.com/product_data/excerpt/67/07879588/0787958867.pdf

107) Rosendorff, Peter B, *Voluntary Export Restraints, Antidumping Procedure*, and Domestic Politics, American Economic Rewiev vol.86, no.3, 1996, p. 544-561

108) Sapir, Andre, *Trade regionalism in Europe: towards an integrated approach*, Journal od Common Market Studies, vol. 38, no.1, March 2000, p. 151-162

109) Silași, Gheroghe, *Integrarea monetară europeana între teorie și politică*, Ed. Orizonturi Universitare, Timișoara, 1998

110) Shnief ,Heba Abou; *Rapport du FEMISE sur l'evolution de la structure des echanges comerciaueux des investissement entre Union Europeene et ses parteneires mediterraneens*, 2001, http://www.femise.org

111) Solagral, *La multifonctionnalité de l'agriculture dans les futures négociations de l'OMC*, Ministère de l'agriculture et dela pêche, Paris, septembre 1999

112) Stanciu, N., *Finanţarea externă a României prin organismele financiare internaţionale,*Editura Arcisis, Bucureşti, 1999

113) Steiger, W. Robert, *International Rules and Institutions for Trade Policy*, Handbook of International Economics, Vol. III, North Holland,1995

114) Stegăroi, I, *Macroeconomie,* Editura All, Bucureşti, 2000

115) Silaşi, Gheorghe, *Integrarea monetara europeana între teorie şi politică*, Editura Orizonturi Universitare, Timisoara, 1998;

116) Srinvasan, T. N., *The Common External Tariff of a Custom Union: Alternative Approaches*, Japan and the World Economy 9, November 1997, p. 447-465

117) Syropoulos, Constantinos; Dinopoulos, Elias & Kreinin, Mordechei E., *Bilateral quotas wars*, Canadian Journal of Economics, XXVIII, No. 4a, Nov. 1995, 939-44

118) Şerbănescu, Ilie, *Jumătăţile de măsură dublează costurile*, Editura All, Bucureşti, 2000

119) Trefler, D., *Trade Liberalization and the Theory of Endogenous Protection: An Econometric Study of U.S. Import Policy*, Journal of Political Economy, 1993

120) Tsoukalis, Loukas, *Noua economie europeană revizuită*, Editura Arc, Bucureşti, 2000

121) Van Der Steen, Daniel *; L'Organisation Mondiale du Commerce et l 'agriculture,*1999, http://www.ier.ro:8083/cost-benefit.pdf.

122) Vlăsceanu, A.,*Politica şi dezvoltare. România încotro?,*, Editura Alciris, Bucureşti, 2001

123) Viner, Jacob, *The Custom Union Issue*, Carnegie Endowment for International Peace, New York, 1950

124) Voinea, Liviu, *Protective structures in Romania*, The Vienna Institute for International Economic Studies, 2004

125) Vousden, Neil, *The economics of trade protection*, Cambrige University Press, New York, 1990

126) Zamfirescu, Iulia, *Costuri şi beneficii ale aderării la Uniunea Europeană pentru ţările candidate din Europa Centrala şi de Est*, Bucuresti, 2001; http://www.ier.ro:8083/cost-benefit.pdf.

127) Wagner, Harrison R., *Economic interdependence, bargaining power, and political influence*, International Organization 42, 3, Summer 1988

128) *** ,Academia Româna, *Impactul adoptării acquis-ului comunitar privind politica comercială comună în perspectiva aderării la Uniunea Europeană*, SC Lumina Tipo SRL, Bucureşti, 2002;

129) *** ,*Adevărul economic*, nr. 6, 13 – 19 februarie 2002.

130) *** , *Anuarul Statistic al României*, 2002

131) *** , *Cartea Albă pentru pregătirea ţărilor Asociate din Europa Centrală şi de Est pentru integrarea în Piaţa Internă a Uniunii*, Bruxelles, 3 mai 1995

132) *** , Conferinţa Regională de Geografie, *Regionalism şi Integrare: cultură, spaţiu, dezvoltare*, Editura Bruman, Timişoara, 2000

133) *** ,*Commerce mondial des produits de la pêche, questions nouvelles s'y rapportant*, FAO, The Uruguay Round Agreements and FAO, Fiches d'information (Seattle), http://www.fao.org/ur/seattlef.htm.

134) *** , Commision of the European Communities, *Regular Report on Romania's Progres Towards Accesion*; Brussels, 2001, http://www.ier.ro:8083/cost-benefit.pdf

135) ***, *Commision Opinion on Romania's Application for Membership of the European Union, Agenda 2000*, Brussels, 15th July 1997, http://dep.eco.uniroma1.it/workpap/wp47.pdf.

136) *** , *Contingente tarifare la importul unor produse agroalimentare din CEFTA*, „Adevărul Economic", nr.3, 2002;

137)   ***   , Direcția Generală pentru Agricultură a Comisiei Europene, *Procesul de extindere a Uniunii Europene in domeniul agriculturii*, Februarie 2001;

138)   ***   ,Directorate General for Economic and Financial Affairs, *Enlargement argumentative* nr. 5, September 2001

139)   *** ,Fota, Dionysius, *Până unde se poate compara România cu țările din Uniunea Europeană*, Adevărul Economic nr. 3; 2002

140)   *** ,Iacob, Alin, *Românii așteaptă minuni de la integrare*, Piața Financiară, nr. 7-8, 2002

141)   ***   ,*L-Europe en perspective*, Cahiers francais, no. 298, septembrie – octombrie , 2000;

142)   ***   , *Monitorul Oficial al Romaniei*, partea I, nr. 73, 1993, pag. 7

143)   ***   , *Negocieriele pentru Aderarea Romaniei si Bulgariei la Uniunea Europeana, Tratatul de aderare*, Bruxelles, 31 martie 2005

144)   ***, *Official Journal of the European Communities*, Council Regulation (Ec) No 678/2001

145)   *** ,*Procesul de extindere a Uniunii Europene in domeniul agriculturii*, Direcția Generală agricultură a Comisiei Europene ,Februarie 2001;

146)   ***,Programul Național de aderare a României, 2002-2004

147)   ***, Planul Național de Dezvoltare 2000-2005

148)   ***, Raportul Comisiei Europene asupra progreselor înregistrate de România, 2000-2004

149)   *** , *România până in 2005*, Adevărul Economic nr. 4, 2002

150)   ***, „*Study on the use of the Varietes of Interspecific Vines*", Phytowelt GmbH, Germany, 2002

151)   ***   ,*Țările din europa Centrala și de Est în drumul spre Uniunea Europeană*, Fundația URISC, București, 1997;

152)   ***   ,*The Economist*, noiembrie, 2001;

153)   *** , *WTO Negociations*, http://dep.eco.uniroma1.it/workpap/wp47

Pagini web

http://europa.eu.int, Site-ul Uniunii Europene on line

http://mdp.ro, Site-ul Ministerului Dezvoltării și Prognozei

www.infoeuropa.ro, Site-ul Centrului de Informare al Comisiei Europene în România

www.mie.ro, Site-ul Ministerului Integrării Europene

www.wto.org, Site-ul Organizației Mondiale a Comerțului

www.cnp.ro, Site-ul Consiliului Național de Prognoză

www.ier.ro, Site-ul Institutului European de România

www.gov.ro, Site-ul Guvernului României

www.bnr.ro, Site-ul Băncii Naționale a României

www.bce, Site-ul Băncii Centrale Europene

www.eurostat.com

ANEXA I

Lista capitolelor în care este împărţit acquis-ul comunitar, în vederea negocierilor cu statele care adera la Uniunea Europeană

Capitolul 1: Libera circulaţie a mărfurilor

Capitolul 2: Libera circulaţie a persoanelor
Capitolul 3: Libera circulaţie a serviciilor
Capitolul 4: Libera circulaţie a capitalului
Capitolul 5: Dreptul societăţilor comerciale
Capitolul 6: Politica în domeniul concurentei
Capitolul 7: Agricultura
Capitolul 8: Pescuitul
Capitolul 9: Politica în domeniul transporturilor
Capitolul 10: Impozitare
Capitolul 11: Uniune economica si monetara
Capitolul 12: Statistica
Capitolul 13: Politici sociale si ocuparea forţei de munca
Capitolul 14: Energie
Capitolul 15: Politica industriala
Capitolul 16: Întreprinderi mici si mijlocii
Capitolul 17: Ştiinţa si cercetare
Capitolul 18: Educaţie, formare profesionala si tineret
Capitolul 19: Telecomunicaţii si tehnologia informaţiilor
Capitolul 20: Cultura si politica în domeniul audiovizualului
Capitolul 21: Politica regionala si coordonarea instrumentelor structurale
Capitolul 22: Protecţia mediului înconjurător
Capitolul 23: Protecţia consumatorilor si a sănătăţii
Capitolul 24: Justiţie si afaceri interne
Capitolul 25: Uniune vamala
Capitolul 26: Relaţii externe
Capitolul 27: Politica externa si de securitate comuna
Capitolul 28: Control financiar
Capitolul 29: Dispoziţii financiare si bugetare
Capitolul 30: Instituţii
Capitolul 31: Diverse

ANEXA II

Lista principalelor produse exportate de România

A	*I. Animale şi produse regn animal*
B	*II. Produse regn vegetal*
C	*III. Grăsimi - uleiuri*
D	*IV. Prod. alim. diverse, băuturi, tutun*
E	*B. = V. Produse minerale*
F	*VI. Produse chimice*
G	*VII. Materiale plastice, cauciuc*
H	*VIII. Piei crude şi tăbăcite*
I	*XI. Materii textile şi produse*

J	XII. Încălțăminte, pălării, umbrele
K	IX. Lemn și produse din lemn
L	X. Celuloză, hârtie, carton
M	F.=XIII.Articole piatră, ciment, sticlă
N	G.=XV. Metale comune și articole
O	XVI. Mașini și aparate mec. și electr.
P	XVII. Mijloace de transport
R	XVIII. Instrumente și AMC

ANEXA III

ROMANIA

Indicatorii economici recenți

	2000	2001	2002	2003	2004	2005(a)
GDP (US bn$)	37	40	46	57	71	93
GDP (per capita)	1650	1760	2100	2620	3208	4290
Creșterea GDP (%)	2.1	5.7	5.0	4.9	8.0	5.4
Balanța contului curent (m$US)	-1355	-2229	-1525	-3311	-5109	-5592
Balanța contului curent(%GDP)	-3.7	-5.5	-3.3	-5.8	-7.2	-6.0
Exporturile de bunuri și servicii (%GDP)	32.9	33.3	35.5	36.2	40.2	38.8
Infalție (%)	45.6	34.5	22.5	15.3	11.9	9

(a) estimări UE

ANEXA IV

Condițiile de ordin II

Notăm cu G'' diferențiala de ordin II a funcției guvernamentale a guvernului national și cu $G^{*''}$ cea a guvernului străin din cadrul jocului non-cooperativ. În mod similar p_w'' esre diferențiala de ordin II a prețului național.

$$G'' = -ap_w'' q - 2ap_w''$$

$$G^{*''} = -a^* p_w'' q^* - 2a^* p_w''$$

Pentru $p_w'' > 0$ este evident că $G'' < 0$ şi $G^{*''} < 0$.

De asemeni, notăm cu $(a^* G + aG^*)''$ diferenţiala de ordin Ii a funcţiei obiectiv commune.

$$(a^* G + aG^*)'' =$$

$$\left[a^* y \left(\frac{\lambda}{\lambda + 1} \right)^2 - a \frac{\lambda}{(\lambda + 1)^2} y \right] + \left[2b \frac{\lambda - 1}{\lambda + 1} + \frac{2}{\lambda + 1} \right] + aa^* q \left(p''(1 - b) - \lambda b p'' \right)$$

Dacă p'' este diferenţiala de ordin II a preţului intern a ţării naţionale în raport cu cota, primul termen este pozitiv, al doilea pozitiv şi al treilea negative. Condiţia de ordin II este satisfăcută când al treilea termen este mai nare decât suma primelor două.

ANEXA V

Poziţiile de negociere privind accesul de piaţa

Instrumentul protecţionist	Uniunea Europeană	Statele Unite	Unele ţări în dezvoltare
Tarifele	Reduceri echilibrate	Reduceri substanţiale sau eliminarea ratelor aplicate. Eliminarea disparităţilor si escaladărilor. Eliminarea exceptărilor şi armonizare.	Reducerea până la un acces efectiv. Armonizarea formulelor de reducere pentru a elimina vârfurile şi escaladările.
Cotele tarif	Creşteri modeste	Creşteri substanţiale	Extindere
Administrarea cotelor	Reguli imbunatatite	Disciplina şi mecanisme specifice în cazul neîndeplinirii	Simplificare
Clauzele de salvgardare	Reţinere	Eliminare	Nespecificat
Întreprinderile importatoare	Mai mare disciplină	Eliminarea drepturilor exclusive. Mai multa transparenţă.	Nespecificat

Sursa: W. M. Miner, „An Overview of the Issues and Positions of the Major Countries in the WTO Negotiations", *The Estey Centre Journal of International Law and Trade Policy*, volume2, number 1, 2001, p. 10-34

www.ingramcontent.com/pod-product-compliance
Lightning Source LLC
Chambersburg PA
CBHW081259170526
45165CB00011B/3345